Gerd Helbig

Amerika im Zeitenwechsel

Gerd Helbig

AMERIKA IM ZEITENWECHSEL

Reagan, Bush, Clinton

Gustav Lübbe Verlag

Elli und Helmut Helbig gewidmet - meinen Eltern

Deutsche Originalausgabe

Lektorat: Helmut R. Feller

Redaktion: Diethelm Kaiser, Lektoratsbüro Bonn
Schutzumschlag: KOMBO Kommunikationsdesign, Köln
Satz: Dörlemann-Satz, Lemförde
Gesetzt aus der Garamont Amsterdam von Berthold
Druck und Einband: Friedrich Pustet, Regensburg

Printed in Germany
ISBN 3-7857-0694-4

INHALT

STATT EINER EINLEITUNG: DREI REISEN

Mit Ronald Reagan nach Tokyo

Im April 1986 rief es Ronald Reagan zum Weltwirtschaftsgipfel nach Tokyo. Es wurde die längste und schönste Präsidentenreise, die wir je mitgemacht haben. Wer an ihr teilnahm, erhielt einen eindringlichen Anschauungsunterricht darüber, wie dieser Präsident regierte: nichts war eilig, alles war entspannt. Das Wochenende vor Augen, setzte sich der gesamte Troß an einem Freitag in Bewegung.

Für die begleitende Presse beginnen diese Präsidentenreisen allerdings grundsätzlich mit einer Tortur - warum sollte es dieses Mal anders sein? Zum Abflug hat man sich spät in der Nacht beziehungsweise früh am Morgen (das hängt von den persönlichen Gewohnheiten ab) auf dem Flughafen einzufinden. So gegen vier oder halb fünf. Die Stunden bis zum Abflug verbringt man mit Warten, Dösen, belanglosen Gesprächen und Mutmaßungen, welcher Kollege den Flieger verpaßt. Es gibt einige mit eisernen Nerven, die es verstehen, jeweils den letztmöglichen Moment zu erwischen, und deshalb länger schlafen können.

Wer sein Gepäck bereits am Abend vorher am Weißen Haus abliefert, darf eine Stunde später kommen, muß jedoch übermaßig zerknitterte Oberhemden in Kauf nehmen. Aber ob um vier oder um fünf Uhr früh - das macht für einen normalen Journalisten sowieso keinen Unterschied.

Der Abflug erfolgt vom Luftwaffenstützpunkt Andrews, der eine knappe Autostunde von Washington entfernt liegt und für zivile Gäste nichts vorgesehen hat, was ihnen das Leben etwas erleichtern könnte. Es gibt einen kargen Warteraum mit ein paar Stühlen, die meist mit Fotoapparaten belegt sind. Eine Kaffeemaschine brodelt vor sich hin, fast jeder hält einen weißen Styroporbecher mit jener typisch amerikanischen, fast durchsichtigen Flüssigkeit namens »coffee« in der kalten Hand und schlürft mit übernächtigten Blicken ins Leere das heiße Zeug. An der Wand ein paar Telefone, die dauernd von Japanern besetzt sind. Zwei gehören Nachrichtenagenturen. Helen Thomas, die Veteranin der Reporter aus dem Weißen Haus, die für die Agentur UPI seit John F. Kennedy berichtet, hat schon um diese Zeit irgendwelche Neuigkeiten mitzuteilen. Meist handelt es sich dabei um die letzten Berichte über das Befinden und die Tätigkeit des Präsidenten. Die einzigen Menschen mit guter Laune gehören zum Reisestab des Weißen Hauses. Sie verteilen die diversen Anhänger, die ihre Träger als Begleitpersonen des Präsidenten ausweisen, deren Verlust einer Entehrung gleichkommt und den Ausschluß von allen offiziellen Veranstaltungen bedeuten kann. Außer diesem ersten Anhänger gibt's auf jeder Station der Reise weitere, die für die einzelnen Ereignisse gelten. Am Ende kommt man bunt behängt nach Hause. Man war dabei!

Dieser Aprilmorgen war kalt und neblig. Er begann mit der Frage, die man sich immer stellen muß, wenn man in Washington wohnt: Kommt das Taxi oder nicht? Ruft man an, so wird stets beteuert, es sei längst auf dem Weg. Die nächste Frage lautet: Weiß der Mann aus Pakistan oder Nigeria, wohin man möchte? Der Luftwaffenstützpunkt Andrews ist für viele etwas Rätselhaftes – es empfiehlt sich, selber zu wissen, wie man hinkommt. Es ist kein Vergnügen, mit einem gutwilligen, aber orientierungslosen Pakistani auf einer amerikanischen Luftwaffenbasis im Nebel umherzuirren, immer mit der bangen Frage im Kopf, was passiert, wenn die Maschine zwar mit dem Kamerateam, aber ohne den Korrespondenten abfliegt. Meist gehen diese Zitterpartien im letzten Moment gut. So auch dieses Mal. Die alten Blechbusse hatten schon fast alle Passagiere über das Flugfeld zum wartenden Jumbo gebracht. Einer sammelte Nachzügler auf.

Den ehrenvollen Auftrag, die Presse des Weißen Hauses durch die Welt zu fliegen, übernahm traditionell die gute alte Pan Am, die mittlerweile ihren Geist aufgegeben hat. Sie wählte stets eine klapprige Boeing 747 für die disziplinlose, rauhe Truppe aus, die von Schonung der Einrichtung nicht sonderlich viel hielt. Schon deshalb nicht, weil sie ihre Ausrüstung über die ganze Maschine verteilen mußte. Im Flugzeug herrschte Klassenteilung: die Großen der amerikanischen Medien vorn, eingesprenkelt ein paar dienstalte Ausländer. Hinten die übrigen Journalisten und die Fotografen, Kameraleute, Techniker. Auf dieser Reise zusammen 216 Leute. Hinten war Stimmung. Pan Am stellte immer die gleichen Stewardessen ab, die genau wußten, wer seine Reise mit einem Champagner beginnen und wer sofort schlafen wollte. Bei der alten Pan Am ging es immer zu wie auf einem Familienausflug. Bis zu dem Zeitpunkt, da gearbeitet werden mußte. Dann standen alle Amerikaner sofort unter Hochspannung.

Es war – wie gesagt – Ronald Reagans Trip nach Tokyo. Natürlich nicht direkt, das wäre reichlich strapaziös geworden. Erste Zwischenlandung schon früh um halb elf in Los Angeles – in seinem geliebten Kalifornien. Der kalte, neblige Morgen in Washington war vergessen, es herrschte grandioses Wetter. Die Presse wurde geschlossen in das »Century Plaza«-Hotel verfrachtet und sah den Präsidenten nicht mehr. Der traf Freunde und sammelte auf einem Abendessen, bei dem jeder Gast eine hohe Summe für sein Gedeck zahlte, viel Geld für die Parteikasse.

Bis zum Abflug am nächsten Morgen war Zeit für Los Angeles. Es gab nichts zu berichten. Um neun Uhr früh ging es weiter, aber beileibe nicht nach Tokyo. Nach vier Stunden Landung in Honolulu auf der Hawaii-Insel Oahu. Hier wollte sich der Präsident auf den bevorstehenden Gipfel vorbereiten, sich an die Zeitverschiebung gewöhnen und das Pearl-Harbor-Mahnmal besuchen. Die murrenden Bildreporter wurden an den Strand geladen, wo Ronald und Nancy sich eine Kokosnuß zuwarfen. An diesem Samstag, dem 26. April, herrschte am Strand von Waikiki Wochenendstimmung, in der Brandung tummelten sich die Surf-Akrobaten mit ihren Brettern, der Präsident besprach sich mit seinen Beratern. Alles schien so friedlich, bis die Meldung kam, in der fernen Sowjetunion hätte es im Atomkraftwerk Tschernobyl eine Katastrophe gegeben.

Es folgte ein Sonntag auf Hawaii. Vom Präsidenten sah man nichts. Es schien so, als würde Amerika gar nicht mehr regiert, aber so war Ronald Reagan. Er hatte das Weiße Haus in Form seiner engsten Mitarbeiter bei sich, machte aber nicht das geringste Aufhebens davon.

Tags drauf ein früher Flug über den stahlblauen Pazifischen Ozean zur nächsten Station: Guam. Ein winziges Inselchen, das amerikanisches Territorium ist und sich ab und an fragt, ob es unabhängig sein möchte. Etwa hunderttausend Menschen leben auf diesem tropischen Flecken, jeder fünfte von ihnen ein amerikanischer Soldat oder dessen Angehöriger, was das Interesse der Amerikaner erklärt. Guam ist ein wichtiger Stützpunkt. Seit 1898 von der amerikanischen Marine verwaltet, erhielt es 1950 weitgehende Autonomie. Selten, daß sich ein Präsident hier sehen läßt. Die Reagans sowie Außenminister Shultz und Frau bekamen bunte Blumengirlanden um den Hals gehängt, der Präsident hielt eine Rede unter freiem, feuchtem Himmel, besuchte die Soldaten und war nach ein paar Stunden wieder fort. Immerhin.

Flug über die Datumsgrenze. Ziel Indonesien. Auf der Bilderbuchinsel Bali findet die ASEAN-Konferenz statt. Präsident Suharto empfängt Ronald Reagan am Flughafen, ein kurzes Gespräch, dann zum Hotel. Am Tag darauf steht im Terminplan des Präsidenten nur: private Zeit, keine öffentlichen Auftritte. Er wohnt in einem Strandhotel. Am 1. Mai endlich die Konferenz der ASEAN (Organisation der südostasiatischen Nationen). Zwei Stunden sitzt Reagan mit den Außenministern der sechs Staaten zusammen. Abends ein Staatsdinner bei Präsident Suharto in einem anderen Strandhotel. Das waren die drei Tage Bali.

Auf diese Weise pirschte sich der Präsident an den Weltwirtschaftsgipfel in Tokyo heran, das er ausgeruht erreichte. Die japanische Hauptstadt spielte aus Sicherheitsgründen verrückt. Der Gipfel wurde für jedermann zur Tortur, der nicht der Oberschicht der Delegationen angehörte. Ganze Stadtviertel nicht nur abgesperrt, sondern schlichtweg geräumt. Der Alptraum, den Tokyo ohnehin schon darstellen kann, wurde durch das überdrehte Gipfel-Spektakel nur noch drückender. An den Sperren mit den emotionslosen Polizisten büßten wir die Traumreise ab, die wir hinter uns hatten und deren Wirkung sich in Tokyos Häuserschluchten verlor. Nach vier Tagen durften wir wieder raus.

Übermüdet stiegen wir Presse-Hundertschaften in die Pan Am und wurden von einer ausgeruhten, verständnisvollen Crew in Empfang genommen. Mit jeder Stunde, die Tokyo hinter uns versank, tauchten die anderen Stationen dieser Reise im Geiste wieder auf. Dreizehn Tage hatte sie gedauert. Unvorstellbar wäre das in der Hektik, die das Weiße Haus unter den Nachfolgern Ronald Reagans ergriffen hat. Aber er sah sein Amt eben wie diese Weltreise: Spaß muß man an der Sache haben, und wenn sie noch so ernst ist.

Mit George Bush zu den Truppen am Golf

Der Reagan-Virus einer lockeren Gelassenheit hatte sich auch in das Gemüt jener kleinen Truppe eingenistet, die im Weißen Haus für Reisen zuständig ist. Acht Jahre, in denen Hektik nur dann ausbrach, wenn sie wirklich unvermeidlich war, hatten ihre Spuren hinterlassen. Dabei mußten durchaus unberechenbare Unternehmungen bewältigt werden – wie zum Beispiel das überraschende Treffen Ronald Reagans mit Michail Gorbatschow in Reykjavík auf Island, das um ein Haar im Chaos landete. Dennoch – als George Bush die ihm innewohnende Motorik auch auf die Reisen übertrug, hätten einige am liebsten hingeschmissen. Der Spaß war vorbei.

Im November 1990 machte sich der Präsident auf seine turbulenteste Reise. Der Anlaß war die KSZE-Konferenz in Paris, aber damit ließ sich prächtig ein diplomatischer Rundumschlag verbinden, der zugleich Punkte auf dem Konto der Popularität einbrachte. Es begann am 16. November; wie üblich, morgens früh um fünf auf dem Luftwaffenstützpunkt Andrews. Etwa 360 verschlafene Presseleute standen fröstelnd in der Dunkelheit, schlürften dünnen Kaffee aus Styroporbechern. Zwei Stunden später hob der alte Pan-Am-Jumbo klappernd ab, einer der letzten Flüge des geliebten

Pressebombers, bevor die traditionsreiche Gesellschaft in die Pleite flog.

Wir befanden uns auf dem Flug nach Prag.

Bevor der Restschlaf nachgeholt wurde, lasen wir die wohlgemeinten Ratschläge für die Reise durch. Die Luftverschmutzung in Prag sei der Mexico Citys gleichzusetzen, wer Atemprobleme habe, passe besser auf. Eigenes Toilettenpapier mitzunehmen sei nützlich, ebenso Seife.

Die Rückständigkeit dieses östlichen Staatswesens spiegelte sich am deutlichsten im Benzinpreis; siebenmal so hoch wie zu Hause. Zum Glück mußte niemand tanken.

Während die Presse einen Tagesflug benutzte, um am nächsten Morgen mit der Arbeit beginnen zu können, leisteten sich der Präsident und seine Mannschaft diesen Luxus nicht, sondern flogen »red-eye«. So nennt sich ein Nachtflug, bei dem man am nächsten Morgen mit geröteten Augen ankommt. Allerdings macht es für den Präsidenten keinen großen Unterschied, ob er im Weißen Haus oder in der »Air Force One« schläft: Ihm steht alle Bequemlichkeit zur Verfügung.

Am 17. November um neun Uhr kam George Bush an, dann ging es Schlag auf Schlag: Halb zehn formeller Empfang durch Václav Havel, dann Gespräche; halb elf Treffen mit dem Präsidenten der Nationalversammlung; dann je fünfundzwanzig Minuten mit führenden tschechischen und slowakischen Politikern; Fahrt zur Nationalversammlung; fünfzehn Minuten mit Alexander Dubček; Rede; zurück zum Hradschin, Arbeitsessen; eine Viertelstunde für Kardinal František Tomášek. Fahrt zum Wenzelsplatz; Rede; Gespräche in der Botschaft (wo er auch wohnt); Empfang auf dem Hradschin; Dinner in der Botschaft. Vierzehn Stunden dauerte der erste Besuch eines amerikanischen Präsidenten in der Tschechoslowakei.

Am 18. November, es ist ein regnerischer Sonntag, Flug nach Paris. Dazwischen, auf Wunsch Helmut Kohls, ein Stop in Oggersheim. Der Bundeskanzler steht zwei Wochen vor der Wahl, und wenn George Bush ihm mit einem weltpolitischen Auftritt etwas

Glanz besorgen kann, tut er es gerne. Der Flugplatz Ramstein liegt günstig, macht keine Sicherheitsprobleme, es fügt sich gut. George Bush schaut sich kurz im historischen Speyer um, das Walt Disney hätte entworfen haben können - so steht es in den Begleitnotizen für die Reise. Die älteste Flasche Wein der Welt könnte er dort auch sehen, wenn er nur die Zeit hätte.

Der Präsident besucht den Bundeskanzler in dessen Heim, nach fünf Stunden geht es weiter nach Paris, wo bereits zwei Stunden später François Mitterrand mit einem privaten Abendessen im Elysee-Palast wartet.

Es folgen zwei Tage KSZE-Konferenz, an deren Ende 22 Nationen den Vertrag für konventionelle Abrüstung unterzeichnen. Diese Zeremonie ist für den 21. November angesetzt, zehn Uhr, der Weiterflug um zwölf. Es geht nach Djidda in Saudi-Arabien. Aber aus Sicherheitsgründen werden Zeit- und Ortsangaben nicht genau mitgeteilt. In den Begleitnotizen zur Reise steht, man solle keinen Alkohol, keine Herrenmagazine, kein Schweinefleisch im Gepäck mitführen.

In Djidda ist das Programm noch gedrängter als in Prag. Der Präsident kommt abends um halb acht, trifft zunächst den vertriebenen Emir von Kuwait im al-Hamra-Gästepalast, in dem beide untergebracht sind. Um zehn Uhr lädt König Fahd zu einem privaten Dinner, gegen Mitternacht ist dieser seltsame offizielle Besuch vorüber. Diese Hetze muß Arabern, die in anderen Zeitvorstellungen leben, als glatte Unhöflichkeit vorkommen. Es sei denn, sie hätten in dieser Zeit saudisch-amerikanischer Waffenbrüderschaft selber kein Interesse an ausgedehnten Förmlichkeiten. Schlimm genug, daß die Amerikaner ihnen aus einer Klemme helfen müssen, in die sie durch das Machtstreben ihres arabischen Nachbarn Irak geraten sind.

So begab sich am nächsten Morgen der Troß des Präsidenten bereits um fünf Uhr auf die Weiterreise vom Roten Meer an den Persischen Golf, in die Ölstadt Dhahran. Es war Donnerstag, der 22. November. Daheim in den Vereinigten Staaten würde man an diesem Tag Thanksgiving begehen, den wichtigsten Feiertag des

Jahres. Dieses symbolträchtige Dankfest, das auf die Pilgerväter im 17. Jahrhundert zurückgeht, wollte George Bush als Oberfehlshaber bei seinen Truppen verbringen. Nichts wollte er geschönt haben. Er wollte wissen, wie die Frauen und Männer bei dem größten militärischen Unternehmen seit dem Vietnamkrieg, beim »Desert Shield«, in der Wüste lebten. Drei Zusammenkünfte waren vorgesehen, eines bei der 24. Infanterie-Division, eines auf einem Hubschrauberträger, eines bei einem weit vorgelagerten Kommandoposten der Marineinfanteristen. Alle Soldaten bestanden darauf, daß ihr Chef mit ihnen den traditionellen Truthahn aß. Und George Bush kam ihren Wünschen nach. Als hochdekorierter Soldat hat er sich wohl in keiner Veranstaltung seiner Präsidentschaft innerlich so zu Hause gefühlt wie in diesen Stunden bei den Truppen. Es schlug ihm Achtung entgegen, schon deshalb, weil er sich nicht scheute, allen Warnungen zum Trotz gefährlich nah an die Front zu gehen.

Am frühen Abend des bewegenden Thanksgiving-Tages schloß sich bereits der Weiterflug nach Kairo an, wo er um acht Uhr von Staatspräsident Hosni Mubarak empfangen wurde. Ägypten war einer der wichtigsten arabischen Verbündeten der Alliierten, dem das Mitmachen gegen Saddam Hussein durch einen kräftigen Schuldenerlaß erleichtert worden war. Die Situation in Kairo erinnerte in gewisser Weise an Oggersheim: auch Hosni Mubarak stand vor einer Parlamentswahl, die eine Woche später stattfinden sollte, bei der sein eigenes politisches Schicksal aber nicht berührt war.

Um drei Uhr nachmittags war der Heimflug geplant, aber George Bush wollte es anders. Zur allgemeinen Verblüffung hieß das nächste Ziel Genf. Ebenso verblüfft war alle Welt über den Anlaß: Er wollte sich mit dem syrischen Staatspräsidenten Hafis al-Assad treffen, ausgerechnet jenem Mann, der seit Jahren den Amerikanern als Sinnbild des Staatsterroristen gegolten hatte. Aber in dieser Situation heiligte der Zweck die Mittel. Schließlich war es Syrien gewesen, das als einziger arabischer Staat den Iranern in ihrem siebenjährigen Krieg gegen Irak beigestanden hatte. Es lohnte sich, Assad im Kampf gegen Irak auf seiner Seite zu wissen. Und vielleicht ließen sich auf diese Weise auch die verhärteten Fronten im verfahrenen Nahostkonflikt aufweichen. Bush war in seinem Element.

Um halb drei nachts landete die Pan Am wieder in Andrews. Die »Air Force One« war schon zwei Stunden früher angekommen, der Präsident mit dem Hubschrauber ins Weiße Haus gebracht worden. Er schlief bereits den Schlaf eines gerechten Weltreisenden, während ein paar hundert Presseleute in naßkalter Dunkelheit fluchend ihre Koffer suchten, die von mißmutigen Soldaten vor das Flughafengebäude gekippt worden waren. So wie immer.

Es war der 24. November 1990. Was für eine Reise! Tschechoslowakei, Deutschland, Frankreich, Saudi-Arabien, Ägypten und die Schweiz. »See the world in eight days« – sieh die Welt in acht Tagen. Mit George Bush.

Mit Bill Clinton auf dem ersten Auslandstrip

Bevor sich der neue Präsident der Innenpolitik zur ersten Reise in die große weite Welt aufmachen konnte, hatte sein junger Stab im Weißen Haus aus purer Unerfahrenheit und falscher Einschätzung der eigenen Macht eine Maßnahme ergriffen, die verheerende Folgen haben sollte. Wie aus heiterem Himmel wurde verkündet, daß alle sieben Mitarbeiter des sogenannten »Reisebüros« fristlos entlassen seien. Noch vierzehn Tage Gehalt, einen Monat Versicherung, das war's. Begründung: nachlässige Buchführung und Verdacht auf Bestechlichkeit. Die Betroffenen konnten sich nicht einmal verteidigen. Forsch wurde diese Aktion als ein Beweis dafür angeführt, wie man nunmehr gegen Mißwirtschaft vorgehen werde. Das »Reisebüro« im Weißen Haus besteht aus einer kleinen Mannschaft, die vor allem für die überaus komplizierte Organisation der Reisen des Präsidenten und der begleitenden Presse verantwortlich ist. Alle Mitarbeiter waren weit über zehn Jahre im Amt gewesen und hatten es zur allgemeinen Zufriedenheit ausgeübt. Das Wichtigste aber war: sie hatten bei der Presse einen Stein im Brett. Und so erhob sich prompt ein Aufruhr, der die neuen Leute im Weißen Haus überrumpelte. Dennoch hätte die ganze Angelegenheit unter dem Motto »Säuberung« zu den Akten gelegt werden können, wenn sich nicht herausgestellt hätte, daß mehr als gute Absicht dahintersteckte, nämlich Freunde des Präsidenten mit Interessen im Reisegeschäft.

Die Empörung schlug hohe Wellen, als das Weiße Haus verkündete, die Organisation solle nunmehr von einer jungen Kusine Bill Clintons geleitet werden, die auch schon in seinem Wahlkampf die Reisen organisiert hatte. Sie arbeitete in einem Reiseunternehmen in Clintons altem Regierungssitz Little Rock in seinem Bundesstaat Arkansas. Sie hatte bereits kurz nach der Amtsübernahme des neuen Präsidenten schriftlich eine Neuordnung des Reisedienstes (und sich als leitende Mitarbeiterin) empfohlen.

Außerdem hatte ein Freund Bill Clintons, ein Hollywood-Filmproduzent, der im Weißen Haus aus und ein ging, die Untersuchung angeregt, die zur Entlassung der Mitarbeiter des Reisedienstes führte. Auch dieser Freund besaß Geschäftsanteile in der Flugcharter-Branche.

Niemand kümmerte sich mehr darum, was an den ursprünglichen Anschuldigungen wahr sein könnte, der Präsident und sein junges Team gerieten sofort unter Dauerfeuer der Presse. Konsterniert mußten sie feststellen, daß sie sich bös vergriffen hatten. Zerknirscht nahm das Weiße Haus fünf der Entlassenen wieder in seine Dienste auf. Aber wer denn nun des Präsidenten erste große Auslandsreise organisieren würde, das stand in den Sternen. Und wehe, wenn eine Truppe von Dilettanten sich den Zorn des verwöhnten Washingtoner Pressecorps zuzöge!

Es sollte anders kommen, und zwar, weil Bill Clinton die personelle Notbremse zog. Er nahm seinen jungen, unglücklich agierenden Kommunikationsdirektor, George Stephanopoulos, aus dem Pressebüro, in dem am meisten Unheil angerichtet werden kann. Er holte sich den intimsten Kenner der politischen Zusammenhänge der Hauptstadt und des Weißen Hauses als Chefberater: David Gergen aus dem feindlichen Lager der Republikaner, der bereits Nixon und Reagan gedient hatte; ein ungewöhnlicher und gewagter Schachzug, der so manchen Parteifreund empörte – aber sogleich

Erfolg brachte. Gergens Gesicht war nicht das einzige aus alten Tagen, das wieder auftauchte.

Anfang Juli 1993 reiste Bill Clinton zum Weltwirtschaftsgipfel nach Tokyo. Genaugenommen war es seine zweite Auslandsreise, hatte er sich doch Anfang April bereits mit Boris Jelzin im kanadischen Vancouver getroffen, aber schließlich ist für die Amerikaner Kanada kein echtes Ausland. - Tokyo und zurück wäre nichts für Clinton gewesen. Seiner überaktiven Art entsprechend wurde es eine sehr hektische Reise, bei der man kurz vor dem Start noch nicht wußte, welche Ziele angesteuert werden sollten.

Es begann am 4. Juli, dem Nationalfeiertag. Nach einer Veranstaltung in Philadelphia entschloß sich der Präsident, in das Überschwemmungsgebiet des Mississippi zu fliegen, um sich vor Ort über die Katastrophe zu unterrichten und um selbst mit den betroffenen Bauern zu reden. So etwas liegt ihm. Auf einem Bauernhof war ein Zelt aufgebaut worden, mit Strohballen als Sitztribüne. Geduldig warteten dort Farmer aus der Umgebung mit ihren Familien auf den Präsidenten, der sich - wie immer - verspätete.

Aber als er kam, in Jeans, Stiefeln und grünem Polohemd, sprang sofort ein Funke über. Da war jemand, der die Nöte verstand, in denen die Farmer steckten. Der Präsident, selbst ein Junge vom Land und als Gouverneur ausgiebig mit Landwirtschaft befaßt, konnte kenntnisreich diskutieren und sein Mitgefühl glaubhaft mitteilen. Nicht auszudenken, wie ein Ronald Reagan auf die Fachfragen je hatte antworten sollen. Aber dieser Mann hatte Ahnung und wurde mit ehrlichem Beifall verabschiedet, nicht ohne tatkräftige Hilfe zu versprechen.

Auch danach ging es noch nicht nach Tokyo. Nachts um zwei landete die Maschine in San Francisco. Am nächsten Morgen um sieben hatten Frühaufsteher die Gelegenheit, den Präsidenten an der Golden-Gate-Brücke joggen zu sehen, wenn sie wollten, ein Stück des Wegs mitzurennen. Danach bummelte er an Fischkneipen und Läden entlang, redete mit Leuten, die nicht recht glauben konnten, daß Ihnen der Präsident leibhaftig und in kurzen Hosen gegenüberstand. Zwei Stunden später redete er vor den Delegierten der Nationalen Versammlung amerikanischer Erzieher. Auch hier war er in seinem Element, hatte er sich doch in seiner Gouverneurszeit einen Namen als Reformer im Erziehungswesen gemacht.

Um ein Uhr mittags schließlich ging's nach Tokyo. Knapp elf Stunden Flugzeit, dennoch erst Ankunft am nächsten Tag, nachmittags um vier. Der Flug führte über die Datumsgrenze – ein Tag war verloren. Aber den bekam man am Schluß der Reise zurück.

Mit seiner Ankunft in Tokyo begann eine wohlinszenierte, viertägige Clinton-Show. An der hatte im übrigen Hillary Clinton den gleichen Anteil wie ihr Mann. Das Interesse der Japaner an der neuen First Lady war überwältigend.

Der jugendliche Präsident aus den Vereinigten Staaten erschien um so stärker, je schwächer seine internationalen Partner waren. Das galt ganz besonders für die japanischen Gastgeber, die er in einem beispiellosen wirtschaftlichen und politischen Tief antraf. Ministerpräsident Kiichi Miyazawa war gerade aus seinem Amt gewählt worden und stand knapp zwei Wochen vor einer für ihn ziemlich aussichtslosen Parlamentsneuwahl, was ihm den Spottnamen einer »lahmen Ente« eintrug. Auch er, als überaus beherrschter Japaner, konnte in den Tagen des Weltwirtschaftsgipfels nicht verbergen, in welch bedrückender Lage er sich befand. Seine Partei, die LDP, stand vor einer revolutionierenden Zukunft, die das Ende ihrer vierzigjährigen Alleinherrschaft bedeuten würde. Auch Außenstehende hatten keine Mühe zu erkennen, wie schwer es Miyazawa fiel, seine Rolle als Gastgeber zu spielen. Ausgerechnet in diesem Moment der Schwäche erschien ein entschlossener Bill Clinton mit seinen zwei zentralen Forderungen: Öffnung der japanischen Märkte und Abbau des riesigen Handelsüberschusses. Er trug sie noch dazu auf eine Weise vor, wie es die Japaner von seinen Vorgängern nicht gewohnt waren. Bei jeder Gelegenheit brachte er seine Botschaft an den Mann. Er korrigierte damit auch das fatale Bild, das George Bush ein Jahr zuvor in Tokyo geboten hatte, als er wie ein Bittsteller erschienen und beim Staatsdiner neben Miyazawa zusammengebrochen war. Die japanisch-amerikanischen Gespräche wurden noch vor Clintons Abreise mit einem wirtschaftlichen Rahmenabkommen abgeschlossen. Obwohl noch keine Einzelheiten ausgehandelt waren und niemand voraussagen konnte, ob es je funktionieren würde, so hatte Clinton doch einen Achtungserfolg zu verzeichnen. Er scheute sich auch nicht, noch am ersten Abend in Tokyo Oppositionspolitiker in der amerikanischen Botschaft zu empfangen, was so mancher Kommentator als eine Brüskierung des Ministerpräsidenten ansah. Um diesen Eindruck zu vermeiden, waren zu den zwölf Politikern noch zwanzig einflußreiche Männer aus Kultur und Wirtschaft geladen. Clinton wandelte auf einem schmalen Grat: den Japanern klarzumachen, was er erwartete, und doch keinen Einfluß auf die Wahlen zu nehmen.

Am zweiten Tag in Tokyo quetschte er zwischen Frühsport und einer Rede in der Waseda-Universität noch ein Treffen mit Indonesiens Präsident Suharto, der gerne als Vertreter der Blockfreien Gast des Weltwirtschaftsgipfels gewesen wäre. Aber das Gewicht dieser Vereinigung hat nach dem Ende des Kalten Krieges zu sehr nachgelassen, als daß dieser Wunsch hätte erfüllt werden können.

Clintons Rede vor den Studenten zeichnete sich wieder durch große Offenheit aus. Clintons These lautete: Eine Öffnung der japanischen Märkte würde dem japanischen Verbraucher ebenso nützen wie dem amerikanischen Arbeiter. Am Ende seiner Rede stellte er sich den Fragen der Studenten, wobei sich zeigte, daß die jungen Leute in erster Linie an Hillary Clinton und ihrer für japanische Verhältnisse ungewohnten Rolle interessiert waren. Auch hier hielt Bill Clinton nicht hinter dem Berg, als er den Japanern empfahl, die Fähigkeiten der Frauen mehr zu nutzen. Das waren ungewohnte Töne. In der Universität zumindest trugen sie ihm viel Beifall ein.

Nach der Rede tat Clinton sofort das, was ihm am meisten Spaß bereitet: Er mischte sich unters Volk. Besser gesagt, er versuchte es, und zwar in der Okuma-Einkaufsstraße. In ihrer Enge entstand ein unbeschreibliches Gedränge, weil nicht nur neugierige Japaner, sondern die begleitende Presse und vor allem unzählige japanische Polizisten möglichst nahe am Präsidenten sein wollten. Trotzdem gelangen den Clintons ein paar Einkäufe und Gespräche.

Mittags wurde dann der 19. Weltwirtschaftsgipfel offiziell eröffnet, und als sich kurz darauf die Staats- und Regierungschefs zu dem traditionellen »Familienfoto« aufstellten, offenbarte sich, warum dieses Treffen ein »Clinton-Gipfel« werden sollte. Nicht weil der amerikanische Präsident besonders stark, sondern weil alle anderen besonders schwach dastanden: Zwar hatte Bill Clinton von den Amerikanern miserable Noten für seine Amtsführung bekommen, sie waren aber immer noch weit besser als die aller anderen. Einige waren auf Abruf dabei, andere – wie François Mitterrand – repräsentierten nur die Vergangenheit. Da war es für den Neuling Clinton und seine offene Art ein leichtes, frischen Wind in die halbgelähmte Gesellschaft zu bringen. Als es am Ende dann auch noch so aussah, als ob es in den seit Jahren stockenden Verhandlungen des Zoll- und Handelsabkommens (GATT) auf Druck der Amerikaner endlich vorangehen sollte, war ein kleiner Triumph perfekt.

Bereits am zweiten Tag des Gipfels gesellte sich der russische Präsident Boris Jelzin zu den sieben anderen – so wie schon 1992 in München und 1991 in London, als Gorbatschow zum erstenmal Gast war. Bill Clinton hätte Boris Jelzin, zu dem er ein sehr gutes Verhältnis gewonnen hat, gerne mehr Hilfe zugesichert, aber er stand damit allein. Was schließlich herauskam, konnte immerhin zugunsten der amerikanischen Absicht ausgelegt werden.

Schon wegen des zeitlichen Zusammentreffens mit dem japanischen Wahlkampf war dieser Gipfel um einiges nüchterner als seine Vorgänger. Man ging mit dem Ziel auseinander, in Zukunft mit weniger Aufwand, kürzeren Erklärungen und gedrängterem Programm zu tagen. Die Medienlandschaft würde das eine Menge bunter Bilder kosten, der Weltpolitik womöglich zugute kommen.

Dieser Ausdünnung könnte auch das Damenprogramm zum Opfer fallen. Hillary Clinton machte ganz den Eindruck, als würde ihr dann nichts fehlen. Sie hatte Schwierigkeiten, sich mit dem Besuch von Tempeln, Museen oder sogar einer Müllverbrennungsanlage anzufreunden. Man merkte deutlich, wie schwer ihr die dekorative Rolle fiel. Sie versuchte in ihre Auftritte eine Art Prinzessinnen-Würde zu legen, was aber auch mißlang, denn die stocksteife

Gangart, die sie in Tokyo vorführte, ist ihre Sache sonst nicht. Dabei war sie die meistbeachtete Persönlichkeit. Es wurde genau registriert, was sie trug, und ihre wechselnden Frisuren waren Tagesgespräch. Ihr Friseur hatte seinen Platz in der »Air Force One«, der Präsidentenmaschine. Aber man kann davon ausgehen, daß sie all das gerne gegen einen Stuhl am Verhandlungstisch getauscht hätte. Ihr fehlt die Leutseligkeit ihres Mannes, und so wirkt sie leicht gezwungen, es sei denn, sie kann sich mit Kindern beschäftigen.

An den Gipfel in Japan schloß sich ein offizieller Besuch in Korea an, dessen wachsende Wirtschaftsmacht in Amerika sehr beachtet wird. Bill Clintons Interesse richtet sich auf die Existenz eines starken pazifischen Wirtschaftsraums mit festen Bindungen zu den USA. Als größter Störfaktor in dieser Rechnung erscheint Nordkorea mit seinen kaum verhohlenen Absichten, eine Atommacht zu werden. Daraus ergäben sich weitreichende Folgen, vor allem, wenn sich Japan bedroht fühlen sollte. Der Besuch in Seoul war somit eher eine politische Manifestation.

In Korea war für Bill Clinton eine weitere Begegnung mit dem Militär unumgänglich, zu dem er nach wie vor eine gespaltene Beziehung hat. Stolz verkündete er mehrmals, daß er sich in der demilitarisierten Zone zwischen Nord- und Südkorea weiter vorgewagt hätte als je ein Präsident vor ihm.

Im Militärcamp Casey warten Soldaten der ruhmreichen Zweiten Infanteriedivision in einem Flugzeughangar auf ihren Oberbefehlshaber, dem sie mißtrauisch gegenüberstehen, weil er nie Militärdienst geleistet hat. Da Bill Clinton auch hier gute zwei Stunden zu spät kommt, haben die Soldatinnen und Soldaten Zeit, Begeisterung zu üben. In der Tat wird er mit gebührendem Lärm empfangen und setzt der Rauhbeinigkeit eine Rede entgegen, die einen Balanceakt darstellt. In ungewohnt hymnischen Tönen preist er die soldatischen Tugenden, aber er macht auch klar, daß in der Zeit nach dem Kalten Krieg bei den Streitkräften gespart werden muß.

Tosenden Beifall erntet er nur einmal, nämlich als er über seinen Befehl spricht, am 26. Juni Bagdad mit Marschflugkörpern des Typs »Tomahawk« anzugreifen. Mit einer deutlichen Geste, über deren

Geschmack sich wahrhaft streiten läßt, wird ihm ein silberner Tomahawk überreicht. Was wohl einer Aufforderung gleichkommt, mit weiteren Schlägen nicht zu zögern. Bill Clinton bedankt sich, indem er auf das Podest der Militärband klettert und zum Saxophon greift. Mit dem folgenden Stück Jazz öffnet er sich die Herzen der Soldaten womöglich ein wenig weiter.

Es ist Sonntagabend. Genau eine Woche ist seit seiner Abreise vergangen. Das nächste Ziel ist Honolulu, Hauptstadt der Hawaii-Inseln. Es heißt, der Präsident wolle dort drei Tage ausspannen – mit Frau und der eingeflogenen Tochter Chelsea. Wer's glaubt ... Schon am Ankunftstag nimmt er nach einem kurzen Bad im Meer an einer Gedenkzeremonie teil. Sie findet am Wrack des Schlachtschiffes »Arizona« in Pearl Harbor statt. Die »Arizona« war nach dem Überraschungsangriff durch die Japaner 1941 versenkt worden.

Auch damit war der Tag nicht zu Ende. Clinton ließ sich beim Oberkommando der Pazifik-Streitkräfte informieren; nahm am Touristenstrand von Waikiki an einer »Aloha-Zeremonie« teil, zu der die Bevölkerung eingeladen war; beschloß den Tag mit einem Essen zusammen mit politischen Freunden.

Aber auch danach wurde nichts aus der geplanten Erholung. Der Rastlose flog am Tage drauf wieder ab und beendete diese turbulente Reise so, wie er sie begonnen hatte: mit einem Besuch bei den Betroffenen der Überschwemmungskatastrophe am Mississippi.

Die neu formierte Mannschaft hatte ihrem Präsidenten eine sehr erfolgreiche Reise organisiert – und Erfolg hatte er bitter nötig.

An ihren Reisen sollst du sie erkennen: Bill Clinton übernahm von seinem Vorgänger George Bush dessen Umtriebigkeit; von Ronald Reagan dessen Gespür für die populäre Geste. Jeder der drei hat auf seine Weise Spaß an der Sache. Bill Clinton kombinierte auf dieser Reise nach Tokyo Übernommenes mit seinen Stärken – Sachkenntnis und optimistische Jugendlichkeit. Wenn er zudem noch Glück hat, könnte diese erste große Auslandsreise zum Muster seiner Präsidentschaft werden.

DER FAULE ZAUBERER IM WEISSEN HAUS

Ein Leben wie im Film

Wenn man Ronald Reagan fragte, welches der größte Tag seiner Präsidentschaft gewesen sei, so würde er vermutlich den 4. Juli, den Nationalfeiertag, dcs Jahres 1986 nennen. Man feierte 100 Jahre Freiheitsstatue in New York. Ein Komitee unter der Leitung des energiegeladenen Chrysler-Bosses Lee Iacocca hatte die Millionensumme, die für eine Renovierung der grünen Dame mit der Fackel vor Manhattan nötig war, aus Spenden zusammengesammelt. Auf den Tag 100 Jahre, nachdem die Franzosen sie den Amerikanern geschenkt hatten, erstrahlte sie im alten Glanz. Es wurde ihr ein unvergleichliches Fest gegeben. In dessen Mittelpunkt stand der Präsident. Das einzige, was an diesem denkwürdigen Hochsommertag nicht mitspielte, war das Wetter. Es wehte ein ungewöhnlich kalter Wind, aber von Regen blieb man verschont. Die pompöse Zeremonie wurde von dem gleichen Mann inszeniert, der auch die chauvinistische Show zu Beginn und am Ende der Olympischen Sommerspiele 1984 in Los Angeles zu verantworten hatte: Peter Ueberroth. Hollywood feierte fröhliche Urständ. Im Fernsehen konnten die Amerikaner auf dem Höhepunkt der Supershow die wehende Flagge, die Freiheitsstatue und ihren Präsidenten in elektronischen Überblendungen bewundern, die kein Ende nahmen. Da stand Ronald Reagan als erster Propagandist der »größten Nation der Welt« - wie er die USA so gerne und oft titulierte. Sicher hat sich das Land lange nicht so wohl gefühlt wie an diesem kalten Abend. Wer die nationalistischen Ausbrüche, die dieses Volk sich ab und an leistet, nicht aus längerer Anschauung kennt, konnte einen Schrekken bekommen. Für Amerika jedoch bedeutete es nicht weniger, als daß dieser Präsident ihm Stolz und Selbstbewußtsein wiedergegeben hatte, wieviel Blendwerk auch den klaren Blick verschleiern mochte.

Tampico – da kommt einem Mexikos quirlige Hafenstadt in den Sinn, aber so heißt auch ein unscheinbares Nest im Mittelweststaat Illinois. Im General Store an der Hauptstraße, einem der typischen Läden, in denen es alles gibt, was man so benötigt, verkaufte John Edward Reagan Schuhe. Man nannte ihn Jack. Sein Leben lief in holpriger Armseligkeit dahin. Er trank, war oft arbeitslos. Wie es seiner irischen Herkunft entsprach, war er ein Geschichtenerzähler, was sich später als entscheidender Einfluß auf den Verlauf einer Präsidentschaft erweisen sollte.

Seine Frau, Nelle Wilson, gebar am 6. Februar 1911 in der bescheidenen Wohnung über dem Laden einen Sohn, der Ronald Wilson Reagan getauft wurde. Zwei Jahre zuvor war sein Bruder John Neil zur Welt gekommen.

Tampico erinnert an Bill Clintons Geburtsstadt Hope in Arkansas, die gleichermaßen unbedeutend vor sich hinschlief. Aber die Geburtsorte der Präsidenten, mit Ausnahme von Theodore Roosevelts New York, bargen selten einen Hinweis auf kommende Größe, sehr wohl aber darauf, daß man in Amerika Präsident werden könne, egal woher man auch stamme.

Die Reagans zogen von einer ländlichen Stadt zur anderen, bis sie sich in Dixon, ebenfalls in Illinois, niederließen, einer Stadt mit 10000 Einwohnern, die aber immerhin den Vorteil hatte, nur 160 Kilometer westlich der lebendigen Metropole Chicago zu liegen. Von da an betrachtete Ronald Reagan Dixon als seine Heimatstadt. Auf der High School wurde er zum ersten Mal in ein Präsidentenamt gewählt, in das der Schülerschaft. Er trieb viel Sport und beteiligte sich am Laienspiel. Genauso setzte es sich auf dem Eureka College fort, das er nach dem Schulabschluß besuchte: viel Sport, erfolgreiche Schauspielerei, Präsident der Studentenschaft – mittelmäßige Zensuren.

1932 verließ er Eureka mit einem Diplom in Soziologie und Wirtschaft, was ihn zwar später nicht zu einem Ökonomen, wohl aber zu einem wohlhabenden Mann machte. Nur war das zu diesem Zeitpunkt noch in keiner Weise abzusehen. Amerika versank in seiner schlimmsten Depression, Vater Reagan wurde ausgerechnet am Weihnachtsabend 1931 arbeitslos.

Als Student hatte sich Ronald Reagan fest in den Kopf gesetzt, Sportreporter und Filmschauspieler zu werden. Gemessen an den damaligen katastrophalen Verhältnissen, war das eine geradezu abstruse Idee. Es herrschte Arbeislosigkeit, und ausgerechnet für so erlesene und rare Jobs, wie Reagan sie sich vorstellte, gab es keinerlei Markt und Aussichten. In dieser Lage jedoch erwies sich eine Eigenschaft als Rettung, die ihn sein Leben hindurch bestimmen sollte: sein hartnäckiger Optimismus. Obwohl andere, besser qualifizierte Kandidaten abgewiesen worden waren, konnte er eine kleine Radiostation im Nachbarstaat Iowa dazu überreden, ihn als Sportreporter einzustellen. Als dieser Sender von einem größeren geschluckt wurde, stieg auch er auf. Unter seinem Spitznamen »Dutch«, den ihm sein Vater bei der Geburt gegeben hatte, erregte er nationale Aufmerksamkeit mit einer Spezialität: er las Agenturberichte auf eine Weise vor, daß sie sich wie spannende Sportreportagen anhörten. Das bekannte Baseballteam der »Chicago Cubs« (Chicago-Bären) und deren Spiele waren sein Hauptbetätigungsfeld. Sein Sender gehörte zur National Broadcasting Corporation (NBC) – bis heute einer der großen Medienkonzerne. Damit war für Ruhm gesorgt – und für genügend Geld, um dem Bruder Neil einen Teil des Studiums zu bezahlen.

Politisch stand Ronald Reagan in jener Zeit eher »links«. Er verehrte den Präsidenten Franklin Delano Roosevelt, dessen radikaler »New Deal« 1933 der Depression mit Sozialprogrammen energisch zu Leibe rückte. Dieser Politik verdankten auch Reagans Vater und Bruder Beschäftigung. Das beeindruckte Ronald Reagan zumindest ebenso wie Roosevelts Fähigkeit, die Menschen zu faszinieren. Reagan kopierte seinen Stil. Er lernte zum Beispiel die ganze Rede auswendig, die Roosevelt im Januar 1933 zu seiner Amtseinführung hielt. Auch andere Redepassagen des Präsidenten konnte er rezitieren.

1937 begleitete er die »Chicago Cubs« in ihr Frühlings-Trainingslager an der südkalifornischen Küste. Dort wurde ein Agent des Filmkonzerns Warner Brothers auf ihn aufmerksam. Kurz darauf erhielt er ein Telegramm mit dem Angebot eines Sieben-Jahres-Vertrages. Hollywood hatte ihn entdeckt und er erreicht, was er sich als Schüler in den Kopf gesetzt hatte. Für ihn erfüllte sich der Traum von Millionen Amerikanern.

In seiner ersten Rolle spielte er, was er wirklich war, nämlich einen herumreisenden Radioreporter in einem Streifen mit dem Titel »Love is on the Air«, was soviel heißt wie »Liebe auf Sendung«. Damit begann eine Karriere, die fast 30 Jahre (1937 bis 1966) umspannte. Er drehte 53 Spielfilme. Er war ein außerordentlich beliebter Schauspieler, man schätzte seine Disziplin und die Fähigkeit, sich Texte sehr schnell einzuprägen. 45 Jahre später dominierten Gedächtnislücken. Er wurde keiner der Großen, aber er hatte einen soliden Führungsplatz in der unterhaltenden, anspruchslosen Kategorie, den sogenannten B-Filmen. Einige ernsthafte Rollen machten ihn zu einem Star mittleren Glanzes. Amerika kannte Ronald Reagan.

In seiner Schul- und Studentenzeit gingen seine Interessen über die Ausbildung, in Hollywood über die Schauspielerei hinaus: Er engagierte sich, seiner Einstellung gemäß, gewerkschaftlich und schloß sich der Filmschauspieler-Vereinigung an. Nach dem Krieg wurde er gar fünf Jahre lang ihr Präsident.

Bei Dreharbeiten lernte er die Schauspielerin Jane Wyman kennen, die er am 24. Januar 1940 heiratete. Ein Jahr darauf wurde Tochter Maureen geboren; das Paar adoptierte einen Sohn, Michael, Jahrgang 1945. Die Ehe hielt neun Jahre, wurde dann ohne viel Aufhebens geschieden. Aber die Trennung bewog Ronald Reagan, sein Privatleben in Zukunft noch mehr abzuschotten.

1942 wurde er zur Armee eingezogen, kam aber wegen seiner Kurzsichtigkeit nicht zum Kampfeinsatz. So konnte er in Kalifornien bleiben und in seinem Fach weiterarbeiten, denn die Armee hatte eine eigene Filmeinheit. Bis zum Kriegsende drehte er rund 400 Trainingsfilme, aber nur einen nichtmilitärischen Film. Ende

1945 wurde er in Ehren als Hauptmann aus dem aktiven Dienst entlassen, seine Reservezeit lief 1953 automatisch ab.

Noch ein Jahr bevor er zur Armee ging, hatte sein cleverer Agent einen Sieben-Jahres-Vertrag über eine Million Dollar für ihn ausgehandelt. Das war in der damaligen Zeit eine ungeheure Summe. Er war ein wohlhabender Mann geworden. Allein sein Einkommen von 1946 hätte dreißig Jahre später dem Wert von einer Million Dollar entsprochen. Reagan machte also nach dem Krieg dort weiter, wo er aufgehört hatte - auch inhaltlich. Und das bereitete ihm zunehmend Verdruß. Nur 1964 durfte er in einem Film einen Schurken darstellen, aber sonst hielt ihn Warner Brothers streng in dem Gehege seines Erfolges. Er wurde immer unzufriedener mit seinen leichten, romantischen Rollen und spürte, daß er trotz seiner hohen Gagen dem Ende seiner Schauspielerzeit entgegenging, weil sich keine künstlerische Weiterentwicklung ergab.

Politisch hatte sein standhafter Liberalismus bereits in den letzten Monaten seiner Militärzeit Kratzer bekommen. Er wanderte allmählich von links nach rechts. Dabei spielte insbesondere sein zunehmender Antikommunismus eine Rolle, der besonders von der Familie seiner zukünftigen Frau Nancy geschürt wurde. Es war keine Ruhmestat, daß er sich in die Untersuchungen des Komitees über antiamerikanische Aktivitäten einspannen ließ, die angebliche kommunistische Einflüsse auf die Filmindustrie aufdecken wollten.

Noch 1948 setzte er sich aktiv für den Demokraten Harry S. Truman ein, aber 1952 und 1956 war bereits Dwight D. Eisenhower sein Idol. Obwohl er noch der Demokratischen Partei angehörte, machte er für den beliebten General des Zweiten Weltkrieges Wahlkampf.

1952 heiratete er Nancy Davis und gab damit seinem Leben einen dauerhaften stabilisierenden Halt. Über Nancy und Ronnie, wie sie ihn nannte, ist in den folgenden Jahrzehnten viel gelästert, gemunkelt, hergezogen worden, ohne daß es auch nur den geringsten Einfluß auf ihr enges Verhältnis gehabt zu haben scheint. 1952 wurde Tochter Patricia geboren, 1958 Sohn Ronald Prescott. Ein inniges Familienleben, wie etwa bei George und Barbara Bush, kam nie zustande. Fast konnte man den Eindruck gewinnen, die beiden ließen nicht nur Außenstehende, sondern selbst ihre Kinder nicht an sich heran.

Auch wenn Ronald Reagan 1959 noch einmal zum Präsidenten der Vereinigung der Filmschauspieler gewählt wurde und er erfolgreich einen Streik durchführte, so begann doch in dieser Zeit ein grundlegender Wandel. Er wandte sich mehr und mehr der Politik zu, wenn auch zunächst in indirekter, gleichwohl außerordentlich wirksamer Art. So wurde er Propagandasprecher des Elektrokonzerns General Electric und reiste in dessen Auftrag durchs Land, um in den Firmenniederlassungen vor den Angestellten mächtige Reden zu halten. Das freie Unternehmertum, dem er lange mißtrauisch, ja feindlich gegenüberstand, erhielt nunmehr Lob und Preis. Er setzte sich für Richard Nixon ein, als der sich zum ersten Mal und vergeblich in den Kampf um die Präsidentschaft stürzte. Folgerichtig gab er auch sein Amt als Präsident der Schauspieler-Vereinigung auf. Er trat in antikommunistischen Fernsehsendungen auf, gehörte mehreren gleichgesinnten Gruppen an.

Ein ausgeprägtes Verhältnis zu John F. Kennedy gibt es nicht. Die beiden grundverschiedenen Männer hatten einiges gemeinsam: ihren traumwandlerisch sicheren Umgang mit der Presse; das Intuitive in der Politik; das unwiderstehliche Lachen. Aber Kennedy war Reagan suspekt. Jener glaubte an die Macht der Regierung und die Machbarkeit von Politik, Dinge, von denen Reagan nichts hielt. Sie kosteten nur das Geld der Bürger. So war Kennedy in seinen Augen der echte Demokrat, der im Namen der Regierung (unnütz) Geld ausgab.

1964 warf er sich für den erzkonservativen Senator Barry Goldwater ins politische Getümmel. Dem fügte zwar Lyndon B. Johnson eine der verheerendsten Wahlniederlagen der amerikanischen Geschichte zu, aber Ronald Reagan schadete es nicht, wieder auf den Verlierer gesetzt zu haben. Ganz im Gegenteil, seine Rede für Goldwater war ein konservativer Triumph und fand in den republikanischen Zirkeln Kaliforniens größte Beachtung. Bereits zwei Jahre zuvor hatte Reagan die Konsequenz aus seinem ideologischen Wandel gezogen, war aus der Demokratischen Partei ausgeschieden und Mitglied bei den Republikanern geworden. 1965 veröffentlichte er eine Autobiographie, was nicht gerade von mangelndem Selbst- und Sendungsbewußtsein zeugt. Im Jahr 1966 zog er einen anderen Schlußstrich: der Filmstar Ronald Reagan beendete seine Karriere. Rechtzeitig, bevor sie womöglich an einen Endpunkt geraten wäre, rechtzeitig auch, um etwas Neues zu beginnen, wozu er sich berufen fühlte.

Eine Gruppe von reichen und einflußreichen Konservativen rief die Bewegung »Republikaner für Ronald Reagan« ins Leben. Er verkündte seine Kandidatur für das Amt des Gouverneurs von Kalifornien. Sein Gegner war Edmund G. Brown, der das Amt bereits seit acht Jahren innehatte und ein ausgefuchster Politiker war. Er nahm Ronald Reagan nicht einmal im Ansatz ernst und hielt ihn schlichtweg für unwählbar. Er machte den Fehler, dessen Popularität und politischen Instinkt gänzlich zu unterschätzen (womit er allerdings nicht allein stand). Reagan zog als bürgernaher Politiker in den Wahlkampf, machte aus seiner Unerfahrenheit keinen Hehl, ja verkaufte sie als das Heilmittel in einer Zeit, in der die Regierung durch Verschwendung und Arroganz ihre Mißachtung des Bürgers kundtat. Alle Versuche, den Schauspieler Reagan lächerlich zu machen, erzeugten den gegenteiligen Effekt. Gouverneur Brown übersah ganz einfach, daß in Kalifornien Schauspieler allemal geachteter sind als Politiker, denen man ohnehin nicht trauen könne.

Ronald Reagan fegte mit einer Million Stimmen Vorsprung den Urpolitiker Edmund Brown geradezu aus dem Amt. Für den mag es wenigstens eine Genugtuung gewesen sein, daß sein Sohn, Jerry Brown, mit einem ideologisch ganz anders gestrickten Programm nach Ronald Reagan für acht Jahre Gouverneur in Kalifornien wurde. Zunächst jedoch wurde am 1. Januar 1967 ein Mann in dieses Amt eingeschworen, der nicht die geringste Ahnung vom Regieren hatte und total unvorbereitet die Geschäfte übernahm. Man muß sich nur vor Augen halten, daß Kalifornien zu jener Zeit als Einzelstaat den siebtgrößten Haushalt auf der Welt hatte, um zu ermessen, welch eine Verantwortung auf seiner Regierung lastete. Ronald Reagan zog mit einer Mannschaft von Amateuren in den Gouverneurspalast ein, die auch erst einmal lernen mußte. Er überstand diese Phase mit seinem Charme und seiner Verhandlungskunst sowie mit jenem Stil, der später auch seine Präsidentschaft prägte: Er bürdete anderen die Arbeit auf, bestimmte aber als Leitfigur die Richtlinien.

Seine erste Amtszeit zeichnete sich dadurch aus, daß er sich viel zurückhaltender und pragmatischer aufführte, als er im Wahlkampf getönt hatte. Eine blühende Wirtschaft half ihm, zusammen mit seiner Steuerpolitik, einem verschuldeten Staat am Ende dieser Amtszeit einen üppigen Haushaltsüberschuß zu bescheren. Das machte es ihm möglich, Steuererleichterungen durchzusetzen, die zu seinem politischen Grundprogramm gehörten. Nichts trägt einem beim amerikanischen Wähler mehr Sympathien ein. 1970 wurde er mühelos wiedergewählt.

Seine Ausstrahlungskraft und der Wahlerfolg machten ihn kurzfristig zu einem Kandidaten für die Präsidentschaftswahl von 1968. Er schloß sich dann aber dem Votum der Partei für Richard Nixon an. Auf jeden Fall war er seither ein ernsthafter Bewerber seiner Partei um das höchste Amt.

1974 verließ er den Gouverneursposten als beliebte, konservative nationale Größe. Er schrieb Zeitungskommentare, verkaufte Reden an Rundfunkstationen überall im Land und bereitete sich im übrigen darauf vor, 1976 wieder als Präsidentschaftskandidat anzutreten. Es wurde ihm ein Strich durch seine Rechnung gemacht, als Richard Nixon wegen des Watergate-Skandals vorzeitig sein Amt aufgeben mußte und Vizepräsident Gerald Ford seine Nachfolge antrat. Trotzdem verkündete Ronald Reagan, daß er sich 1976 bewerben wolle. Auf dem Parteitag der Republikaner verlor er die Kandidatur nur sehr knapp gegen Präsident Ford, legte jedoch mit diesem starken Auftritt die Grundlage für seinen Sieg im Jahre 1980. Zudem konnte er Präsident Ford zwingen, seine konservativen Vorstellungen in das Wahlprogramm aufzunehmen. Ford jedoch verlor die Wahl gegen den Demokraten Jimmy Carter, der versprochen hatte, mit dem heruntergekommenen Washington aufzuräumen.

1980 war es endlich soweit. Ronald Reagan wurde zum Kandidaten der Republikanischen Partei bestimmt. Zu seinem Vizepräsidenten wollte er George Bush machen, der ebenfalls eine Reihe vergeblicher Anläufe auf das höchste Amt unternommen hatte. Am 4. November wurde Ronald Reagan mit einem glänzenden Ergebnis zum 40. Präsidenten der Vereinigten Staaten gewählt. Als er im Januar 1981 sein Amt antrat, war er bereits 69 Jahre alt, aber auch das wußte er mit Geschick zu seinem Vorteil zu wandeln. Er hatte sein Ziel mit Geradlinigkeit erreicht und wußte, welche Hoffnungen auf ihm ruhten.

Die Welt blickte mit Befremden auf ein politisches Schauspiel, das einen Schauspieler zum mächtigsten Mann der Erde erhoben hatte. Wer war er wirklich?

Ronnie

Unzählige Beobachter, Mitarbeiter oder Bekannte, die Ronald Reagan mehr oder minder nahestanden beziehungsweise einmal nahegestanden hatten, haben vergeblich versucht, hinter das Rätsel seiner Person zu kommen. Lou Cannon, der zwei Bücher über ihn verfaßte, ihn jahrelang begleitete, kam zu dem Schluß: »Reagan blieb ein Mysterium – selbst für jene, die ihn am besten kannten.« Und: »Alles in allem blieb Reagans inneres Leben auch seinen Freunden ein Mysterium.« Womöglich war Nancy Reagan der einzige Mensch, der ihn wirklich kannte.

Wie brachte er es fertig, so populär zu sein und gleichzeitig so abgeschlossen zu wirken?

Der Schlüssel liegt in seinem Wesen – und in Hollywood. Sein Optimismus überstrahlt alles. Den teilt er zwar grundsätzlich mit seinen Nachfolgern George Bush und Bill Clinton (sowie mit einer großen Anzahl seiner Landsleute), aber seiner ist unbändiger. Obwohl ihm seine familiäre Umgebung wahrscheinlich keinen Anlaß bot, zeigte sich dieser Wesenszug bereits, als er sich nach dem Studium beruflich durchsetzte und unbeirrbar an seinen Maximalforderungen festhielt, was er einmal werden wollte. Daß es bereits in so jungen Jahren klappte, mag für ihn der Beweis gewesen sein, daß Optimismus siegt. Davon ließ er sich nie wieder abbringen. Nie auch war er lange bedrückt, wenn etwas schiefging oder mißlang. Sein Optimismus prägte auch seine idealistische Einstellung zu seiner Nation. Er hatte die unschätzbare Gabe, Menschen Wohlbefinden zu vermitteln. In seiner Umgebung fühlte man sich einfach gut. Und so vertrat er unerschütterlich die Ansicht, daß die besten Tage noch vor Amerika lägen, teilte nicht die Nostalgie, die an den Eisenhower-Jahren hing. Am besten ging's, wo er war.

Unlösbar verkoppelt mit seinem Optimismus war sein Humor, eines ohne das andere nicht denkbar. So brachte er es fertig, acht Jahre lang im Weißen Haus gute Stimmung zu verbreiten, auch wenn für sie beileibe nicht immer Anlaß bestand. Auch die schwierigsten oder düstersten Sitzungen wurden von ihm mit einer humorvollen Bemerkung beendet. Sehr oft allerdings warf er seine Gesprächspartner aus der Bahn oder verärgerte sie, weil sie es der Situation als nicht angemessen empfanden. Ronald Reagan besaß einen unerschöpflichen Vorrat an Witzen, Anekdoten oder lustigen Geschichten, die er anbrachte, wann immer es ihm passend erschien. Da brach sich Bahn, was er von seinem Vater Jack, dem Geschichtenerzähler, geerbt hatte. Dabei kam es ihm auf den Realitätsgehalt seiner Stories nicht so sehr an. Er erzählte und empfand sie trotzdem so wie tatsächliche Begebenheiten, was seine Berater oft in Schwierigkeiten brachte. Ein besonders krasses Beispiel fand sich in Reagans Rede zur Amtseinführung als Präsident im Jahre 1981. Er wollte sie mit einer besonders anrührenden Geschichte über einen Soldaten beschließen. Der hatte vor seinem Tod einen patriotischen Ausspruch getan, der Reagan besonders gut gefiel. Nach Reagans Ansicht konnte dieser Soldat nur auf dem Nationalfriedhof in Washington beerdigt sein. So jedenfalls schrieb er es in sein Redemanuskript. Seine argwöhnischen Berater forschten nach und ermittelten, daß dieser Mann tausend Kilometer weit weg auf seinem Heimatfriedhof lag. Damit wäre die schöne Geschichte nur noch die Hälfte wert gewesen, dennoch bestand Reagan auf ihr, wenn auch in leicht abgewandelter Form. Am Tag nach der Rede

1 Ronald Reagan – der »Große Kommunikator«. Als erster Schauspieler-Präsident brachte er Hollywood nach Washington.

2 *(oben)* Ronald Reagan und die Topleute der ersten Stunde: Außenminister Alexander Haig (neben Reagan sitzend, links im Bild), Verteidigungsminister Caspar Weinberger (rechts) und Stabschef James Baker (hinter Weinberger stehend).

3 *(unten)* Donald Regan, Finanzminister und später Stabschef im Weißen Haus (durch Ämtertausch mit Baker). Zunächst Vertrauter der Reagans, dann auf Betreiben Nancy Reagans verdrängt, rächte er sich mit einem entlarvenden Buch.

4 *(rechte Seite oben)* Michail Gorbatschow und Ronald Reagan im Oktober 1986 vor dem Hofdi-Haus in Reykjavík, dem Ort des denkwürdigen und umstrittenen Gipfeltreffens, das dann doch die atomare Abrüstung einleitete.

5 *(rechte Seite unten)* Im kalten Regen und mit großem Pomp werden die Gorbatschows im Dezember 1987 von den Reagans nach dem neuerlichen Gipfeltreffen im Park des Weißen Hauses verabschiedet.

6 *(rechts)* Marlin Fitzwater, ein gewitztes Unikum, beliebter und humorvoller Pressesprecher der Präsidenten Reagan und Bush.

7 *(unten)* Ronald Reagan gewährt einigen europäischen Journalisten eines der seltenen Interviews mit Ausländern. Im Vordergrund links: Gerd Helbig.

fand die mißtrauische Presse prompt die Wahrheit heraus. Aber Reagan kümmerte das nicht. Er war seine wirkungsvolle Botschaft an die Amerikaner losgeworden, und die Schuld für den Fehler übernahmen andere.

Im Weißen Haus ließ man sich von Reagans Fabuliererei anstekken. Man begann Anekdoten und Witze zu sammeln und ihm zu liefern. Nur der trockene Außenminister Alexander Haig konnte mit dieser Art von Humor gar nichts anfangen. Für Reagan jedoch erfüllte er Funktionen, die viel bedeutsamer waren, als nur die Leute zum Lachen zu bringen. Mit ihm verringerte er die Distanz zu anderen, verlieh er dem hohen Amt des Präsidenten menschliche Züge. Er fand auch für schwierige Probleme passende Anekdoten, die entkrampfend wirkten. Vor allem jedoch hatte er keine Scheu, sich selber auf den Arm zu nehmen. Er riß Witze über seine Hollywood-Vergangenheit, seinen Arbeitsstil und immer wieder über sein Alter. Damit entkräftete er das Argument aus dem Wahlkampf, er sei zu alt, auf höchst wirksame Weise. Humor entwickelte sich zu seiner entscheidenden Waffe.

Dabei schöpfte er durchaus nicht nur aus fremden Quellen. Er verfügte selber über eine ausgeprägte Schlagfertigkeit, die ihm ebenfalls über viele brenzlige Situationen hinweghalf. Als ihm 1968 während der Studentenunruhen im kalifornischen Berkeley junge Leute ins Auto schrien: »Wir sind die Zukunft!«, kritzelte er blitzschnell eine Antwort auf einen Zettel und hielt sie ans Fenster: »Dann verkauf ich meine Aktien.« Das entsprach nicht nur seiner Philosophie, sondern entwaffnete zugleich.

Den Hintergrund seiner Geschichten bildeten meistens Hollywood oder seine »movies«, seine Filme. Die dreißig Jahre, die er in dieser Traumfabrik zugebracht hatte, waren unauslöschlich in seine Erfahrungswelt eingegraben. Hollywood war seine Wirklichkeit. Nicht nur das Filmen, sondern auch die Filme. Das ging ineinander über.

Auf eine gewisse Weise blieb Reagan immer Schauspieler. Über die Präsidentschaft sagte er einmal freimütig: »Es gab Zeiten in diesem Amt, da habe ich mich gefragt, wie man es ausüben kann, ohne Schauspieler zu sein.« Dieser Ausspruch war für ihn kein oberflächliches Bonmot, drückte vielmehr seine Überzeugung aus. Als Schauspieler hatte er sich auf andere Rollen im Leben vorbereitet, sich in andere Menschen versetzt. So gab es ein Element des Theaterhaften in seiner politischen Tätigkeit. Er handelte oft wie im Filmstudio, ließ andere – wie einst in Hollywood – die Funktion des Regisseurs ausüben und behielt sich die großen Auftritte vor. Dafür brauchte er Mitarbeiter, die diese Bedürfnisse verstanden und zu erfüllen wußten. So jemand war zum Beispiel sein enger Berater Michael Deaver, der ihm seit seinem Eintritt in die Politik im Jahre 1966 zur Seite gestanden hatte. Er bekleidete die Position des stellvertretenden Stabschefs. Wie ein Filmproduzent schuf er den Streifen »Präsidentschaft«. Er überließ nichts dem Zufall, entschied nie zugunsten einer Sache, sondern stets zugunsten von Reagan.

Reagans Achtung vor dem Studio entstammt auch seine Achtung vor den Fotografen. Sie waren ihm nie lästig, er hatte Verständnis für ihre Aufgabe und wußte nur zu gut, was sie für ihn selber bedeuteten. Somit posierte er geduldigst und professionell.

Neben dem Vorgang des Filmens spielte aber das Produkt, der Film selbst, eine noch größere Rolle in Reagans Welt. Wann und wo er nur konnte, sah er sich Filme an. Im Weißen Haus hatte er eine altmodische Leinwand aufgebaut, obwohl es unzählige Videorecorder gab. Er verwandte im Weißen Haus, in Camp David, dem Landsitz des Präsidenten, auf Reisen und vor allem auf seiner Ranch mehr Zeit auf das Anschauen von Filmen als auf irgendeine andere Tätigkeit. Dabei behandelte er Kinoszenen offensichtlich wie Realität. Es ging so weit, daß nicht nur er, sondern auch seine Mitarbeiter die Hollywood-Terminologie benutzten.

Als 1983 der Weltwirtschaftsgipfel im amerikanischen Williamsburg abgehalten wurde, stellten die anstehenden Probleme nicht gerade etwas dar, wofür sich der Gastgeber, der amerikanische Präsident, besonders interessierte. Am Vorabend brachte ihm sein Stabschef James Baker einen Ordner mit dem wichtigsten Material, nur um am folgenden Morgen zu entdecken, daß Reagan ihn gar nicht geöffnet hatte. Kurz darauf sollte er den Vorsitz dieser wichtigen Konferenz übernehmen. Auf die konsternierte Frage, wieso er die Akten nicht angeschaut habe, antwortete Reagan nur, daß der Film »The Sound of Music« auf dem Programm gestanden hätte. Dennoch überstand er, ohne Vorbereitung, aber mit den richtigen Stichworten und seinem Charme versehen, unbeschadet das Treffen. Reagan überließ das Regieren seinem Stab. Solange der kühle, disziplinierte James Baker ihn leitete, funktionierte das.

Wie groß der Einfluß von Hollywood und seinen Filmen auf Ronald Reagan auch gewesen sein mag, man darf nicht den Fehler begehen und daraus ableiten, er habe nur in einer Traumwelt gelebt. Von Jugend an hatte er vielmehr immer über den engen Rahmen seiner Tätigkeit hinausgehende Interessen, die seine Mitmenschen und deren Leben betrafen. So auch in Hollywood. Seine Zeit als Präsident der Schauspielervereinigung, also in einer Gewerkschaftsfunktion, umspannte sechs turbulente Jahre. Und wenn es heißt, er sei durch die Hollywood-Unterhaltungsindustrie geprägt worden, so muß auf dem Wort Industrie zumindest so viel Gewicht liegen wie auf dem Wort Unterhaltung. Hollywood besaß immer einen starken Bezug zur ökonomischen Realität des Landes.

Noch etwas anderes unterschied Ronald Reagan von jenem Hollywood, das durch Skandalgeschichten, wahre Scheidungs- und Heiratsorgien, plattes Stargehabe und so manche Niveaulosigkeit einen zweifelhaften Ruf in der Welt genoß: Er war kein Gegenstand von Tratsch, sein Privatleben war abgeschottet. Erst recht nach der Scheidung von Jane Wyman 1949 umgab er sich mit einem Schutzwall, der nicht so leicht zu durchbrechen war. Ronald Reagan liebte Hollywood und war dennoch ganz anders als das Klischee.

Was er aus Hollywood mitbrachte, war die feste Überzeugung, daß nicht so sehr das Programmatische, sondern eher das Gefühlsmäßige von Wichtigkeit war. Die Wirkung seiner Geschichten, weniger deren Realitätsgehalt, zählte für ihn. Er wollte Menschen bewegen und rühren, eine Stimmung in ihnen erzeugen. Die Mittel dazu hatte er in Hollywood erworben, dann in seiner Zeit als Propagandist für General Electric und als Zeitungs- und Rundfunkkommentator perfektioniert. Er konnte reden, besser gesagt, Texte vortragen wie kaum ein anderer. Er konnte trösten wie kein anderer: Die bewegendste Szene seiner Präsidentschaft spielte sich im Oktober 1983 ab. Im Libanon waren 241 amerikanische Soldaten einem grauenvollen Bombenanschlag zum Opfer gefallen. Als die Toten in die USA überführt wurden, nahm Ronald Reagan an einer ergreifenden Trauerfeier teil. Sein Auftreten und sein Bemühen um jeden einzelnen Angehörigen hatten eine geradezu magische Wirkung. Gefühle bedeuteten ihm alles; auch ein Maß an Rührseligkeit, das in Europa schwer verständlich ist oder gar als unerträglich gilt, konnte ihn nicht schrecken und seine Landsleute nicht verwirren. Aber nie sah man ihn – im Gegensatz zu George Bush und Bill Clinton – weinen. Letztendlich blieb um ihn eine Schutzzone. Das trug ihm den halb abfälligen, halb bewundernden Namen »Teflon-Präsident« ein – als sei er mit Teflon beschichtet, an dem alles ohne Wirkung abtropft. Das betraf vor allem die skandalösen Vorgänge im Weißen Haus. Die große Mehrheit der Amerikaner jedoch hat ihn nie so beurteilt. Sie hielt ihn für einen netten Kerl.

Als Ronald Reagan in die aktive Politik einstieg, war er bereits 55 Jahre alt und eine nationale Berühmtheit. Er war einen ganz anderen Weg gegangen als für Politiker üblich. Dagegen brauchte Bill Clinton zunächst einmal eine lange Zeitspanne, um sich den Amerikanern überhaupt bekannt zu machen. Schließlich wurde er ihnen eher durch Affären ein Begriff als durch seine Leistung.

Ronald Reagan startete beinahe als Anti-Politiker, als Bürger, der das Regieren in die Hand nahm. Sein eingängiger Spruch lautete: »Die Regierung ist nicht die Lösung unseres Problems – sie *ist* das Problem.« Dieser Lockerheit blieb er durchgehend treu. Er vertraute seiner Wirkung auf die Menschen, also die Wähler. Er hatte sich nicht ein Netzwerk von politischen Freunden aufgebaut, wie es sein Nachfolger George Bush mit großer Zielstrebigkeit getan hatte. Er war – ebenfalls im Gegensatz zu George Bush, in gewisser Hinsicht auch zu Bill Clinton – ein Mann von einigen wenigen Prinzipien, von einer geradlinigen Vision, an der er stur festhielt. Er machte keinen Hehl daraus, daß ihn Details sehr oft nicht interessierten. Nur zu oft lenkte er in Sitzungen mit Geschichten vom Thema ab.

Er konnte schnell Entscheidungen treffen, wenn er mit Optionen versorgt war, aber er regte selten selber an – etwa ein Treffen oder einen Anruf (während George Bush eine regelrechte Telefoniermanie entwickelte). Er liebte den vorgeschriebenen Ablauf, er folgte jedem einzelnen Punkt wie einer Regieanweisung: wohin er zu gehen, wen er zu treffen, was er zu sagen habe. Er versteckte seine Unkenntnis nicht, ebensowenig wie sein Desinteresse. Das machte seine Pressekonferenzen für die Mitarbeiter zu einem wahren Alptraum. Er hatte fatale Wissenslücken, die er auch nicht bereit war aufzufüllen. Er machte Fehler, es konnte passieren, daß er das Gegenteil seiner eigenen Regierungspolitik verkündete. Pressekonferenzen wurden mit verteilten Rollen geübt, aber es nützte nicht viel. Das war um so erstaunlicher, als Reagan nach dem Urteil seiner Regisseure seine Texte sehr schnell lernte. So suchte man ihn von der Presse fernzuhalten, weil er sich schlichtweg nicht auskannte.

Oft verwechselte er auch Leute. Zu seiner Hilfe wurde ein System mit Karten entwickelt, auf denen Stichworte standen und die er in seiner linken Anzugtasche trug. Sie mußten von einer bestimmten Größe sein, weil er an Kurzsichtigkeit litt. Zu dieser gesellte sich im übrigen eine Schwerhörigkeit, die seine Geistesabwesenheit in bestimmten Situationen erklärte. Abgesehen davon jedoch erfreute er sich einer außerordentlichen Gesundheit. Aber die öffentliche Darstellung dessen, was er für sie tat, vermied er. Zu genau wußte er, daß die Bilder joggender Präsidenten diese nicht immer im Lichte größter Würde erscheinen ließen – wie es bei Jimmy Carter der Fall gewesen war. Ähnlich lächerlich wirkten später auch George Bush und Bill Clinton in durchschwitzten T-Shirts. Ronald Reagan trat immer auf das sorgfältigste gekleidet und gepflegt in Erscheinung. Er genoß es in vollen Zügen, Präsident zu sein, hielt absolut nichts von der Charakterisierung des Amtes als »glänzendes Elend«, wie Thomas Jefferson es formuliert hatte. Er war sich genau über seine Wirkung auf Menschen im klaren, offensichtlich aber auch darüber, was sie bereit waren zu verzeihen.

Im Dezember 1988, kurz bevor er sich in den Ruhestand zurückzog, sagte er: »Sobald ich zu Hause in Kalifornien bin, werde ich mich zurücklehnen, die Beine hochlegen, lange Schläfchen halten. Wenn ich mir's genau überlege, wird sich nicht viel ändern.« Kein anderer Präsident würde so etwas je zugeben. Bis zum Ende blieb um ihn etwas Geheimnisvolles, das er sich bewahren konnte. Er hat seine Rolle gut gespielt und die Frage offengelassen, was Hollywood und was Washington war.

Die Reagans im Weissen Haus

Man konnte die Uhr danach stellen: Am Freitagnachmittag um vier donnerten zwei große Regierungshubschrauber niedrig über den Potomac in Richtung Westen. In einem der beiden saßen Nancy und Ronald Reagan, auf dem Weg ins Wochenende auf dem Landsitz Camp David in den nahen Bergen, der dem Präsidenten zur Erholung oder auch für hochrangige Treffen zur Verfügung steht. Flog der Hubschrauber in Richtung Osten, so war der Luftwaffenstützpunkt Andrews das Ziel, von dem aus die beiden heim ins geliebte Kalifornien flohen. Wenn nichts Außergewöhnliches anlag, hielten sie diesen »Dienstplan« ein, getreu der Devise, daß auch ein Präsident seine Freizeit verdient hat und nicht Sklave seines Amtes sein muß. Ronald Reagan ist deswegen ebensosehr verspottet wie bewundert worden. Ein Bill Clinton könnte sich das niemals leisten – abgesehen davon, daß er es nicht versteht. Die acht Reagan-Jahre waren von dieser Lässigkeit geprägt, einer Lässigkeit, die von nicht wenigen schlichtweg als Faulheit abgetan wurde.

Ronald Reagans Art, sich selber wenig um Wesen und Unwesen im Weißen Haus zu kümmern, sondern es anderen zu überlassen, führte dazu, daß es sich in eine Bühne verwandelte, auf der es zuging wie im wirklichen Theater: alles wurde gegeben – Tragödie, Komödie, Tragikomödie.

Es begann damit, daß Nancy und Ronald Reagan umgehend mit dem puritanischen, verkrampft bescheidenen Stil von Rosalynn und Jimmy Carter Schluß machten. Mit ihnen zog auch der Pomp wieder ein, dem der sittenstrenge Baptist aus dem Süden abgeschworen hatte. Die Weltmacht präsentierte sich wieder glanzvoll.

Das begann schon vor der Amtsübernahme in den Wochen um die Jahreswende 1980/81. Zwar hatte Reagan mit dem gleichen Thema seinen Wahlkampf bestritten wie vierzehn Jahre zuvor, als es in Kalifornien ums Gouverneursamt ging: Die Regierung ist zu stark und mischt sich zu sehr in die Belange des Bürgers ein. Aber es war grundfalsch, daraus auf einen generellen Anti-Washington-Kurs zu schließen, der Jimmy Carter in einem Amerika zum Sieg geführt hatte, das die Nase von den Machenschaften in der Hauptstadt voll hatte. Die Reagans machten da einen feinen, aber entscheidenden Unterschied. Der Zorn auf die Regierung wurde nicht zum Zorn auf die Gesellschaft dieser Stadt. Ganz im Gegenteil, man hofierte sie. Die Einladungen der Reagans wurden rasch zu einem Statussymbol. Man führte ein offenes Haus für die High-Society und beehrte sie mit dem eigenen Besuch. Jener geschlossene Kreis der Mächtigen und Eingeweihten atmete nach den kargen, feindseligen Carter-Jahren auf.

Was sich innen wandelte, mußte sich auch außen zeigen. Das Weiße Haus mitsamt seiner näheren Umgebung wurde einer nicht enden wollenden Renovierung unterzogen. Als erstes verschwanden die mittlerweile 32 Farbschichten des Außenanstrichs. Mochte das noch den Bürgern zugute kommen, die das Haus mit Bewunderung und Verehrung betrachteten, so gab es gelinden Aufruhr, als die Hausherrin auf der Anschaffung eines neuen Service bestand. Dabei war es weniger das Geld, das die Leute aufregte, als vielmehr die Art, wie sie sich aufs repräsentative Ausstatten warf. Nancy Reagan zahlte in den ersten Monaten ihrer »Dienstzeit« als First Lady einen hohen Preis in der öffentlichen Meinung, als sie wegen ihres feudalen Gehabes unter Beschuß geriet. Zwar sammelte sie selber rund eine Million Dollar für Ausstattungszwecke, aber was war das schon? Die wahren Kosten der Um- und Neugestaltung blieben bis zuletzt geheim, weil sie in zu vielen Töpfen versteckt waren. Nachweisbar ist immerhin eine Summe von 45 Millionen Dollar.

Was sich während der Übergangszeit vom Wahlsieg im November 1980 bis zur Amtsübernahme im Januar darauf hinter den Kulissen abspielte, trug manchmal konspirative Züge. Das betraf vor allem die Berufung von James Baker zum Stabschef. Reagan kannte ihn kaum, wußte wenig von ihm, aber dieses Wenige hatte ihn beeindruckt – und Baker war ein Freund von Vizepräsident George Bush. Die Konservativen waren über diese Entscheidung entsetzt, denn James Baker war überhaupt kein Ideologe, sondern eher ein Pragmatiker. Reagan erkannte mit sicherem Gespür, daß er gerade so jemanden brauchte. Bakers Vertreter wurde, wie erwähnt, Michael Deaver, der seit der gemeinsamen Zeit in Kalifornien ein treuer Diener seines Herrn gewesen war. Er hatte gar enge Bindungen zu den Reagans und war enttäuscht, nicht selber Stabschef geworden zu sein. Aber dann bildete er, zusammen mit einem anderen alten Reagan-Vertrauten, Edwin Meese, und Baker ein glänzendes Team, das dem Präsidenten konsequent den Rücken freihielt. Auch sie lernten aus den Fehlern der Carter-Präsidentschaft und vermieden sie um jeden Preis. So hatte sich Jimmy Carter sehr schnell in einem wahren Wust von Einzelproblemen verstrickt, die er mit seiner großen Sachkenntnis am liebsten alle selbst bearbeitet hätte. (Eine Gefahr übrigens, in die Bill Clinton ebenfalls geraten könnte.)

Bei der Bildung des Kabinetts ließ sich Ronald Reagan von jemandem beraten, dessen Einfluß er lieber nicht an die große Glocke hängen wollte: Richard Nixon. Ronald Reagan liebte ihn zwar nicht gerade, schätzte seine Kenntnisse jedoch sehr. Die Nixon-Renaissance Anfang der neunziger Jahre beruht auf der gleichen Beurteilung. Richard Nixon verfaßte zwei Bücher, die als außenpolitische Richtlinie gelten konnten. Vorsichtig wurde der »Watergate-Bann« gegen ihn aufgehoben. Er erschien wieder in Washington, und sein Rat war zunehmend gefragt. Ein gemeinsames Treffen (mit offiziellem Foto) der Präsidenten Nixon, Ford, Reagan und Bush wirkte wie eine abschließende Geste der Vergebung.

Reagan hatte ihn bereits 1962 bei dessen Bewerbung um das Gouverneursamt in Kalifornien unterstützt, das Nixon allerdings nicht errang. Auch im Präsidentschaftswahlkampf hatte er ihm Schützenhilfe geleistet, nachdem sie zunächst Rivalen waren. Als

Nixon infolge des Watergate-Skandals in die Enge getrieben wurde, stand er ihm bei. Jetzt revanchierte sich Nixon mit guten Ratschlägen. Er war es, der hinter der Ernennung von General Alexander Haig zum Außenminister steckte. Den hätte er zwar gerne im Pentagon gesehen, aber die Verfassung schreibt einen Zivilisten als Verteidigungsminister vor. Das wurde dann - ebenfalls mit Nixons Nachhilfe - Caspar Weinberger, der Reagan ungewöhnlich lange sechs Jahre diente, obwohl er eine Dauerfehde mit dem späteren Außenminister George Shultz ausfocht, bei der Reagan hilflos in der Mitte stand.

Die Kabinettsbildung vollzog sich im typischen Reagan-Stil. Er kümmerte sich um die wichtigsten Posten und entschied sich so manches Mal auf ungewöhnliche Weise. Den jungen Kongreß-Abgeordneten David Stockman wollte er unbedingt zum Budgetdirektor machen, weil der ihm imponiert hatte, und zwar als er im Wahlkampf die Rolle von Jimmy Carter spielte, um Ronald Reagan auf die Debatte mit ihm vorzubereiten. Da leuchtete die alte Bewunderung für Leute auf, die eine Rolle gut spielen können. David Stockman, ein brillanter Kopf, verabschiedete sich aber bald wieder, weil er Reagans Ausgabenpolitik nicht folgen mochte. Er schrieb ein bissiges Buch, in dem der Präsident nicht gut wegkam.

Eigenwillig war auch die Ernennung von Jeane Kirkpatrick, der einzigen Frau im Kabinett. Sie wurde UNO-Botschafterin, obwohl sie noch der Demokratischen Partei angehörte. Auch sie hatte Reagan einmal mit einem politischen Grundsatzartikel imponiert, und er vergaß es nicht.

Aber bei vielen anderen Kabinettsposten war er total uninteressiert. Handelsminister Malcolm Baldrige gefiel ihm vor allem, weil es sein Hobby war, auf Rodeos Vieh mit dem Lasso einzufangen. Noch weniger wußte er von seinem zukünftigen Landwirtschaftsminister, John Block; und rein gar nichts von Samuel Pierce, den er auf Empfehlung seiner Ratgeber zum Minister für Wohnungsbau und Städteplanung machte. Pierce hatte einen ausgezeichneten Ruf und war der einzige Schwarze im Kabinett. Reagan folgte den Empfehlungen, die oft darauf aus waren, die richtige Balance im

Gesamtbild zu halten. Und er blieb seiner Devise treu, wenige Grundlinien selber zu bestimmen, den Rest anderen zu überlassen. Auch in dieser Hinsicht ist er das Gegenteil von Bill Clinton, der mitreden will, sich Entscheidungen vorbehält.

In der Geschichte der Vereinigten Staaten wird man vergebens nach einem zweiten Präsidenten suchen, der so außenbestimmt war, der auf solch eine Weise »gemanagt« wurde wie Ronald Reagan. Das Dreiergespann Baker, Deaver, Meese kannte Stärken und Schwächen des Chefs nur zu genau. Sie zogen alle Register der Beeinflussung, bis zur Manipulation, und schufen auf diese Weise das Bild einer modernen Präsidentschaft mit konservativem, oft altmodischem Inhalt. Zu den interessantesten Kapiteln der Reagan-Herrschaft gehört somit sein Verhältnis zur Presse. Diese hatte am Ende der acht Jahre fast den Eindruck, sie sei aus einem Dornröschenschlaf erwacht.

Hinter den Kulissen arbeitete ein perfekter Apparat. Man hatte aufs sorgfältigste studiert, wie mit früheren Präsidenten umgegangen wurde, Lyndon B. Johnson stand wegen Vietnam, Richard Nixon wegen Watergate im Pressefeuer. Daraus zog man die richtigen Folgerungen. Nicht die Presse ging auf das Weiße Haus zu, sondern das Weiße Haus auf die Presse. Ein Thema des Tages wurde an sie weitergegeben, möglichst eines, bei dem Reagan auch in den Abendnachrichten des Fernsehens auftauchen konnte. Das ständige Füttern des Biests war eine Grundregel. Den optimistischen Präsidenten zu sehen gefiel den Amerikanern – und den großen Fernsehgesellschaften auch. Er wurde schwer angreifbar, was in seiner Persönlichkeit begründet war. Einen so beliebten Präsidenten behandelte man lieber vorsichtig. Die CBS-Korrespondentin im Weißen Haus, Leslie Stahl, beklagte zum Beispiel, daß ihr Reagan-kritische Passagen verändert oder gestrichen wurden. So wurde die Presse zum Transportriemen, zum Sprachrohr für effektive Regierungspolitik. Allerdings war der Präsident für seine Mitarbeiter auch ein »Produkt«, das sich gut verkaufen ließ. Dabei spielten der Mordanschlag und die Art, wie Reagan mit ihm umging, eine entscheidende Rolle. Seit diesem Zeitpunkt verfiel die Presse in eine passive, wehrlose Haltung. So blieb es sechs Jahre lang. Aber selbst der überaus umstrittene Besuch auf dem Soldatenfriedhof von Bitburg, auf dem auch Angehörige der Waffen-SS liegen, führte nur kurz zu kritisch-negativer Berichterstattung.

Einer der Gründe hierfür lag darin, daß eben auch Journalisten zur Washingtoner Elite gehörten und dem Präsidenten zu nahe kamen. Von ihm eingeladen zu sein schmeichelte der Eitelkeit und lähmte zugleich ihre Ungebundenheit. Der konservative Kolumnist George Will identifizierte sich zum Beispiel so sehr mit Reagans Linie, daß er später nie ein unbefangenes Verhältnis zu George Bush entwickeln konnte.

Ein anderer subtiler Zusammenhang war einer scharfen Presse ebenfalls nicht förderlich: Ronald Reagan war aus tiefer Überzeugung Unternehmern außerordentlich freundlich gesonnen. Die großen Medienkonzerne jedoch waren profitorientierte Unternehmen und legten sich mit ihrem Gönner im Weißen Haus nicht gerne an.

Der spontane Zugang zu Reagan wurde von seinen Strategen stark eingeschränkt, weil die Gefahr zu groß war, daß er unüberlegt oder ohne Sachkenntnis Äußerungen tat, die dann mühselig korrigiert oder interpretiert werden mußten. Die Zahl seiner Pressekonferenzen wurde auf ein Minimum heruntergeschraubt, weil er in ihnen am leichtesten verwundbar war. Seine Interviews waren meistens enttäuschend. Die strenge Abschirmung führte dazu, daß ihm Fragen zugeschrien wurden, wo immer er auftauchte. Zum Meisterschreier entwickelte sich der ABC-Fernsehreporter Sam Donaldson, weil er am lautesten und weitaus frechsten war. Er machte aus seiner Verzweiflung über den stummen Präsidenten keinen Hehl, aber es half nichts. Immerhin brachte er durch seine aufdringliche Art, die aus der Not geboren war, doch so manche Information heraus. In Reykjavík erfuhren auf diese kuriose Weise der Kommunikation Tausende von Journalisten, daß die Gespräche nicht abgebrochen waren, sondern in einer zusätzlichen Sitzung fortgeführt wurden. Das hatte er Reagan durch seine gebrüllte Frage entlockt. Sehr würdevoll war die Methode nicht.

Auch auf den Flügen mit der »Air Force One«, auf denen immer eine kleine Gruppe Journalisten dabei war, wurde er von ihnen ferngehalten. Dabei spürte man deutlich, daß der leutselige Ronald Reagan gerne reden würde, wenn man ihn nur ließe. Kam es tatsächlich zu kurzen Gesprächen, so war es meist Nancy Reagan, die genau aufpaßte, daß nichts schieflief. Oft mußte sie ihm die Fragen ins Ohr flüstern, weil er sie akustisch nicht verstanden hatte.

So führte eine Mischung aus unerklärlicher Selbstzensur der Presse, Manipulation und Abschirmungstaktik des Stabes dazu, daß über Ronald Reagan durchgängig positiv berichtet wurde.

Ende 1986 brach der Iran-Contra-Skandal auf, der schon seit zwei Jahren schwelte, aber unter der Decke gehalten wurde. Das Weiße Haus hatte versucht, Iran Waffen zu verkaufen, um auf diese Weise die amerikanischen Geiseln freizubekommen, die im Libanon festgehalten wurden. Der Erlös sollte den Contra-Rebellen in Nicaragua zugeführt werden, denen der Kongreß die Unterstützung aber untersagt hatte. Das alles spielte sich im Nationalen Sicherheitsrat ab, gelenkt von dem obskuren, strammen Oberstleutnant Oliver North. Ronald Reagan warf ihn zwar raus, sagte ihm aber später am Telefon: »Ollie, du bist ein nationaler Held.« (North wurde nie verurteilt und bewirbt sich nun um einen Sitz im Senat.) Auch der Nationale Sicherheitsberater, Admiral Poindexter, stolperte über diesen Skandal. Bis heute ist nicht endgültig geklärt, wieviel der Präsident selber gewußt hat. Zum ersten Mal griff ihn die Presse an, aber auch diesen Sturm überstand Ronald Reagan relativ unbeschadet.

Die amerikanische Presse mußte am Ende zugeben, daß sie gezähmt worden war und ihre klassische Rolle nicht erfüllt hatte. In dieser sieht sie sich neben Präsident, Kongreß und der Judikative als »vierte Gewalt«, die einen von der Verfassung geschützten Kontrollauftrag hat. Ihre Sternstunde in dieser Funktion erlebte sie beim Sturz Präsident Nixons, der ohne die Aufklärungsarbeit der Presse sein Amt niemals verloren hätte. Benjamin Bradlee, damals Chefredakteur der »Washington Post«, die maßgeblich am Sturz Richard Nixons beteiligt war, meinte, die Presse sei »zu Ronald Reagan netter als je zu einem anderen Präsidenten gewesen«. Helen Thomas, seit den Kennedy-Jahren Reporterin im Weißen Haus für die Nachrichtenagentur UPI und nicht gerade zimperlich, räumte zerknirscht ein, daß Reagan am Ende Sieger geblieben sei. Als alles vorüber war, erschien ein Buch über Ronald Reagan und die Presse mit dem bezeichnenden Titel »Auf gebeugtem Knie«. Aufs Ganze gesehen, ist die ausländische Presse mit Reagan härter ins Gericht gegangen als die amerikanische. Bei dem Anspruch, die vierte Gewalt darzustellen, wahrlich keine Ruhmestat.

Teilte die Presse also keine Schläge aus, so taten es dafür Mitarbeiter aus des Präsidenten Umgebung mit größtem Vergnügen. Kaum hatten sie mehr oder minder freiwillig das Weiße Haus oder das Kabinett verlassen, warfen sie Enthüllungsbücher auf den Markt, die in den USA unter die anrüchige Sparte »Kiss and tell« fallen. Kenntnisse, die man einem besonders nahen Verhältnis zu den »Großen« verdankt, werden vermarktet.

Den Reigen eröffnete Außenminister Alexander Haig noch in der ersten Amtsperiode. Es folgte David Stockman mit einer bitteren Abrechnung mit der Reaganschen Wirtschaftspolitik. Der enge Freund der Reagans, Michael Deaver, berichtete über das, was sich »hinter der Szene« abspielte. Dann kam Pressesprecher Larry Speakes. Den Vogel schoß jedoch der Nationale Sicherheitsberater, Donald Regan, ab, der sich von Nancy Reagan rausgeschmissen glaubte und dafür bitter Rache nahm. Wie eine Bombe wirkte seine Enthüllung, daß die Politik des Weißen Hauses durch Nancy Reagans Wahrsagerin beeinflußt werde. Selbst der Termin des Gipfeltreffens mit Gorbatschow in Moskau sei von den Sternen abhängig gemacht worden. Das war wieder so ein Stück aus dem Reagan-Tollhaus, das jeden anderen aus der Balance geworfen hätte – nur nicht Ronald Reagan. Er überstand all die Angriffe, soviel Wahrheit sie zu seinem Schaden auch in sich gehabt haben mögen. Man sah ihm alles nach, so sei er eben. (Vielleicht hatte er auch tief im Inneren Verständnis dafür, daß seine ehemaligen Mitarbeiter aus ihren intimen Kenntnissen Geld machten.)

Die Reagans blieben auch deshalb unberührt, weil sie ihr privates

Leben strikt von dem offiziellen trennten und eine verschworene Einheit bildeten. Sie umgaben sich – anders als die Bushs und Clintons – nicht mit einem Netz von Freundschaften. Reagans Geheimnis war und blieb, wie er zugleich so freundlich und vertraut wirken und dennoch seine Distanz bewahren konnte. Noch in einer anderen augenfälligen Weise blieb Reagan rätselhaft: Als Konservativer hielt er sehr auf die sogenannten »family values« – die Werte der intakten Familie, auf die sich George Bush 1992, allerdings vergeblich, berief, um seine Wiederwahl zu sichern. Aber während George Bush mit seiner harmonischen Großfamilie in der Tat zu diesen Werten stand und paßte, sah es bei Reagan ganz anders aus. Zwar pries er die Familie, dennoch war er der erste amerikanische Präsident, der geschieden war. Er berief sich auf Gott und die Religion, aber man sah ihn nie in der Kirche. Er behauptete vage, daß er für sich allein bete. Das Verhältnis zu den Kindern konnte man getrost als gestört bezeichnen. Man sah sie nur selten im Weißen Haus. Sie gehörten nicht dazu und hatten offensichtlich ihre Schwierigkeiten, mit dem Idol so vieler Menschen, Ronald Reagan, zurechtzukommen, der den Landesvater spielte, aber nicht die Wärme eines leiblichen Vaters besaß. Erst 1992 hatte es sich so weit erholt, daß es erstmals nach langer Zeit zu einer Familienweihnacht kam. Tochter Patti hatte sich mit drei romanhaften Büchern von ihren übermächtigen Eltern freigeschrieben, Sohn Michael war endlich mit einer eigenen Radiosendung erfolgreich, die der alte Radiomann Ronald Reagan guthieß. Erst als die Reagans wieder in Kalifornien wohnten, kam also Ruhe in die Familie. Eines allerdings war von all den Turbulenzen unberührt geblieben – ihre Ehe.

Für die Reagans – wie einst für die Nixons – gab es neben dem Weißen Haus im Osten stets auch ihr Weißes Haus im Westen: ihre Farm, die Ronald Reagan über alles liebte und von allem abschirmte. Sie hieß »Rancho del Cielo«, lag in 750 Metern Höhe und war 275 Hektar groß. Dort gab es fünf Pferde, darunter sein Lieblingspferd »El Alamein«, das ihm der frühere mexikanische Staatschef López Portillo geschenkt hatte. Reagan ritt sehr gerne, seine Frau nicht so sehr (wie ihr ohnehin die Farm nicht standesgemäß erschien). Zu Reagans Lieblingsbeschäftigungen gehörte Holzhakken. Die begleitende Presse wohnte während der Präsidentenferien im zwanzig Meilen entfernten Santa Barbara am Meer. Einmal im Sommer lud er sie zu einem großen Barbecue ein - eine Tradition, die George Bush in seinem Ferienort Kennebunkport aufrechterhielt. Der eine tat's am Pazifik, der andere am Atlantik.

Wie sehr es Ronald Reagan nach Kalifornien zog, zeigt die Statistik: er verbrachte 335 Tage seiner Präsidentschaft auf seiner Farm und zusätzlich 95 Tage an anderen Orten dieses Bundesstaates, dessen Gouverneur er acht Jahre lang spielte und der den geistigen und materiellen Ursprung seiner glanzvollen Karriere bildete.

Die Präsidentschaft

Als Ronald Reagan im Januar 1981 feierlich in sein Amt eingeführt wurde, begleiteten diesen Staatsakt Festlichkeiten nie erlebten Ausmaßes. Washington befand sich in einem Rausch, in dem die Erwartung einer glücklicheren Zeit mitschwang. George Bush konnte diesen Aufwand acht Jahre später noch einmal kräftig übertrumpfen. Aber wer hätte damals schon geahnt, daß der junge Demokrat Bill Clinton mit seiner spektakulären Amtsübernahme am 20. Januar 1993 die der beiden Republikaner weit in den Schatten stellen sollte?

Allerdings lag über der amerikanischen Hauptstadt an jenem 20. Januar 1981 eine ungeheure Spannung. Bis in die späte Nacht hinein hatte der amtierende Präsident, Jimmy Carter, im Weißen Haus mit seinen engsten Mitarbeitern zusammengesessen. Vor ihnen standen die Telefone, deren erlösendes Klingeln sie erwarteten; ein überanstrengter Carter, dessen Nerven aufs äußerste angespannt waren, klopfte mit einem Bleistift nervös auf die Schreibtischplatte und atmete ein paarmal tief durch. Die kleine Mannschaft wartete darauf, daß aus Algier die Nachricht käme: die amerikanischen Geiseln sind frei! Es gibt Filmaufzeichnungen dieser dramatischen Stunden, die später der Öffentlichkeit zugänglich gemacht wurden.

Aber die Nachricht kam nicht. Auch nicht in den letzten Amtsstunden am nächsten Morgen. Für den Präsidenten Carter kam sie gar nicht mehr. Um zwölf Uhr mittags übernahm Ronald Reagan die Präsidentschaft. Jimmy Carter verließ geschlagen und gedemütigt jenen Ort, an dem er vier Jahre zuvor mit großen Hoffnungen angetreten war.

Nach der Einschwörung des Präsidenten und der Verabschiedung des Vorgängers begab sich der neue Amtsinhaber in die große Rotunde des Kapitols zu einem Essen mit Senatoren und Mitgliedern des Repräsentantenhauses. Als er ans Rednerpult trat, konnte er verkünden, worauf sein Vorgänger so verzweifelt gehofft hatte: Die 52 Geiseln, die 444 Tage in der amerikanischen Botschaft in Teheran festgehalten worden waren, befanden sich auf dem Flug in die Freiheit. Auf diese Weise begann die Präsidentschaft des Ronald Reagan mit einem Paukenschlag, der lange nachhallte.

Hartnäckig hielt sich nämlich über Jahre das Gerücht einer sogenannten »Oktober-Überraschung«. Es besagte, daß Reagans Leute mit den Iranern ausgemacht hätten, die Geiseln bis zur Wahl festzuhalten. Gegenleistung: Waffen. Erst im Januar 1993 hat ein Untersuchungsausschuß im Repräsentantenhaus endgültig feststellen können, daß es für diese Beschuldigung keinerlei Beweis gibt.

Die Starthilfe, die Ronald Reagan mit der Rückkehr der Geiseln erhielt, kann man nicht hoch genug einschätzen. Über ein Jahr lang hatten die Amerikaner unter der Demütigung gelitten; Abend für Abend zeigte zum Beispiel ein Fernsehsender die Anzahl der Tage, die seit der Geiselnahme bereits abgelaufen waren; der Befreiungsversuch einer Freiwilligentruppe endete mit einem Desaster in der iranischen Wüste, als zwei amerikanische Hubschrauber kollidierten und der Rest unverrichteter Dinge schmählich den Rückzug antreten mußte. Natürlich fiel das auf den ohnehin schwer angeschlagenen Präsidenten Carter zurück.

Dessen Amtszeit endete nicht nur wegen des Geiseldramas in allgemeiner Niedergeschlagenheit. Infolge des Ölschocks war die Teuerungsrate steil angestiegen. Arbeitslosigkeit und hohe Zinsen drückten die Wirtschaft. Und Jimmy Carter war zudem nicht der Typ, der die Menschen aufrichten und hoffnungsvoll stimmen konnte. Trotz seines oft karikierten breiten Lächelns war er ein Mann, der seinem Volk düstere Wahrheiten sagte. Auch wenn er damit recht hatte – das wollte man vom Präsidenten nicht hören.

Keiner wußte das besser als Ronald Reagan.

In gewisser Hinsicht erinnerte 1981 an die Situation im Amerika von 1933. Zwar war die Lage nicht ganz so verzweifelt, dennoch herrschte eine ähnlich niedergedrückte Stimmung. Damit befand sich Ronald Reagan in einer Position wie damals der von ihm so verehrte Franklin D. Roosevelt. Beide erkannten, daß es bei aller Dringlichkeit praktischer Maßnahmen vor allem darauf ankam, wieder Hoffnung zu wecken und Selbstbewußtsein zu vermitteln. Beide wußten, daß sie das konnten.

1981 lastete aber nicht nur die unglückliche Hinterlassenschaft Jimmy Carters auf dem Land. Vielmehr hatten ihm die ganzen letzten zwei Jahrzehnte keine Ruhe gegönnt: John F. Kennedy ermordet. Lyndon B. Johnson an Vietnam gescheitert. Richard M. Nixon wegen des Watergate-Skandals schändlich aus dem Amt verjagt. Gerald Ford nach eineinhalb Jahren abgelöst. Man sehnte sich nach einer Periode der Ausgeglichenheit und Zuversicht. Das Vietnam-Trauma und die Watergate-Schande hatten Amerika innen und außen verheerenden Schaden zugefügt. So lag auf Ronald Reagan eine gewaltige Bürde. Aber nicht umsonst nannte man ihn »Mister Feelgood«, den Mann, der den Menschen ein gutes Gefühl vermitteln konnte – wie eine Medizin.

In diese Gemengelage der Empfindungen paßte ein böser Zwischenfall, der um ein Haar zu einer Katastrophe geführt hätte. Am 30. März 1981 schoß der geistesgestörte John Hinckley auf den Präsidenten, als dieser nach einer Veranstaltung das »Hilton«-Hotel in Washington durch einen Hinterausgang verließ. Reagan wurde erheblich, aber nicht lebensgefährlich verletzt. Sein populärer Pressesprecher James Brady erhielt einen Kopfschuß, den er überlebte. Aber seither ist er an einen Rollstuhl gefesselt und widmet sich – zusammen mit seiner Frau – dem Kampf gegen den ungezügelten Waffenbesitz.

Ronald Reagan reagierte mit verblüffender Lässigkeit. Im Krankenhaus sagte er zu den behandelnden Ärzten: »Ich hoffe, Sie sind alle Republikaner.« Und seiner Frau Nancy gegenüber ist das Wort überliefert: »Honey, I forgot to duck.« (Liebling, ich vergaß, mich zu ducken.) Diese humorvolle Unverwüstlichkeit machte ihn umgehend zu einem Volkshelden. Ronald Reagan pur. Mit diesem Bonus an Popularität machte er sich daran, die Stimmung wieder aufzurichten.

Das war zunächst einmal nicht so leicht. Die Wirtschaftslage war miserabel und sollte sich weiter kräftig verschlimmern, bevor sie besser wurde. Das Land schlitterte 1981/82 in eine regelrechte Rezession. Die Arbeitslosenrate erreichte knapp elf, die Inflationsrate dreizehn Prozent. Auch Ronald Reagan mußte erfahren, daß schlechte Wirtschaftsdaten umgehend dem Präsidenten angelastet werden. Im zweiten Amtsjahr fiel seine Zustimmungsrate in der Bevölkerung auf 43 Prozent. Weniger erreichte vor ihm nur der Übergangspräsident Ford. Selbst Carter stand zu dem Zeitpunkt bei seinen Landsleuten erheblich besser da, von Kennedy oder Eisenhower ganz zu schweigen.

Im Ausland genoß er den fragwürdigen Ruf, eine Mischung aus Schauspieler und schießwütigem Cowboy zu sein. Man machte sich nicht die Mühe, genauer über seine letzten zwanzig Jahre nachzudenken. Acht Jahre als erfolgreicher Gouverneur eines so vitalen Staates wie Kalifornien hinter sich zu haben, bedeutete unschätzbares politisches Kapital. Aber seine militante Art der Argumentation – vor allem gegenüber der Sowjetunion – ließ seine Gegner schließen, er sei Militarist.

Reagan überstand die Turbulenzen der ersten zwei Jahre mit Gradlinigkeit. Er verlor angesichts der miserablen Wirtschaftsdaten nicht die Nerven. Er ließ dem tüchtigen Bundesbankpräsidenten Paul Volcker bei der Inflationsbekämpfung freie Hand. Der durchschlagende Erfolg gab ihm recht. Die Teuerungsrate fiel von 13,5 Prozent auf 5 Prozent – während der verbleibenden sechs Jahre seiner Präsidentschaft blieb sie stets unter diesen fünf Prozent. Auch die Zinsen fielen wieder. Vor allem jedoch nahm die Arbeitslosigkeit auf dramatische Weise ab. Es schloß sich die längste Wachstumsperiode nach dem Zweiten Weltkrieg an, und die Amerikaner waren mit ihrem Präsidenten wieder hochzufrieden.

Der blieb im übrigen seinen einfachen Prinzipien treu, die gern mit dem Schlagwort »Reaganomics« umschrieben werden. Er setzte Haushaltseinsparungen durch sowie massive Steuererleichterungen über einen Zeitraum von drei Jahren. Sodann folgte er seiner konservativen Lieblingsidee und erleichterte Abschreibungen. Dahinter steckte die Überzeugung, daß Ansporn und Unterstützung ganz oben sich schließlich ganz unten bemerkbar machen würden. Diese Auffassung, daß der Gewinn in einer freien Wirtschaft automatisch »nach unten durchsickern« würde, nahm Bill Clinton im Wahlkampf 1992 heftig aufs Korn und bezeichnete sie als gescheitert.

Ronald Reagan setzte sich für »weniger Regierung« und damit fürs Sparen ein. Aber er machte eine entscheidende Ausnahme: das Militär. Zu seinen Grundüberzeugungen gehörte 1980, daß die Verteidigungsausgaben erhöht werden müßten, um eine militärische Position der Stärke zu erreichen, in der man entweder unschlagbar war oder aus der heraus man verhandeln könne. Er verwarf den guten Rat Richard Nixons, auch im monströsen Verwaltungsapparat des Pentagons zu kürzen oder Verschwendung zu bekämpfen. Er ließ in diesem Punkt nicht mit sich reden.

Hinzu kam aber auch noch eine ideelle Überzeugung, nämlich, daß »die heiligste, wichtigste Aufgabe der Präsidentschaft« darin bestehe, Oberbefehlshaber der Truppen zu sein. Kein Wunder, daß er sich bei den Soldaten größter Beliebtheit erfreute – wie übrigens auch sein Nachfolger George Bush. Bei Bill Clinton hingegen bewies schon der erste Besuch auf dem Flugzeugträger »Roosevelt«, daß er Mühe haben wird, die Distanz zum Militär zu überbrücken.

In der Verteidigungspolitik war 1983 das wichtigste Jahr. Reagan brach mit der Politik der »gegenseitigen garantierten Vernichtung« (mutual assured destruction) und setzte in einer Rede im März seine utopische Idee der »Strategischen Verteidigungsinitiative« (SDI) dagegen. Sie paßte in das Konzept der totalen technologischen Überlegenheit und verursachte einen Aufruhr in aller Welt, weil sie den

Schritt zur Militarisierung des Weltraumes vollzog. Reagan war sie angeblich nach einem Besuch von Nordamerikas Luftverteidigungszentrale NORAD gekommen, bei dem er erkannte, daß man einem Angriff von Atomraketen wehrlos gegenüberstand. Nicht ohne Wirkung soll aber auch der Spielfilm »War Games« (Kriegsspiele) mit seiner Anti-Kriegs-Tendenz gewesen sein – bei dem Einfluß, den Hollywood auf ihn behalten hatte, durchaus denkbar. Reagan jedenfalls sah in SDI die realistische Möglichkeit, sich mit einem Schutzschirm gegen Atomangriffe zu sichern. Daß darin durchaus ein weiter gefaßter Ansatz steckte, zeigte sich, als er später den Sowjets anbot, sich gleichermaßen unter diesen Schirm zu begeben. Jedenfalls stand er einer bloßen Theorie der Abschreckung mißtrauisch gegenüber. Auch wenn sich Reagans Form von SDI als technisch und finanziell nicht machbar erwies, so sehen die Befürworter in ihr doch einen entscheidenden Anstoß zur Beendigung des Kalten Krieges. Erst SDI und Reagans Überrüstung hätten Gorbatschow Jahre später zur Umkehr bewegt. Aber so weit war man 1983 noch lange nicht. Zunächst wurden Mittelstreckenraketen in Europa aufgestellt. Ronald Reagan betrieb konsequent die gewaltigste Aufrüstung, die es je zu Friedenszeiten gegeben hatte.

Gegen sie nahmen sich die tatsächlich durchgeführten Militäraktionen Reagans geradezu niedlich aus. Er ließ die kleine Karibikinsel Grenada besetzen, weil eine marxistische Regierung die Macht übernahm und als langer Arm Kubas angesehen wurde. Und er ließ im April 1986 Libyens Hauptstadt Tripolis bombardieren, weil Staatschef Moamer al-Gaddafi nach amerikanischer Auffassung hinter einem Terroranschlag auf US-Soldaten steckte. Ziel des Angriffs – so hieß es – sei Gaddafi selber gewesen. Er kam zwar davon, aber die Amerikaner wiesen zufrieden darauf hin, daß er sich seither zurückgehalten habe.

Die generelle Linie Reaganscher Verteidigungspolitik blieb auch nach seinem überwältigenden Wahlsieg 1984 erhalten. Eine sensationelle Wende vollzog sich erst im Jahre 1985, nachdem in Moskau Michail Gorbatschow an die Macht gelangt war.

Die drei letzten Amtsjahre Reagans standen somit nicht mehr

vordringlich im Zeichen der Innenpolitik. Im November trafen sich Reagan und Gorbatschow in Genf, im Oktober 1986 in Reykjavík, im Dezember 1987 zur Unterzeichnung des Mittelstreckenraketen-Vertrages in Washington, im Juni 1988 in Moskau und schließlich noch einmal im Dezember 1988 in New York.

Welch einen Weg war Reagan gegangen! Als er Präsident wurde, war die Sowjetunion noch das »Reich des Bösen«, als er ging, war sie gleichberechtigter Partner auf dem Weg zum Frieden. Ohne die Person Michail Gorbatschows – soviel läßt sich mit Bestimmtheit sagen – wäre es nicht dazu gekommen. Reagans Instinkt, der ihn so oft geleitet hatte, ließ ihn erkennen, daß mit Gorbatschow eine Persönlichkeit die Weltbühne betreten hatte, neben der er selber gewinnen konnte. Das Verhältnis dieser beiden Männer zueinander ist gesonderter Betrachtung wert.

Reagan und Gorbatschow

Ronald Reagan hatte das Wort vom »Reich des Bösen« geprägt und damit einen ideologischen Pflock in den Boden der Weltpolitik gerammt, der lange unverrückbar festsaß. Der Sowjetunion und ihren kommunistischen Führern traute er alles erdenklich Schlimme zu – und er sagte das auch offen. Es ist nicht verwunderlich, eher folgerichtig, daß diese hartnäckige Verklemmung erst endgültig überwunden wurde, als ein Mann das Ruder im Kreml übernahm, den der selbstbewußte Herrscher im Weißen Haus als würdigen Partner anzuerkennen bereit war: Michail Gorbatschow.

Der Antikommunismus war im Grunde die einzige außenpolitische Leitlinie Ronald Reagans, aber die entwickelte er zur fixen Idee.

Bereits in den letzten eineinhalb Jahren seines Militärdienstes gehörte sie zum Repertoire des Gedankengutes, das für seine Wandlung von einem »Linken« zu einem »Rechten« verantwortlich ist. In der Nachkriegszeit gehörte er zwei Gruppierungen an (einem Veteranenkomitee und einer Künstlervereinigung in Hollywood), von denen er glaubte, daß sie allmählich kommunistisch unterwandert würden. In seiner Amtszeit als Präsident der Filmschauspieler-Vereinigung arbeitete er an der sogenannten »Schwarzen Liste« mit; er unterstützte die Untersuchungen des einschlägigen Ausschusses im Repräsentantenhaus, der sich dem angeblichen kommunistischen Einfluß auf die Filmindustrie widmete. Als er dann den Job eines Propagandisten bei dem Elektrokonzern General Electric annahm, gehörte zu seinen Thesen nicht nur die huldigende Darstellung des amerikanischen Systems freien Unternehmertums, sondern auch die antikommunistische Botschaft. In den frühen sechziger Jahren moderierte er Fernsehsendungen, deren Absicht die Verdammung des Kommunismus war. In logischer Konsequenz gehörten die Lobpreisung des amerikanischen Kapitalismus und die Verteufelung des sowjetischen Sozialismus in den gleichen Topf. Auch da kannte Ronald Reagans Weltbild keine Verästelungen.

Diese Linie setzte er fort, nachdem er 1974 seine zwei Amtszeiten als Gouverneur von Kalifornien erfolgreich beendet und sich als ernst zu nehmender Politiker in den Köpfen der Amerikaner etabliert hatte.

Als er Präsident wurde, wußte daher auch jedermann, woran er war. Seine Außenpolitik war durch ein tiefes Mißtrauen gegenüber der Sowjetunion geprägt. Ihr Ziel war folgerichtig, der Ausbreitung des Kommunismus entschiedenen Widerstand entgegenzusetzen. Er tat das mit finanzieller und militärischer Hilfe für die Contra-Rebellen, die in Nicaragua gegen die marxistischen Machthaber kämpften; mit Beistand für die Regierung von El Salvador, die sich kommunistischer Guerillakämpfer zu erwehren hatte; mit entschlossener Unterstützung der Rebellen in Afghanistan, die gegen sowjetische Besatzungstruppen einen Krieg führten, den die Amerikaner gerne als das »Vietnam der Sowjetunion« gesehen hätten. Seine spektakulärste Unternehmung jedoch war die Invasion der winzigen Karibikinsel Grenada im Jahre 1983, als man in Washington fürchtete, daß sie unter den Einfluß des Erzfeindes Fidel Castro geraten könnte. Offiziell landeten die Truppen, um amerikanische Staatsbürger zu schützen. Und so feierte man auch einen kurzfristigen, rührenden Propagandaerfolg, als »befreite« amerikanische Studenten aus den Maschinen stiegen, auf die Knie fielen und den Heimatboden küßten.

Gegenüber der Sowjetunion vertrat er eine Politik der militärischen Stärke. Ohne zu zögern pumpte er enorme Summen in die Verteidigung, förderte das gewaltige MX-Raketen-Programm. Die Aufblähung des Verteidigungshaushaltes – allein von 1981 bis 1983 stiegen die Rüstungsausgaben um gut 40 Prozent – brachte den Vereinigten Staaten nicht unbedingt mehr Stärke. In der Gefahr strategischer Unterlegenheit hatten sie sowieso nicht gesteckt. Vielmehr verbarg sich dahinter die Absicht, die Sowjetunion mit Hilfe eines unvergleichlichen materiellen Aufwandes »totzurüsten«, das heißt, an einen Punkt zu zwingen, wo sie sich das Wettrüsten nicht mehr leisten konnte. Obwohl der Beweis schwer zu führen ist, sieht es so aus, als habe Ronald Reagan das geschafft.

Trotz aller ideologischen Fixierung ließ er jedoch die nationalen Wirtschaftsinteressen nicht außer acht. Gleich nach Amtsantritt hob er den Weizenboykott wieder auf, den Jimmy Carter über die Sowjetunion verhängt hatte, schloß gar ein neues Abkommen.

Das war 1983. Dennoch bezeichnete dieses Jahr den absoluten Tiefpunkt im Verhältnis zwischen den Weltmächten. Im März verkündete Reagan seine »Strategische Verteidigungsinitiative« (SDI), die unter dem Namen »Krieg der Sterne« berühmt wurde, im November wurden die Rüstungskontrollgespräche in Genf abgebrochen. In dieses Jahr fiel ebenso die Stationierung von Mittelstreckenraketen in Europa. Mit diesem Bündel von Maßnahmen hatte Ronald Reagan den Bogen aufs äußerste gespannt. Dem eigenen Land hatte er enorme Schulden aufgebürdet. Auch in den USA regte sich Widerspruch. Die Wende erfolgte 1984.

Ronald Reagan wurde mit einem glänzenden Resultat wiedergewählt, sah sich aber doch wachsender Kritik an seiner Konfrontationspolitik gegenüber. Er hatte seine gesamte erste Amtsperiode verstreichen lassen, ohne sich auch nur einmal mit seinen Moskauer Gegenspielern getroffen zu haben. Das hatte es noch nicht gegeben. Aus dem Weißen Haus hörte man die saloppe Erklärung, es hätte niemanden gegeben, mit dem man hätte sprechen können - eine Anspielung auf die schwache sowjetische Führung unter dem alternden Leonid Breschnew sowie seinen Nachfolgern Juri Andropow und Konstantin Tschernenko. Mit Michail Gorbatschow hingegen kam 1985 ein Mann an die Macht, den Ronald Reagan nicht nur als Partner achten konnte, sondern der auch fähig war, sich vom starren Denken zu lösen. Ronald Reagan hatte das Glück, welches ein erfolgreicher Politiker benötigt.

Die Annäherung Reagans an Gorbatschow - und umgekehrt - erfolgte dennoch auf vorsichtige Art. Das Feld mußte zunächst abgesteckt, das eigene Lager durfte nicht geschwächt werden. Die beiden Männer trennten Welten. Michail Gorbatschow war mit seinen 54 Jahren für sowjetische Verhältnisse ein junger Mann, Ronald Reagan hingegen mit seinen 73 der älteste amerikanische Präsident. Einer entstammte der kommunistischen Oligarchie - der andere Hollywood. Aber beide waren eindrucksvolle Politiker.

Ihr erstes Treffen im November 1985 in Genf sollte dem Kennenlernen dienen. So war es auch. Fünf der acht Stunden, die für Gespräche vorgesehen waren, saßen sich die beiden mit ihren Dolmetschern allein gegenüber. Ronald Reagan nannte das Treffen später den »Kamin-Gipfel«, weil der entscheidende Durchbruch in einem Haus oberhalb des Genfer Sees vor einem Kaminfeuer gelang. Reagan war diese Art, aufeinander zuzugehen, sehr willkommen, denn er glaubte an das persönliche Element im Umgang. In Genf kamen sie zu Schlüssen, die die Konfrontation beenden konnten. Sie stellten den Krieg der Worte ein.

Ein knappes Jahr darauf folgte der dramatische, turbulente Gipfel in Islands Hauptstadt Reykjavík. Wer ihn mitmachen durfte, wird ihn nie vergessen. Es hieß, Reagan habe sich in ein schlecht durchdachtes und unvorbereitetes Treffen locken lassen; es hieß, Reykjavík sei gescheitert. In Wirklichkeit war dieser Gipfel der endgültige Durchbruch zu einem neuen Verhältnis der Großmächte, auch wenn an seinem Ende kein spektakuläres Abkommen stand. Aber es waren die Extreme getestet worden. Atomare Abrüstung war denkbar geworden. Ronald Reagan sah seine Strategische Verteidigungsinitiative als Segen für die Welt, Gorbatschow als Schrekken. Heute wundern sich womöglich beide, daß der »Krieg der Sterne« damals zum Stolperstein wurde. Dennoch legte Reykjavík den Grundstein für die zukünftigen Abkommen.

Abgesehen von der wieder in Gang gesetzten Gipfeldiplomatie war in den Vereinigten Staaten eine regelrechte »Gorbimanie« ausgebrochen. Jahrzehntelang war der steinerne Griesgram Andrej Gromyko das personifizierte Symbol der Sowjetunion gewesen, und plötzlich war da einer, der mit Menschen umgehen, der lachen konnte; einer, der so sein konnte, wie sich Amerikaner sympathische Menschen vorstellen. Die Herzen flogen ihm zu, und gleich wurde – wie es in Amerika so üblich ist – übertrieben. Dennoch, die Gorbatschow-Liebe hat über seinen Sturz hinweg gehalten.

Um der Wahrheit die Ehre zu geben, muß allerdings gesagt werden, daß die eigentliche Charme-Offensive nicht von Michail Gorbatschow, sondern von Außenminister Eduard Schewardnadse eingeleitet wurde. Seine ersten Auftritte erschienen nach den unerquicklichen Erfahrungen mit seinem Vorgänger geradezu unglaublich, sie verblüfften und erfreuten die Presse in Washington gleichermaßen. Das sollte sich übrigens später noch intensiver fortsetzen, als er und Außenminister James Baker zu mehr als politischen Freunden wurden.

Auf dieser persönlich-atmosphärischen Grundlage entwickelte sich die atomare Abrüstungspolitik.

Am 8. Dezember 1987 unterzeichneten Michail Gorbatschow und Ronald Reagan in Washington den Vertrag über die Beseitigung aller atomaren Mittelstreckenraketen mit Reichweiten zwischen 500 und 5000 Kilometern. Dieser INF-Vertrag bedeutete einen historischen Schritt: da wurde nicht mehr – wie zu Henry Kissingers Zeiten – die Aufrüstung begrenzt, sondern eine ganze Klasse von Atomwaffen schlichtweg abgeschafft.

In Washington feierte Michail Gorbatschow einen Triumph: Wohin er auch kam, schlug ihm Begeisterung entgegen. Als er auf der Fahrt durch die Stadt sein Auto verließ, keilten sich die Menschen um ihn, die sonst in der amerikanischen Hauptstadt nichts aufregen konnte. Der lockere Umgang mit Reagan tat ein übriges: Als er sich zu einem Termin verspätet hatte, ging Ronald Reagan ihm im Park des Weißen Hauses entgegen und fragte, wo er denn so lange gesteckt hätte. Bei George Bush hatte er sich verplaudert. In den vier Tagen dieses Gipfels brachen beide endgültig das Eis des Kalten Krieges. Es bedurfte keiner Worte; was man sah und hörte, ließ keinen Zweifel: Zwei Männer hatten sich weit von ihren Ursprüngen wegbegeben und eine neue Epoche eingeleitet, an die sich Hoffnungen knüpften, die freilich übersteigert sein mußten. Die Euphorie der Tage in Washington versprach Frieden und bessere Zeiten. Warum in einem glücklichen Augenblick der Weltgeschichte nicht daran glauben?

Als sich Ronald Reagan und Michail Gorbatschow ein halbes Jahr später zu einem glanzvollen Gipfel in Moskau trafen, bildete dies nur den Endpunkt einer ungewöhnlichen Entwicklung: Gleichberechtigt standen sie nebeneinander, die sich einmal geschworen hatten, niemals gleich zu sein.

Die wilden achtziger Jahre

Es gibt nicht allzu viele Epochen der amerikanischen Geschichte, die sich eindeutig mit dem amtierenden Präsidenten identifizieren lassen. Die acht turbulenten Jahre Ronald Reagans aber tragen den Stempel dieses Mannes. Dabei hinterließ er ein zwiespältiges Erbe, eines noch dazu, das mithalf, seinen Nachfolger George Bush zu Fall zu bringen.

Nach der Rezession von 1981/82 erlebte Amerika die längste Wachstumsperiode seiner Geschichte; sie dauerte 73 Monate, und die Regierung reklamierte diesen Erfolg natürlich für sich. Mit dem Schlachtruf »Geht es euch besser als vor vier Jahren?« hatte Reagan 1980 die Wahl gewonnen, weil die Wähler lauthals mit »Nein« antworteten. 1984 gewann er die Wahl mit dem gleichen Slogan, weil sie noch lauter »Ja« riefen.

Dabei hatte er ein Glück, das auch fragwürdige Züge trug. Der

Zuwachs der Arbeitsstellen insgesamt war gering. Die Gewerkschaften büßten an Macht ein (was er durchaus in Ordnung fand). Die ebenfalls von ihm durchgesetzte Abschaffung staatlicher Regelungen in bestimmten Wirtschaftszweigen führte zu niedrigen Preisen - wenigstens kurzfristig. Daß sie aber auch wegen des ruinösen Preiskampfes schlimme Folgen haben kann, zeigte sich Jahre später in der Luftfahrtbranche. Auch der Mindestlohn nahm ab. Das alles zeugt nicht von sozialem Denken, aber die Inflationsrate sank. Er hat zwar Arbeitsstellen geschaffen, aber in erster Linie auf Niedriglohngebieten und im Dienstleistungsgewerbe.

Sein größtes - und unverdientes - Glück allerdings lag darin, daß die Organisation erdölfördernder Länder, die OPEC, ihn von hohen Preisen verschonte. Im Gegenteil, es gab Öl in Hülle und Fülle. Die Amerikaner importierten und verbrauchten immer mehr und brachten sich in wachsende Abhängigkeit. Aber alles in allem herrschte das Gefühl eines ungebremsten Aufschwungs, an dem möglichst viele teilhaben wollten. In dieser Lage wirkte sich eine Eigenschaft der Amerikaner aus, die fast den Status einer allgemein kulturellen Eigenart hat: sie leben gern über ihre Verhältnisse. Blind folgten sie ihrem Präsidenten beim hemmungslosen Schuldenmachen. Die letzten sechs Jahre der Reagan-Präsidentschaft glichen einer wahren Kauforgie. Als er abtrat, war nicht nur das Land, sondern auch der einzelne Bürger bis über die Ohren verschuldet. Die Staatsschulden kletterten von rund 900 auf 2680 Milliarden Dollar. Da diese Summe sich gemeinen Vorstellungen entzog, beunruhigte sie auch nicht sonderlich. Aber Reagan versündigte sich mit seiner Politik an konservativen Überzeugungen sowie an seiner eigenen Philosophie. Im Gegensatz zu seiner Gouverneurszeit legte er als Präsident keinen einzigen ausgeglichenen Haushalt vor (auch darin folgte er seinem frühen Vorbild Roosevelt). Die Schuld schob er gerne dem Kongreß zu, in Wirklichkeit lag sie aber zum weitaus größten Teil bei ihm, denn er war es, der den Verteidigungshaushalt aufblähte.

Die großen Nutznießer dieses wilden Tanzes waren die Reichen, vor allem jene, die die Technik des schnellen und rücksichtslosen Geldverdienens beherrschten. Als Reagan sein Amt antrat, zählte man in den USA 4414 Millionäre; als er es verließ, war die Zahl auf 34944 angestiegen. Eine solche Ansammlung von Reichtum hätte ein positives Zeichen sein können, wenn sich nicht zugleich die Kluft zwischen Arm und Reich so sehr vergrößert hätte. So lebten 1986 bereits 30 Prozent der Schwarzen unter der Armutsgrenze. Es wuchs eine riesige Unterklasse heran. Licht und Schatten kontrastierten die Reagan-Jahre.

Will man die Stimmung der wilden achtziger Jahre ergründen, so empfiehlt sich die Lektüre eines dicken Buches, das in bester amerikanischer Tradition – etwa eines John Dos Passos – die Gesellschaft seziert: »Fegefeuer der Eitelkeiten« von Tom Wolfe. Es beschreibt auf sehr spannende Weise Aufstieg und Niedergang eines Wall-Street-Finanzjongleurs. So phantastisch sich die Story auch liest, sie hat ihre Entsprechung in der Wirklichkeit.

Ivan Boesky wurde zur Personifizierung jenes Milieus. Er war ein wegen Betruges und verbotener Absprachen verurteilter Wall-Street-Millionär, der im Gerichtssaal den Ausspruch tat, der den Dunst ebenso böse wie treffend umschrieb, der in dieser Zeit über dem Finanzmarkt lag: »Habgier ist gesund!«

Selbst namhafte Finanzhäuser gerieten im Wirbel der New Yorker Exzesse auf die schiefe Bahn. Die schillerndste Figur auf dieser Bühne war (und ist noch immer) der Milliardär Donald Trump, ein Spekulationsgenie, das sich dennoch mit halsbrecherischen Aktionen im Anlagegeschäft selbst stürzte. Aufgefangen wurde er von den Banken, um größeres Unglück (für sie) zu verhindern. Aber nicht nur seine Dollars, sondern auch seine übersteigerte Selbstsucht machten ihn zum Helden und Teufel der aus den Fugen geratenen Zeit. Findet er sich nicht mehr wegen seiner finanziellen Eskapaden in den rüden New Yorker Sensationsblättern wieder, so doch wegen seiner Auseinandersetzungen mit den Frauen in seiner Umgebung.

Es nimmt nicht wunder, daß in diesem Klima des materiellen Egoismus, der weit über das gewohnte Maß hinausging, auch der sogenannte S&L-Skandal blühte, an dessen Bereinigung selbst Bill Clinton noch mächtig arbeiten muß – und sein Nachfolger sicher auch noch. Es ging dabei um Korruption, Bereicherung, Mißwirtschaft und Fehlspekulation bei den Sparbanken (Savings and Loan Banks), die vor allem mit den Einlagen der Kleinsparer arbeiten. Reihenweise wurden sie insolvent, und erst allmählich zeichneten sich die Ausmaße dieser finanziellen Katastrophe ab, für die die Regierung – und das heißt: der Steuerzahler – einstehen muß. Der Schaden geht in die Hunderte von Milliarden. Auch wenn etliche der Verantwortlichen mittlerweile hinter Gittern sitzen, hilft das den Betroffenen wenig. Eine ganze Bürokratie kümmert sich darum, die Schäden einzudämmen und zu retten, was noch zu retten ist.

Die Wirtschaftspolitik der achtziger Jahre war zu sehr auf Konsum und Pump aufgebaut, nach dem Motto: Es wird schon gutgehen. Der Fehler war, daß es keine Industriepolitik gab, die neue produktive Arbeitsstellen schuf und den weiteren Verfall der einst blühenden Wirtschaftszweige verhinderte. Vor allem jene Branche, die das amerikanische Lebensgefühl wie keine andere widerspiegelt, die Automobilindustrie, geriet in eine schwere Krise. Das wurde auch unter George Bush nicht besser. Bill Clinton will diese Fehlentwicklung korrigieren, aber auch seine Regierungsfähigkeit wird noch durch das bestimmt, was Ronald Reagan fünf Jahre zuvor hinterlassen hat. Das schwerste Erbe sind die Schulden. In der Reagan-Bush-Zeit lebte man auf Kosten der Kinder.

Neben den Schulden wurde Ronald Reagan nach seinem Abschied vor allem der Iran-Contra-Skandal angelastet. Sechs Jahre lang wurde von dem Sonderankläger Lawrence Walsh untersucht, wer für die heimlichen Waffengeschäfte mit dem Iran und die Unterstützung der Contra-Rebellen in Nicaragua verantwortlich war, wer die bestehenden Kongreß-Beschlüsse umgangen hatte. Niemand mochte so recht glauben, daß der Präsident wirklich nichts davon gewußt habe. Auch Vizepräsident George Bush hatte größte Mühe, sich als unbeteiligt darzustellen. Am Weihnachtsabend 1992 machte er als Präsident dem Verfahren ein Ende, als er fünf Hauptverdächtige, darunter den ehemaligen Verteidigungsminister Caspar Weinberger, begnadigte, bevor es zur Anklage kam. Der einundachtzigjährige Lawrence Walsh gab entnervt auf, im Bewußtsein, dem politischen Spiel unterlegen gewesen zu sein. Konservative Republikaner hatten ohnehin immer die Meinung vertreten, hier würde eine unnötige Hexenjagd betrieben, die nur den glänzenden Ruf Ronald Reagans beschmutzen sollte. Über 40 Millionen Dollar hat die Untersuchung gekostet – und am Ende ist es niemand gewesen.

Von all dem war nicht mehr die Rede, als er am 20. Januar 1989 nach 2923 Tagen als Präsident auf der Empore vor dem Kapitol stand und sich von den Amerikanern verabschiedete. Nicht den neugewählten George Bush, sondern den scheidenden Ronald Reagan umtoste der Beifall.

Das geschichtliche Urteil über ihn steht aus. Die Beendigung des Kalten Krieges; das Aufrichten der Nation nach Vietnam und Watergate; der Sieg des Kapitalismus über die verhaßten sozialistischen Ideen – das würden seine Anhänger wohl als Bleibendes ansehen. Sie waren schließlich ernsthaft der Meinung, daß Ronald Reagan es als einer der größten Präsidenten verdient hätte, im Nationalmonument Mount Rushmore seinen Schädel in den Fels gehauen zu sehen. Bislang ist die Idee nicht weiterverfolgt worden.

Nach der Einschwörung seines Nachfolgers wird er von diesem verabschiedet. Ein Hubschrauber bringt ihn zum letztenmal zum Luftwaffenstützpunkt Andrews, wo die Präsidentenmaschine auf ihn wartet. Der Flug ins heimatliche Kalifornien jedoch trägt die prosaische Bezeichnung SAM 27000. Zur Ankunft hat sich nur ein kleines Häuflein Getreuer eingefunden. Der CIA hatte die Zeit geheimgehalten, um Reagan vor unkontrollierbarer Begeisterung zu schützen. Ob es zu der gekommen wäre, weiß man nicht. Amerika vergißt schnell.

Limousinen bringen die Reagans in die Berge. Nicht zu ihrer Farm, die Zeiten sind vorbei. Sechzehn millionenschwere alte Freunde, von denen vierzehn anonym bleiben, haben Geld gesammelt und für 2,5 Millionen Dollar das Anwesen »Bel Air« gekauft. Die Nachbarn heißen ZsaZsa Gabor und Elizabeth Taylor. So ist es wie eine Rückkehr nach Hollywood.

Selbst Ronald Reagan kann sich »Bel Air« nicht so ohne weiteres schenken lassen. So zahlt er pro forma Miete. Alles ganz im Sinne der wilden achtziger Jahre, die er schuf.

Als Ronald Reagan Washington verließ, war er der erste Präsident in drei Jahrzehnten, der zwei Amtszeiten erfolgreich beenden konnte. Zuletzt hatte das General Dwight D. Eisenhower geschafft. Vieles haben die beiden gemein. Beide führten den Nachweis, daß die Präsidentschaft ihren Inhaber nicht zerstören muß. Beide wurden von der intellektuellen Kritik nicht recht ernst genommen. Beide waren passive Präsidenten. Beide waren außerordentlich beliebt.

Ronald Reagan hatte einige wenige geradlinige Ideen, die er konsequent verfolgte. Alles in allem hatte er am Ende erreicht, was er wollte. Wenn man bedenkt, wie sehr auch ein amerikanischer Präsident außenbestimmt ist, bedeutet das sehr viel. Nur wenige Präsidenten konnten zum Schluß behaupten, ihre Ziele verwirklicht zu haben. Zur Enttäuschung der Konservativen hatte Ronald Reagan eher einen Mittelkurs gesteuert, weil er die übergeordnete Idee, ausgleichender Präsident aller Bürger zu sein, vor die reine Ideologie stellte. Auf diese Weise stand er über den Ereignissen, wahrte er die Autorität des Amtes. Er hatte die Gabe, beide von der Verfassung geforderten Aufgaben gleichermaßen erfüllen zu können: die des Regierungschefs und die des Staatsoberhauptes.

DER MANN DES ÜBERGANGS

Eine großbürgerliche Karriere

Greenwich im Bundesstaat Connecticut zählt zu den wohlhabendsten Gemeinden der Vereinigten Staaten. Große Häuser im Landsitzstil, eine Parklandschaft des gediegenen Reichtums. Als in den zwanziger Jahren die große Depression das Land niederdrückte, vergaß sie Greenwich. Die Chauffeure, Köche, Dienstboten fuhren, kochten, räumten weiter wie in den guten Zeiten.

Am 12. Juni 1924 geboren, wuchs George Herbert Walker Bush in diese abgeschirmte Schutzzone des erarbeiteten Wohlstands hinein. In ihr entwickelte er sich zu einem liebenswerten Jungen mit dem Spitznamen Poppy. Aus ihr konnte er sich zeitlebens nicht befreien.

Vater Prescott, ein ernster, strenger, geachteter, etwas steifer, freundlicher, arbeitsamer Patrizier, wurde zum herausfordernden Vorbild. Er hatte die feste Absicht, Politiker zu werden, zuvor jedoch seine fünf Kinder durch die teuren, elitären Bildungsinstitutionen Neuenglands zu bringen. Er verdiente sein Vermögen auf New Yorker Finanzplätzen, erwarb eine Plantage im Südstaat South Carolina. Erst im Alter von 57 Jahren erfüllte sich sein Traum, wurde er als republikanischer Senator gewählt. Zehn Jahre später zwang ihn seine nachlassende Gesundheit zum Rücktritt.

So wie sein Vater wollte George Bush auch werden. Durch eigenes Verdienst. Nachdem er die Ausbildung an der renommierten Aldover High School hinter sich hatte, meldete er sich zu den Marinefliegern – gegen den Willen der Eltern. Er war seit einem Monat achtzehn, man schrieb 1942, die Vereinigten Staaten standen vor dem Kriegseintritt.

George Bush wurde Amerikas jüngster Marinepilot, brachte es auf 58 Kampfeinsätze in 1228 Flugstunden. Im September wurde er bei einem Einsatz mit seinem Avenger-Bomber über dem Pazifik abgeschossen. Nach einigen Stunden fischte ihn ein U-Boot auf. Seine beiden Besatzungsmitglieder, darunter ein enger Freund, kamen um.

Die Rettung George Bushs war gefilmt worden, die wackeligen Schwarzweißbilder wurden 40 Jahre später immer wieder in Wahlkampffilmen gezeigt.

Ein Jahr darauf verließ er als Leutnant, hochdekoriert, den Militärdienst.

Er begann ein Wirtschaftsstudium, natürlich – wie der Vater – an der Yale-Universität. Im gleichen Jahr, 1945, heiratete er Barbara Pierce, die ebenfalls aus einer angesehenen Familie stammt. In Yale schloß er nach zweieinhalb Jahren mit Auszeichnung ab. Fast gleichwertig neben den Studien, und in der amerikanischen Gesellschaft nicht hoch genug einzuschätzen, verliefen zwei weitere Entwicklungen. Er wurde Kapitän der Baseball-Mannschaft, und mit 23 Jahren, ungewöhnlich früh, widerfuhr ihm die größte Ehre für einen Yale-Studenten. Fünfzehn Angehörige des Abschlußsemesters wählten ihn zum Mitglied einer geheimbündlerischen Studentenvereinigung. Ihr Name »Skull and Bones«, also »Totenkopf und Knochen«, verbunden mit den Leitsätzen »memento mori« und »tempus fugit«, deuten auf das geistige Feld dieser Verbindung, auf das Nachdenken über Tod und Vergänglichkeit.

Hält man sich die Lebenserfahrungen des jungen Studenten aus dem Krieg vor Augen, so erscheint diese Orientierung einleuchtend. Beides, die Konfrontation mit der Möglichkeit eines frühen Todes und die Tatsache, daß viele Mitglieder der Bush-Familie dem Bund angehörten, mag dazu beigetragen haben, daß er in so jungen Jahren Aufnahme in »Skull and Bones« fand. Die Verbindungen jedenfalls, die in diesem Bund in den Nachkriegsjahren geknüpft wurden, halten bis heute.

Nach dem Studium wählte er nicht den bequemen Weg, nämlich direkt in die Familiengeschäfte einzusteigen; aber den steinigen eines unbemittelten Glückssuchers eben auch nicht. Diese Mär jedoch wurde von Bushs Mitarbeiterriege für die Öffentlichkeitsarbeit immer wieder verbreitet. Mit Barbara und Kind machte er sich auf nach Texas, mit dem Ziel, ein Vermögen zu verdienen. Sie fuhren jedoch nicht im klapprigen Gebrauchtwagen durch halb Amerika, wie so gerne erzählt wird, sondern er hatte einen neuen Studebaker bekommen, Barbara flog. Auch in Texas waren sie nicht von aller (Finanz-)Welt verlassen. George Bush stieg in ein Unternehmen ein, in dem Barbaras Familie das Sagen hatte; er kaufte Anteile bei einer Ölfirma, wobei Freunde und Familie bei der Finanzierung nachhalfen.

Wenngleich die schöne Geschichte vom Aufstieg aus dem Nichts zum Millionär nicht stimmt, so erwarb sich George Bush während der Jahre in Texas doch mit viel Fleiß eigenes Geld sowie jene Erkenntnisse aus der Geschäftswelt, die viel später seine Wirtschaftspolitik bestimmen sollten. Wie bei seinem Vater galten die Anstrengungen dieser Zeit dem Ziel, sich für eine politische Karriere den Rücken frei zu schaffen. Ein Senator wollte er werden. Die 100 Senatoren bilden so etwas wie einen politischen Edel-Club mit viel Macht über die Gesetzgebung. Jeder Bundesstaat, gleichgültig wie groß er ist, sendet zwei Vertreter in den Senat. Das führt zwar zu einer grotesken Bevorteilung der kleinen Staaten, verschafft aber jedem von ihnen das gleiche Gewicht. Über die mächtigen Senatsausschüsse beeinflussen sie maßgeblich den Lauf der Dinge in der Regierung.

Zum erstenmal bewarb er sich 1964 in Texas um einen Sitz im Repräsentantenhaus. Im Gegensatz zum Senat werden die 435 Vertreter des Repräsentantenhauses je nach der Bevölkerungszahl der einzelnen Bundesstaaten gewählt. Während ein Senator eine Amtszeit von sechs Jahren hat, muß sich das gesamte Repräsentantenhaus jeweils nach zwei Jahren zur Wiederwahl stellen. Auch im Repräsentantenhaus, das dem Senat vorgeschaltet ist, wird durch Ausschüsse und Abstimmungen das Schicksal der Gesetze mitbestimmt.

Bush stürzte sich in einen aussichtslosen Wahlkampf gegen einen Amtsinhaber, verlor ihn jedoch nur überraschend knapp.

Zwei Jahre später schaffte er es in einem stark republikanischen Wahldistrikt Houstons.

So zog George Herbert Bush als Zweiundvierzigjähriger endlich in die Hauptstadt von Texas ein; bis heute blieb er Wahl-Texaner. 1968 wählte man ihn erneut. Die Demokraten verzichteten auf einen Gegenkandidaten, auch deshalb, weil Bush ihnen liberal genug erschien. Zwei Jahre darauf setzte er zum Sprung an, den heißersehnten Senatssitz zu gewinnen. Vom damaligen Präsidenten Richard Nixon erhielt er keine überzeugende Unterstützung. Sein Gegner war Lloyd Bentsen, ein anderer Aristokrat des Geldes. Bushs Eltern waren nach Texas gekommen, um die Erfüllung des Doppelschicksals zu feiern: Der Sohn sollte dem Vater als Senator folgen. Was wie vorgezeichnet erschien zerstob. Der Sieger aber, Lloyd Bentsen, blieb fast ein Vierteljahrhundert Bushs Gegenspieler und sitzt heute, zweiundsiebzigjährig, als Finanzminister im Kabinett Bill Clintons. Einen Monat nach der verheerenden Niederlage beriet George Bush mit Richard Nixon seine Zukunft. Als Auffangpositionen lagen bereit: Chef der Raumfahrtbehörde NASA oder Staatssekretär im Handelsministerium. George Bush jedoch konnte Nixon davon überzeugen, daß er der rechte Mann wäre, die USA bei den Vereinten Nationen zu vertreten.

So kam es. Die Bushs zogen nach New York, wenngleich nicht für lange. 1973 wurde George Bush, als ausgleichender Charakter, zum Chef des Republican National Committee ernannt; das Amt entspricht in etwa einem Parteivorsitz der Republikaner. Sowohl in dieser Funktion als auch in der vorherigen als Botschafter bei der UNO war er zum Kabinettsmitglied emporgestiegen, nunmehr mit eigenen Büroräumen im Verwaltungsgebäude des Weißen Hauses.

Die zunehmende Nähe zum Weißen Haus jedoch versprach auch zunehmende politische Hitze, zumal in diesen turbulenten Zeiten der frühen Siebziger. Richard Nixon war zwar sehr überzeugend wiedergewählt worden, hatte sich aber in törichter Machtversessenheit in den Watergate-Skandal verstrickt. Begonnen hatte es damit, daß die Republikaner im Wahlkampf das zentrale Büro der Demokraten abhören wollten, das sich im vornehmen Büro- und

Hotelkomplex «Watergate« in Washington befand. Aus diesem Gaunerstück entwickelte sich ein politischer Skandal, der von der »Washington Post« fast im Alleingang aufgedeckt wurde. Nach und nach stellte sich heraus, daß »tricky Dick«, wie man Nixon nannte, darin verwickelt war. In seiner damaligen Position gehörte Bush zu jener Gruppe, die für die Schadensbegrenzung zuständig zeichnete. Er steht loyal, ganz Bush, zu seiner Aufgabe. Aber als er in den hochdramatischen Wochen des Sommers 1974 erfährt, daß man Nixon eine ungeheure Vertuschungsaktion nachweisen kann, ist es auch mit seiner Loyalität zu Ende. Er fordert Richard Nixon am 7. August 1974 schriftlich zum Rücktritt auf. Der erfolgt am nächsten Tag. George Bush konnte sich mit unbefleckter Weste aus dem Watergate-Skandal retten und für weitere Aufgaben bereithalten. Seine Hoffnungen richteten sich darauf, Nachfolger von Vizepräsident Gerald Ford zu werden, als der automatisch ins Präsidentenamt aufrückte. Seine Chancen standen gut. Ford befragte 436 führende Republikaner, ob er George Bush oder Nelson Rockefeller zum Vizepräsidenten küren solle.

Eine klare Mehrheit sprach sich für Bush aus. Rockefeller wurde es. Später hieß es, George Bushs finanzielle Verhältnisse seien nicht hieb- und stichfest geklärt. Aber das war womöglich nur ein Vorwand, und Ford wollte ihn schlichtweg nicht.

Ford bietet Bush ersatzweise alle möglichen Positionen an, der bittet jedoch darum, als Chef des US-Verbindungsbüros nach Peking gehen zu dürfen. Dieser seltsam anmutende Wunsch wurde ihm erfüllt. Er rührte wohl daher, daß George Bush für eine kurze Zeit einfach weg wollte. Es war auch weniger eine praktisch-politische Entscheidung als vielmehr eine romantisch-politische. Er wußte nur zu genau, daß alle Fäden der Chinapolitik in den Händen des mächtigen Henry Kissinger zusammenliefen, der Fords Außenminister und Nationaler Sicherheitsberater war. Er hatte mit Nixon gemeinsam die spektakuläre Wende in der amerikanischen China-Politik vollzogen. China war Kissinger-Terrain, aber das schien George Bushs Traum nicht zu stören, den Geheimnissen dieses fernöstlichen Großreichs auf die Spur zu kommen. Daß er dieses tatsächlich erreicht habe, darauf hat er später immer bestanden, mit seinem sturen Anspruch: Ich kenne die Chinesen.

Im Falle der brutal niedergeschlagenen Studentenbewegung im Juni 1989 hat George Bush auf diesen Anspruch gebaut und eine chinafreundliche Politik gegen alle Vorhaltungen durchgedrückt.

Dennoch, einen langen Aufenthalt hatte er in China nie geplant. Er betrachtete es als Durchgangsjob mit metaphysischer Überhöhung, das Auge fest auf Washington gerichtet, während er mit Barbara durch Chinas Hauptstadt radelte.

Schon im November 1975 akzeptierte er das Angebot, den angeschlagenen Geheimdienst CIA zu übernehmen.

Präsident Ford versprach dem Senat, der Bush bestätigen mußte, daß dieser das neue Amt nicht gleich wieder im Stich lassen werde. Im Klartext hieß das, er werde Bush bei der anstehenden Wahl 1976 nicht als Kandidaten für die Vizepräsidentschaft ins Auge fassen. Zum zweitenmal innerhalb von sechzehn Monaten war George Bush ausgebootet worden.

Ganze 356 Tage amtierte er als Direktor des CIA. Es war nach allgemeinem Urteil die erfolgreichste Zeit seiner Laufbahn. Als erster reiner Politiker in diesem Amt stellt er den angeknacksten Ruf des CIA in kürzester Zeit wieder her. Als er kam, war der CIA zutiefst demoralisiert, der Kongreß hatte dunkle Machenschaften aufgedeckt. George Bush baute mit Hilfe seiner eigenen Glaubwürdigkeit auch die des CIA wieder auf. Er setzte Programme im Kongreß durch, hielt sich – auch das typisch Bush – aus Kontroversen heraus. Bei seinen Mitarbeitern erfreute er sich außerordentlicher Beliebtheit. »Hier bei uns«, so sagte ein CIA-Mann, »kann er auf 18000 Stimmen rechnen.« Also auf alle.

Er hätte das Amt gerne weiter ausgeübt, aber Gerald Ford verlor die Wahl gegen Jimmy Carter. Auch ein persönlicher Besuch in Carters Heimatort Plains in Georgia konnte den Neugewählten nicht erweichen. Selbst wenn er Bush überparteiliche Amtsführung zutraute, so mußte dem Puristen und Washington-Gegner gerade solch ein Insider wie Bush verdächtig und nicht vertretbar erscheinen.

So schrieb Bush sein Entlassungsgesuch zum 20. Januar 1977,

dem Tag, als Carter Präsident wurde. Er brauchte es nie zu bereuen, denn seine Tätigkeit hatte ihm größtes Lob eingetragen, er selbst hatte sie nicht abgebrochen, eine Verbindung mit der unglücklichen Carter-Präsidentschaft hätte ihm nur geschadet.

Wieder zogen die Bushs um, zurück nach Texas, wo George Bush erneut ins Ölgeschäft einstieg. In dieser Zeit hatte er bereits fest das Präsidentenamt im Auge und baute an seinem monumentalen Gebäude von Verbindungen.

1980 sah er seine Chance gekommen. Das ganze Land litt unter der Demütigung, die der Ayatollah Khomeini ihm zufügte. Daß er in einem unerhörten Bruch völkerrechtlicher Normen amerikanische Botschaftsangehörige als Geiseln festhielt, die Supermacht demütigte, wurde dem glücklosen Jimmy Carter mit angelastet. Die schmerzliche Peinlichkeit eines kläglich gescheiterten Befreiungsversuchs tat ein übriges. Obwohl den Präsidenten keine Schuld traf, mußte er sie in unlogischer Konsequenz doch tragen. Das Feld für einen Machtwechsel war bereitet. Und wer böte sich nicht eher an als der auf nationalem und internationalem Gebiet so bewanderte George Bush? Aber Erfahrung und berechnende Diplomatie waren nicht gefragt, es ging um mehr – und um weniger. Amerika wollte sich anlehnen können und Versprechungen der Größe folgen. Ronald Reagan wurde zum Kandidaten und fegte Jimmy Carter buchstäblich aus dem Amt.

Aber am 20. Januar 1981 wurde George Bush endlich als Vizepräsident der Vereinigten Staaten eingeschworen. Er diente Ronald Reagan auf die ihm eigene loyale Art, spielte acht Jahre hindurch den klassischen machtlosen Zweiten. Die erste Amtszeit verlief gut. Bei der Wiederwahl jedoch, 1984, machte George Bush gegen Geraldine Ferraro eine unglückliche Figur. Sie war die erste Frau, die als Vizepräsidentin kandidierte, an der Seite von Walter Mondale. George Bush hatte Schwierigkeiten, mit einer Frau eine ernsthafte Sachdebatte zu führen.

Aber Reagan zog wieder überzeugend ins Weiße Haus ein – und sein Vize mit ihm. Der blieb unbeirrt bei seiner Rolle der dienenden Ergebenheit und wartete auf seine Chance.

Am 9. November 1988 wurde er nach einem Wahlkampf gegen Michael Dukakis, den viele Kenner als den schmutzigsten der neueren amerikanischen Geschichte ansahen, zum 41. Präsidenten der USA gewählt. Seine Mutter hat es im hohen Alter noch miterlebt, nicht aber sein Vater, dem er geradezu spiegelbildlich getreu gefolgt war: Beide absolvierten Yale, beide waren groß im Baseball, beide gingen früh zum Militär, beide waren Geschäftsleute, ehe sie Politiker wurden. Den Senator jedoch ließ der Sohn aus, er wurde statt dessen Vizepräsident und Präsident. Beide schieden unfreiwillig aus ihrem letzten hohen Amt; des einen Laufbahn beendete die angegriffene Gesundheit, des anderen die Wähler.

Der zweiundzwanzig Jahre jüngere Mann, der George Bush aus dem Amt zwang, Bill Clinton, würdigte den Verlierer in seiner Antrittsrede. Er dankte ihm »für ein halbes Jahrhundert Dienst an den Vereinigten Staaten«.

George

»Walker's Point« heißt das schöne, langgestreckte, graue Haus, auf einer felsigen Landzunge errichtet, die in den Nordatlantik hineinragt. Es liegt in Kennebunkport, etwas abseits der alten Nord-Süd-Achse, der Route I in Maine, Neuengland. Was dem Normalbürger als prächtige Villa gegolten hätte, dient den Bushs als Ferienhaus; seit 1899 befindet es sich in Familienbesitz. Sein Name rührt von George Bushs Großvater her, der Walker hieß. Jedes Jahr verbrachte George Bush dort die Sommerferien, mit einer Ausnahme: 1944, als er abgeschossen worden war. In den Jahren 1989 bis 1992 erlangte das Städtchen Kennebunkport Weltberühmtheit, als von dort aus große Politik gemacht, zumindest verkündet wurde. Manchmal, zum Unverständnis der übrigen Welt, vom Golfplatz aus. Kennebunkport paßte hervorragend in den elitären Lebensraum, dem Bush entstammt.

Im Elternhaus waren die Mittel für eine halbaristokratische Lebensführung vorhanden. Sie waren nicht selbstverständlich, denn der Vater arbeitete hart dafür, aber doch so alltäglich, daß es die Sicht auf die minder komfortable Normalität versperrte. Man ging eben mit seinesgleichen um - in der Schule, in der Universität, im Freundeskreis, im Club, im Beruf. Bezeichnend ist, welchen Rang der Sport als Form des Wettbewerbs einnahm. Alle spielten ausgezeichnet Golf, auch die Mutter, Tennis war selbstverständlich. Es herrschte eine Daueratmosphäre sportlicher Konkurrenz. Wer gewann, war fürs Leben tauglich. George Bush konnte schlecht verlieren.

Die Familie stellte einen Wert an sich dar. Ihn hat George Bush zeit seines Lebens kultiviert und schließlich kräftig in den Dienst der politischen Sache gestellt. In ihrer Geschlossenheit trug die Familie (nicht nur die der Bushs) fast adelige Züge. Man hatte dem Feudalismus zwar abgeschworen, aber deshalb mußte er ja nicht gleich ganz tot sein. George Bush hat seine Herkunft ganz offensichtlich nie als relative Größe gesehen. Daß er Klassenvorteile hatte, mochte er nicht anerkennen.

Aus seiner Präsidentschaft wird ein Vorfall aus dem Weißen Haus berichtet, der ein Licht auf Bushs Unverständnis für andere Verhältnisse als die eigenen wirft. In einer hektischen Reisezeit, die kein Atemholen erlaubte, bat ein Mitarbeiter um zwei freie Tage, um dringende, liegengebliebene Angelegenheiten zu Hause zu erledigen. Dinge, die George Bush selber nie in die Hand nahm. So fragte er den Mitarbeiter erstaunt, warum er es nicht »seine Leute« machen lasse. Daß jemand keine »Leute« für anfallende Dienste habe, erschien ihm seltsam und fremd.

Im Wahlkampf 1992 stellte er zu seiner Überraschung fest, daß in Supermärkten Preise automatisch von den Artikeln abgelesen werden. In einer Bürgerversammlung ließ ihn die Frage ratlos, wie ihn persönlich die Wirtschaftsrezession getroffen habe. Natürlich hatte sie ihn in keiner Weise betroffen, ihm fehlte jedoch das Vermögen, sich in Menschen hineinzuversetzen, die unter ihr litten. All seine Beteuerungen, daß er und Barbara mitfühlten, klangen hohl, zu sehr auf Stimmenfang ausgerichtet.

Die Welt der großen Mehrheit blieb ihm fremd (ganz anders als

Reagan und Clinton, die ihr entstammten). Immer wieder wurde der Vorwurf erhoben, er sei »out of touch«, er habe den Kontakt einfach nicht zu jener Außenwelt, die nicht die seine war. Er blieb mit dem Makel behaftet, das lebende Wahrzeichen des amerikanischen Prinzips der Ungleichheit zu sein.

Seltsamerweise korrespondierte damit seine Persönlichkeit in keiner Weise. Würde man aus seiner Herkunft womöglich auf Arroganz und Hochnäsigkeit im Umgang mit anderen schließen, so wäre das nach allgemeinem Urteil völlig falsch. Bei den wenigen Malen, die einen ausländischen Beobachter in seine Nähe kommen ließen, zeichnete er sich durch ungezwungene Liebenswürdigkeit aus, die auch jeder, der ihn kannte, bestätigte. Ganz anders wirkte da die Verkrampfung seines Vizepräsidenten Dan Quayle, dessen Herkunft übrigens gewisse Parallelen, zumindest in materieller Hinsicht, zu der seines Chefs aufweist.

In seiner Jugend galt George als gescheit, witzig und charmant. Die alten Freunde aus dem Studentenbund »Skulls and Bones«, die sich in unregelmäßigen Abständen treffen, sagen, so sei er noch heute, nur verzeichne das in den Medien veröffentlichte Bild den Mann völlig. Das liegt sicher auch daran, daß er sein Markenzeichen Freundlichkeit auch dann noch mit verquältem Lächeln verkaufen wollte, wenn es nicht mehr angebracht war.

George Bushs Arbeitsstil, vor allem während der Präsidentschaft, war außerordentlich beanspruchend. Er hatte größte Mühe, still zu sitzen, und seine Aufmerksamkeitsspanne war nicht groß; was man sogar bei Auftritten im Fernsehen beobachten konnte. Übrigens glich er in dieser Hinsicht seinem Vorgänger Ronald Reagan. Seine oft hektische Aktivität bestand vornehmlich aus Reaktionen: Er wartete auf Probleme, um sie dann anzupacken; auf Krisen, um sie zu meistern. Er erschöpfte seine Mitarbeiter durch seine Spontaneität und Intensität. Seiner Frau ging es nicht besser, wenn er sie zu später Stunde mit einer Gruppe von Freunden überraschte, die bewirtet und betreut sein wollten. Und so verwundert es nicht, daß seine Ärzte im Mai 1991 nach dem Joggen Herzrhythmusstörungen feststellten und die Basedowsche Krankheit diagnostizierten, die auf einer Überfunktion der Schilddrüse beruht. Er mußte sie seither mit Medikamenten bekämpfen.

George Bushs privates, vor allem jedoch sein politisches Leben wurden von einem einzigen, alles überragenden Prinzip beherrscht: der persönlichen (Ver-)Bindung. Er orientierte sich weniger an Ideen als an Personen. Er schuf sich ein schier unendliches Netzwerk an Freund- und Bekanntschaften. Die Pflege persönlicher Beziehungen gedieh bei ihm zu einem wahren zwischenmenschlichen Kunstwerk. Noch als er Präsident war, schrieb er abends nach acht Uhr, wenn er sich in die privaten Räume im Weißen Haus zurückgezogen hatte, zwanzig, manchmal gar vierzig kurze Noten, in denen er sich für ein Treffen, ein Essen, ein Gespräch bedankte. Das war eine Angewohnheit aus früher Zeit, die er beibehielt und pflegte, auch als er sie nicht mehr nötig hatte. Es steckte ein gut Teil Berechnung und Anbiederung hinter dieser Technik der Annäherung, aber zumindest ebensoviel Offenheit und Freundlichkeit.

Jede seiner politischen Positionen hat er ausgenutzt, um den Kreis der Freunde, der Bekanntschaften, der Beziehungen zu erweitern. Sein ausgezeichnetes Gedächtnis half ihm, sich dieser Menschen zu entsinnen, ja sie durch sein Erinnerungsvermögen zu verblüffen. Unterschwellig verpflichtete er sie sich.

Es ist nicht von der Hand zu weisen, daß er es in erheblichem Maße diesem Netz von Verbindungen verdankt, in hohe und schließlich in das höchste aller Ämter gelangt zu sein. Unstrittig ist jedoch ebenso, daß er in der freien, ungebundenen Ausübung seiner Politik dadurch gelähmt war. Entweder weil er Rücksichten auf die Interessen der Freunde und Bekannten nehmen mußte – oder weil er sie nicht kränken oder verletzen wollte. Der Vorteil wog in seiner Sicht den Nachteil bei weitem auf. Außerdem: So war George Bush nun einmal gewirkt.

Das gleiche Mittel wandte er auf seinem Lieblings- und Spezialgebiet an, der Außenpolitik.

Einer, bei dem er sich die Zähne ausbiß, war Israels Ministerpräsident Yitzhak Schamir. Er kam ihm nicht näher, es gab nichts, worüber er mit ihm parlieren konnte. Daß er ihn einmal mit ins Raumfahrtmuseum in Washington schleppen konnte, war schon das Höchste. Es blieb eisig zwischen ihnen. Das hatte aber auch zur Folge, daß die Israelis bei Bush und Außenminister Baker auf Granit stießen und nicht - wie gewohnt - ihre Forderungen durchsetzten. Der große Streitpunkt zwischen Israel und den USA war eine Kreditgarantie über zehn Milliarden Dollar. Bush (und dieses Mal auch der Kongreß) ließen nicht mit sich reden, weil sie zu Recht vermuteten, daß diese Mittel auch für den Bau illegaler Siedlungen verwendet werden sollten.

Schwierig war es auch mit Margaret Thatcher, deren politisches Herz an Ronald Reagan verschenkt war. George Bush stand ihr nicht stramm rechts genug. Mit der Erfahrung des Falklandkrieges im Rücken war sie es, die Bush energisch dazu trieb, es im Irak militärisch ernst zu meinen. Mit ihrem Nachfolger, John Major, wurde es viel einfacher.

Trotz der latenten Aufmüpfigkeit der Franzosen gegenüber den Vereinigten Staaten und obwohl man sich gegensätzlichere Typen schlecht denken kann, klappte es zwischen Bush und François Mitterrand recht gut.

Mit dem deutschen Bundeskanzler funktionierte das System besonders reibungslos. Helmut Kohl gefiel das »Helmut-George-Spiel« sichtlich, obwohl man dem in Amerika keine übertriebene Bedeutung beimessen darf. Der Mann aus der Pfalz genoß es, vom Mann aus Neuengland anscheinend auf die gleiche Stufe gestellt zu werden. Er verletzte sogar die Grundregel, sich nicht in den Wahlkampf eines anderen Landes einzumischen, und verwandte sich im Weißen Haus öffentlich und unmißverständlich für den erfahrenen Außenpolitiker, seinen Freund George. Helmut Kohl hat nie einen Hehl aus seiner atlantischen Orientierung gemacht. In der Bilanz jedoch hat sich George Bush verrechnet, weil er Kohls Macht überschätzte. Sie wuchs eben nicht mit der äußerlichen Größe Deutschlands, wurde eher relativiert.

Das Verhältnis zu Michail Gorbatschow war ein Sonderfall, auf den auch gesondert eingegangen werden soll.

Faszinierend, wenn auch aus europäischer Sicht von peripherem Interesse, waren die Kontakte zu Lateinamerika (vor allem zum mexikanischen Präsidenten Salinas) und Asien. Es machte George Bush sichtbar nervös und ungeduldig, daß er während der Niederschlagung der Studentenbewegung mit niemandem in Peking telefonieren konnte, und das mehrere Tage lang.

Die Laufbahn George Bushs ist bemerkenswert. Wenige Politiker haben sich auf so vielen grundverschiedenen Gebieten umgetan. Offizier - Geschäftsmann - Kongreßabgeordneter - UN-Botschafter - Geschäftsträger in China - Parteivorsitzender - Geheimdienstdirektor - Vizepräsident. Seinem unruhigen Naturell entsprechend waren Posten darunter, die er in unziemlicher Kürze wieder verließ (oder verlassen mußte). Es trieb ihn um auf dem nervigen Weg zur Präsidentschaft.

Es wäre völlig falsch, George Bushs Karriere als glatten Weg zum Erfolg anzusehen; er war im Gegenteil mit Niederlagen gepflastert - offenen Niederlagen in Wahlen, aber auch subtilen im persönlich-psychologischen Bereich. Als er nach Peking ging, mußte Präsident Ford zu einem Abschiedstreffen überredet werden, das dann auch noch von fünfzehn auf zehn Minuten gekürzt wurde. Zudem mußte er erkennen, daß Henry Kissinger, Fords Außenminister, die Chinapolitik nur in einer Hand beließ, seiner eigenen. Auch als CIA-Direktor wurden ihm von Kissinger Informationen vorenthalten. Präsident Ford vermied es, ihn als Vizepräsidenten zu benennen, als er Nixons Amt übernahm, obwohl Bushs ganzes Streben darauf gerichtet war, über diese Station an die Präsidentschaft zu gelangen.

1980 wurde er zwar nicht Kandidat seiner Republikanischen Partei, 1981 jedoch - wie ersehnt - Vizepräsident. Eines übermächtigen Ronald Reagan allerdings. Deren Verhältnis zueinander trug fast kuriose Züge. Bush übte blinde Loyalität, wobei er auch politische Überzeugungen (zum Beispiel zur Abtreibung) umkehrte und denen Reagans anglich. Bush spielte genau jene Rolle, die so gerne karikiert wird: stets auf Reisen zur Beisetzung fremder Staatsoberhäupter. Der typische Ersatzspieler: immer fit - nie im Einsatz.

Dennoch nutzte er diese Zeit optimal, im Ausland und zu Hause Kontakte über Kontakte zu knüpfen. Ronald Reagan stand hoch oben, und es heißt, er habe seinen Vertreter nicht einmal zu sich in die Privaträume des Weißen Hauses geladen. Von dessen Präsidentschaftsambitionen hielt er auch nicht viel. In gewisser Weise erinnert es an das Verhältnis, das Konrad Adenauer zu Ludwig Erhard hatte.

Am 1. Mai 1988 ist es soweit: George Bush ist republikanischer Präsidentschaftskandidat. An diesem Tag wird von Ronald Reagan das »endorsement« erwartet. Das ist die offizielle Unterstützung, die in Amerika eine große Rolle spielt. Aber Reagan ist mit anderen Dingen so beschäftigt, daß er den ersten Termin ausfallen läßt. Abends, und damit zu spät für die Hauptnachrichten im Fernsehen, findet er ein paar schwache Worte für Bush. So schwach, daß sie am nächsten Tag etwas begeisterter schriftlich formuliert wurden.

Niederlagen haben bei George Bush zwar manchmal zu Niedergeschlagenheit geführt, ihn aber nicht resignieren lassen. Wie er die schwerste, jene von 1992 bewältigt, wird sein Geheimnis bleiben, bis er selber darüber spricht.

George Bush ist immer vorgeworfen worden, daß er zwar Präsident werden wollte, aber nie gewußt hätte, warum. Man sagte, daß ihm eine Philosophie fehle, ein klares Gedankenkonzept von dem, was er durchsetzen wolle. Er selber gab zu, daß er mit dem »vision thing« nichts anfangen könne, mit diesem Ding, das man Vision nennt. »Ich bin ein praktischer Mensch. Ich mag, was real ist. Ich bin gegen das Luftige und Abstrakte. Ich mag, was funktioniert. Ich bin kein Mystiker und sehne mich nicht danach, einen Kreuzzug zu führen.« So kündigte er 1988 seine Kandidatur an. So verhielt er sich auch. Er fand den Zustand der Vereinigten Staaten im großen und ganzen völlig in Ordnung. Vom eigenen Lebenskreis ausgehend, sah er keinen Anlaß für soziale Reformen. Die Wirtschaft reguliere sich schon von selber, wenn man ihr nur freien Lauf lasse, das heißt, ihren Bossen alle Unterstützung zukommen lasse. Daher sein Dauerkampf für die Senkung der Kapitalertragssteuer. Wenn man oben half, dann würde schon genug nach unten durchsickern. Bush verfolgte nicht wenige Grundlinien – wie Reagan –, er verzettelte sich in einer Flut von Unternehmungen, die er dann oft abbrechen oder deren Lauf er verändern mußte. Sein Hauptaugenmerk widmete er ohnehin der Außenpolitik. Relativ ungestört vom innenpolitischen Gezänk konnte er Amerikas Größe darstellen. Abgelenkt und getäuscht vom Zusammenbruch der Sowjetunion und dem Sieg im Golfkrieg, hatte er keinen Blick für den wahren Zustand seines Landes.

Im Weißen Haus habe man aufgeatmet, hieß es, als George Bush wenigstens *ein* Ziel verkündete: die Wiederwahl!

Die Bushs im Weissen Haus

Als Barbara und George Bush einzogen, wandelte sich der Lebensstil im Weißen Haus – wieder einmal – gründlich. Aber in dieser Hinsicht ist der ehrwürdige Bau Kummer und Freude gewöhnt.

Anders als viele Präsidentenpaare früher, kannten sie zumindest den Westflügel mit den Büros und die offiziellen Räume aus den acht Jahren der Vizepräsidentschaft. Umgehend verschwand der repräsentative Charakter aus der Reagan-Zeit und machte einem lebendigen Wohnen Platz, einem sehr lebendigen. Zwar lebte das Präsidentenpaar allein, aber so oft es ging, tauchten Kinder und Enkel auf; vor allem aber Gäste und nochmals Gäste. George Bush hatte im Wahlkampf verkündet, er wolle eine freundlichere, sanftere Nation schaffen. Freundlicher ging es vom ersten Tag an im Weißen Haus zu.

Niemand, so verkündete George Bush sogleich, könne ihn daran hindern, mal unerkannt aus dem Haus zu schlüpfen, um in einem Laden um die Ecke sein Lieblingsgebäck einzukaufen. Als ganz normaler Mensch. Er war sicher nicht der erste »Anfänger«, der diesen Traum vergeblich träumte. Und den kleinen Laden gibt's am Weißen Haus auch nicht.

So spontan wie er selber war, wollte er auch leben. Er brauchte keine Staffage, es sollte weniger formal ablaufen, man sollte auf ihn zugehen können. Die Präsidentschaft sei »eine offene Unterhaltung mit dem amerikanischen Volk«, so sah seine Vorstellung von seinem neuen Job aus. Man kann es auch so ausdrücken: er wollte ganz anders sein als Ronald Reagan. Was er sich eigens vornehmen mußte, fiel seiner Frau in den Schoß. Sie übernahm die Rolle der First Lady mit sicherer Selbstverständlichkeit, änderte nichts an sich (schon gar nicht die Figur), wurde geachtet und geliebt vom ersten bis zum letzten Tag. Sie war die einzige Konstante der Bush-Präsidentschaft. Und damit ganz anders als Nancy Reagan. Ohne Anstrengung.

Als erstes räumte sie ein Schlafzimmer im privaten Ostflügel aus und ließ ein kleines Arbeitszimmer für ihren Mann einrichten. Anders als bei Ronald Reagan hatte für ihn der Arbeitstag nicht unbedingt ein Ende, wenn er nach oben in den Wohnbereich ging.

Im Weißen Haus fand eine Fülle von informellen Treffen, Parties und Essen statt. George Bush hatte schon immer gerne Gäste im Haus. Mit ihnen wurde politisiert und diskutiert. Oft geschah das ungeplant. So kamen Kongreßabgeordnete, Journalisten, Freunde und alte Bekannte zu der Ehre, das Weiße Haus tatsächlich als Haus aller Bürger zu erleben. Das war ebenfalls anders als bei den Reagans. Eingeladen wurde während des Wahlkampfes 1992 übrigens auch Dana Carvey, ein Komiker, der die Amerikaner durch die brillante Art faszinierte, in der er Präsident Bush im Fernsehen nachmachte und bloßstellte. Bush machte sich bei dieser Gelegenheit einen Spaß daraus, den Komiker in der Rolle des Präsidenten zu imitieren.

Im Sommer jedes Jahres gibt es ein »offenes Weißes Haus« für Hunderte von geladenen Gästen, aber auch für Mitarbeiter. Auf dem Rasen des Weißen Hauses wird dann gedeckt, es gibt Hummer aus Maine auf Papptellern, und eine Gruppe spielt Country-music. Das sind Bush-Ereignisse. »Country« ist übrigens seine Lieblingsmusik. Im »Oval Office« verbirgt sich hinter seinem Schreibtisch eine große Sammlung von Kassetten.

Das Oval Office liegt im Westflügel des Weißen Hauses, dem

Machtzentrum der Großmacht. Wer dazugehört, residiert hier; je näher am Präsidenten, desto einflußreicher. Herr über dieses Reich ist der Stabschef. Als George Bush sein Amt antrat, betraute er John Sununu mit diesem sehr bedeutenden Posten, jenen Gouverneur des Staates New Hampshire, der Bush in der Frühphase seines Wahlkampfes rettete, als es gar nicht gut für ihn aussah. Auf diese Weise trug Bush seinen Dank ab, sicherte sich aber zugleich einen hartgesottenen Mann für eines der schwierigsten Ämter, die er zu vergeben hatte. Sununu wurde der Mann fürs Grobe, und offensichtlich lag ihm diese Rolle. Bereitwillig zog er geradezu die Prügel auf sich, um den Präsidenten zu schützen. Ein besonders augenfälliges Beispiel war die Umweltpolitik. Sununu war ein ausgesprochener Feind des Umweltschutzes und spielte dieses nach Kräften aus, so daß in seinem Windschatten George Bush immer noch den Anschein eines Umwelt-Präsidenten wahren konnte.

Sununu schirmte seinen Chef kategorisch ab, so sehr, daß der zusehends in die Isolierung geriet, ohne es recht zu merken. Für Bush, der Konfrontationen und Konflikte haßte, war es lebenswichtig, jemanden zu haben, der freudig damit umging. Sununu wurde zum großen Beleidiger, er verschreckte sogar Bush-Freunde und machte sich und George Bush völlig unnötig Feinde, wo sie es beim besten Willen nicht gebrauchen konnten. Zwar erhielt der Präsident nach einiger Zeit Anrufe und Beschwerden, aber in Gefahr geriet Sununus Position erst durch arroganten Amtsmißbrauch: Er benutzte Regierungsfahrzeuge und Regierungsflugzeuge intensiv für private Zwecke. Neunundneunzig Fälle wurden ihm nachgewiesen. Die Presse, die ebenfalls Sununu-geschädigt war, hatte darauf nur gewartet. Ihre Angriffe und Enthüllungen erzwangen eine Untersuchung. Deren Ergebnis war zwar eine gewundene Erklärung zugunsten des Übeltäters, und bei kluger Reue hätte er sicher im Amt bleiben können, aber er zeigte keinerlei Unrechtsbewußtsein oder Einsicht und zerstörte sich am Ende selber.

Die Entlassung wurde für George Bush zu einer quälenden Angelegenheit, weil er sie nicht selber offen vornehmen wollte. Er schaltete seinen Sohn ein und ging Umwege, bis Sununu endlich begriff und ging. Er verabschiedete sich mit einem treuen Dankesbrief an den Präsidenten, war im Inneren jedoch tief getroffen.

Warum er bei seiner überragenden Intelligenz nie begriffen hat, daß er den Bogen weit überspannt, dem Präsidenten (und damit dem Land) Schaden zugefügt hatte, bleibt ein Rätsel. Aber Fälle dieser Art sind keine Einzelheit. Wie oft hatte die Mischung aus menschlicher Schwäche und der Arroganz der Macht, die diese Umgebung so leicht provozieren kann, zu Dramen geführt, die das Weiße Haus zur Bühne machten.

Der Stab, den sich Sununu zusammenholte, ließ ebenfalls Rückschlüsse zu. Er bestand aus vierzehn Mitgliedern, zwölf weißen, relativ jungen Männern, einem Schwarzen und einer Frau. Bush kam gut ohne »Minderheiten« in seiner Umgebung aus.

Ein weiterer Bewohner des Westflügels und nicht unwichtigerer Mann war der Nationale Sicherheitsberater. Bush hatte sich für Brent Scowcroft entschieden, einen pensionierten Generalleutnant der Luftwaffe (was ihn mit dem Piloten Bush verband). Er hatte dasselbe Amt bereits vierzehn Jahre zuvor unter Präsident Ford innegehabt, als Henry Kissinger Außenminister war. Er war Abrüstungsexperte und Historiker, ein unermüdlicher Arbeiter. Er und Außenminister Baker konnten dem Präsidenten entschieden widersprechen, wenn sie meinten, daß es nötig war. Mit ihm, so heißt es, habe George Bush während seiner Präsidentschaft die weitaus meiste Zeit zugebracht, wenn er wach war - mehr Zeit als mit seiner Frau. Somit war er - neben Barbara Bush - die zweite Konstante im Weißen Haus. George Bush konnte sich darauf verlassen, daß Scowcroft nur ein Anliegen in seinem Herzen trug: seinem Präsidenten zu dienen. Im Gegensatz zu fast allen anderen, die ihn umgaben, wollte er nichts werden. Er lebte in geradezu mönchischer Askese, war immer ansprechbar, besser: anrufbar. Er und Bush teilten wesentliche Ansichten, zum Beispiel jene, daß der Militäreinsatz ein gerechtfertigtes Mittel der Politik sei.

Selten sah man den Präsidenten reisen, ohne daß der kleine, zerbrechlich wirkende, leicht gebeugte Mann unauffällig ein paar Schritte neben ihm stand. Gebeugt vielleicht auch, weil er stets eine dicke Aktentasche schleppte - so wie er einst neben Präsident Nixon die Ledertasche mit dem Code für einen Nukleareinsatz trug.

Für Präsident Bush spielte er eher die Rolle eines verehrten älteren Bruders, mit dem er nur zu gern eine Runde Golf spielte. Als Bush sein Amt verließ, machte Brent Scowcroft, nunmehr 68, seine eigene Beraterfirma auf. Er mußte einfach arbeiten.

Vollständig präsentiert sich der innere Zirkel des Weißen Hauses erst mit der urigsten Figur, dem Pressesprecher Marlin Fitzwater. Auch er gehört zu der alten Garde, an der George Bush so hängt, der er absolut vertraut. Fitzwater hatte ihm bereits in der gleichen Funktion gedient, als er noch Vizepräsident war. Dann wurde er Präsident Reagan in dessen beiden letzten Regierungsjahren »ausgeliehen«. Als George Bush schließlich Präsident wurde, konnte er von seinem alten Helfer bereits im Weißen Haus begrüßt werden. Mit seinem großen runden Kopf, der fast immer ein wenig gerötet erscheint, seiner Halbglatze, die er gerne mit einem Schlapphut bedeckt, möchte man ihn für einen Farmer aus dem Mittelwesten halten, nicht aber für einen der routiniertesten Pressesprecher, die es gibt. Er hat mit seiner humorvollen, bis auf wenige Ausnahmen bärenruhigen Art eine Menge Kastanien für seine Chefs aus dem Feuer geholt. Barbara Bush, Brent Scowcroft und Marlin Fitzwater - Bushs Fixsterne im Weißen Haus.

Die Präsidentschaft

Der 7. Dezember 1988 war ein kalter, windiger Wintertag. Mit wehenden Mänteln standen drei Männer vor dem imposanten Schattenriß Manhattans, den Blick auf die Freiheitsstatue gerichtet. Dieser symbolbeladene Anblick wurde zu einem der Bilder des Jahres.

Michail Gorbatschow hielt sich zum zweiten Mal in den Vereinigten Staaten auf. Sein Besuch galt den Vereinten Nationen. Bei dieser Gelegenheit traf er sich mit dem noch amtierenden Ronald Reagan und dem neugewählten George Bush zu einem sogenannten »power lunch«, einem politischen Arbeitsessen, auf Coney

Island in New York. Danach schauten sie in jener heroischen Pose auf die Freiheitsstatue. Das Sinnbild war berechtigt.

Michail Gorbatschow hatte eine in die Zukunft weisende Rede vor der UNO gehalten, die deren Rolle neu definieren und sie aus den Fesseln der Jahrzehnte dauernden Ost-West-Verkrampfung lösen sollte. Es lohnt, sie nach fünf Jahren nachzulesen.

Ronald Reagan wollte diesen Besuch nicht zu einem offiziellen Gipfeltreffen machen, war statt dessen mit seinem Vizepräsidenten nach New York gereist und wollte tags darauf dem Gast die Stadt zeigen. Daraus wurde nichts. Ein furchtbares Erdbeben in Armenien rief Michail Gorbatschow vorzeitig in die Heimat zurück. Er hätte nicht den Touristen im Wunderland des Kapitalismus spielen können, während seine Landsleute unter den Trümmern ihrer Häuser starben.

So hatte diese Begegnung eine doppelte Bedeutung: sie wies in eine neue Richtung und erinnerte zugleich daran, daß das Unerwartete, das Unberechenbare sehr oft den Gang der Dinge bestimmt. George Bush sollte diese Erfahrung im Überfluß machen.

Auf holprigem Weg war er zu seinem heißersehnten Ziel gelangt, Herr im Weißen Haus zu sein. Zumindest ein Jahrzehnt hatte er emsig und entschlossen daran gearbeitet. Seit wann er diesen Wunsch bereits im Herzen getragen hatte, weiß nur er. Der Auftakt zum Wahlkampf war für ihn geradezu katastrophal verlaufen, als er bei der ersten Vorwahl nur einen erniedrigenden dritten Platz unter seinen republikanischen Konkurrenten belegte. Alles kam auf den nächsten Durchgang an, der traditionell in dem kleinen Neuengland-Staat New Hampshire stattfand. Dort regierte der rabiate John Sununu als Gouverneur und nahm sich energisch des schlingernden Bush-Schiffes an. Er verhalf George Bush zum Durchbruch, was für die beiden Männer zwiespältige Folgen haben sollte. Auf jeden Fall befand sich George Bush von da an auf dem Siegeszug. Aber auch der sah alles andere als glanzvoll aus.

Es fehlte George Bush, außer dem festen Willen, Präsident zu werden, die übergreifende Idee. Genau die hatte Reagan so überzeugend aussehen lassen. Er konnte sich auch nicht als puren Reagan-

Abklatsch darstellen. Er baute im großen und ganzen auf den Status quo und verkündete die frohe Botschaft: alles werde gutgehen.

Im Sommer 1988 hatten die Demokraten in einem ebenfalls nicht schmerzlosen Prozeß Michael Dukakis, den Gouverneur des Staates Massachusetts, zum Kandidaten gekürt. Er führte im August in den Umfragen mit siebzehn Prozent Vorsprung vor George Bush, den dieser bis zum September in eine eigene Führung von zehn Prozent verwandeln konnte. Das kam so: Sein Freund James Baker, der seinen Posten als Reagans Finanzminister zugunsten der führenden Rolle in Bushs Wahlkampfmannschaft aufgegeben hatte, der Umfrageexperte Robert Teeter und der junge Haudegen Lee Atwater als Wahlkampfmanager hatten erkannt, daß mit Sachthemen nicht genügend Wähler zu gewinnen waren. Sie änderten den Kurs und machten die sogenannten »Werte« zum zentralen Thema, und zwar solche, mit denen Michael Dukakis zu diskreditieren war. Der Wahlkampf wurde schmutzig, sehr schmutzig. Sein Symbol wurde Willie Horton, ein Schwarzer aus Dukakis' Staat Massachusetts, der, wegen Vergewaltigung verurteilt, auf einem Freigang wiederum eine Frau mißbrauchte. Das wurde als Folge typisch liberaler Dukakis-Politik weidlichst ausgebreitet. Das Wort »liberal« feierte als Schimpfwort Wiederauferstehung.

Der Wahlsieg wurde schließlich weniger ein Entscheid für Bush als vielmehr ein Votum gegen Dukakis. Bush gewann mit 48,8 Prozent der Stimmen vierzig der fünfzig Bundesstaaten für sich, Dukakis errang 41,8 Prozent. Damit holte der Sieger 426 von den 538 Wahlmännerstimmen, ein überzeugendes Ergebnis.

Kaum im Amt, distanzierte sich Bush von den Auswüchsen des Wahlkampfes, der etwas ganz anderes sei als das Regieren. Zuerst mußte er mit dem Reagan-Erbe fertig werden, weniger mit dem materiellen als dem psychologischen – zu übermächtig erschien der Alte. Und er mußte seine eigene Rolle vergessen machen: acht Jahre im Schatten des »Großen Kommunikators«, acht Jahre Loyalität und Stillschweigen, ja Komplizenschaft. Dabei mußte er sich hüten, Reagan negativ aussehen zu lassen, weil das auf ihn selbst zurückfallen würde. George Bush löste sich in überzeugender Weise aus diesen Zwängen: Zunächst wirkte er allein durch das Amt wie befreit von der vorherigen Einengung.

Sodann startete er eine erfolgreiche Offensive, seine eigene Persönlichkeit öffentlich zu entfalten, einen ganz anderen George Bush vorzuführen. Mit Energie und Charme spielte er den zugänglichen Normalbürger. Wegen seiner Unverbindlichkeit, die keine Opfer kostete, war er beliebt. Die Leute mochten ihn, weil er ihnen nichts tat. Die Demokraten konnten dem in dieser Phase nichts entgegensetzen. Das verheerende wirtschaftliche Erbe, die Fehlentwicklungen der Reagan-Ära machten sich noch nicht bemerkbar. Im Gegenteil, es gab durchaus positive Daten, wie die niedrige Inflationsrate und die geringste Arbeitslosigkeit seit 1973.

Die meisten Punkte der Bewunderung sammelte er allerdings in den ersten Pressekonferenzen. Im Gegensatz zu Ronald Reagan, der sie selten und ungern veranstaltete, weil er den Sachstand nicht kannte, zeigte sich Bush spontan allen Fragen gewachsen. Daran mußte man sich erst gewöhnen.

Trotz seiner militärischen Vergangenheit, in der er viel Mut bewiesen hatte, mußte George Bush mit dem Vorwurf kämpfen, er sei ein »wimp« – ein Schwächling. Mit diesem Ruf wollte er möglichst rasch aufräumen. Die Gelegenheit dazu bot Manuel Noriega, Panamas Diktator. Ihm wurde Verstrickung ins Drogengeschäft vorgeworfen, er widersetzte sich den mehrmaligen Aufforderungen, sein Amt niederzulegen, ja er zeigte sich aufmüpfig. Die USA starteten eine Invasion mit haushoch überlegenen Kräften, um seiner habhaft zu werden und demokratische Verhältnisse zu schaffen. Beides war leichter verkündet als vollzogen. Man fand Manuel Noriega nicht und konnte ihn erst nach Miami transportieren, nachdem er sich in der Botschaft des Vatikans ergeben hatte. (Dieses Trauma übertrug sich im übrigen auf den Golfkrieg, da hieß der Gesuchte Saddam Hussein.) Die Panama-Invasion zog sich über das Weihnachtsfest 1989 hin, die Bilder von Zerstörungen und zivilen Opfern ließen keine Siegesstimmung aufkommen. Manuel Noriega wurde im April 1992 nach peinlich langgezogenen und fadenscheinigen Verhandlungen verurteilt und verschwand im Gefängnis, ein

Mann, der einst im Sold des CIA gestanden hatte, dessen Chef einmal George Bush hieß. Die Verhältnisse in Panama haben sich seither nicht zum Guten gewandelt, von Demokratie kann kaum die Rede sein. Amerika hat dieses Geschäft unerledigt zu den Akten gelegt.

Es war nur eine kleine, wenn auch typisch amerikanische Episode, vergleicht man sie mit den Geschehnissen, die in Osteuropa und Deutschland auf Einordnung, Bewertung und Ummünzung in politische Ideen durch Amerika warteten. Im Juni 1989 dürfen die Polen zum ersten Mal seit vierzig Jahren frei wählen; am 9. November fällt die Mauer; sechs Wochen darauf werden in Rumänien der Diktator Nikolae Ceauşescu und seine Frau nach einem Tribunal hingerichtet; im März 1990 erklärt sich Litauen für unabhängig, im Mai folgen Lettland und Estland, wird Boris Jelzin zum russischen Präsidenten gewählt; am 3. Oktober feiert Deutschland seine Wiedervereinigung; im Juni 1991 erklären sich Kroatien und Slowenien für unabhängig; im August wird in Moskau gegen Michail Gorbatschow geputscht; im September sind die baltischen Republiken offiziell souveräne Staaten; am ersten Weihnachstag tritt Gorbatschow zurück. Ein wahres Feuerwerk sich überstürzender Ereignisse, die bei Bushs Amtsantritt beim besten Willen nicht abzusehen waren. In der Verkürzung auf ein Stenogramm der politischen Umstürze wird klar, welch eine Herausforderung sie darstellten. Auch einen Staatsmann, der mit Visionen und Konzeptionen mehr anzufangen weiß als George Bush, hätten sie überfordert. Erst recht, wenn man sie im Zusammenhang mit den innenpolitischen Verstrickungen sieht. Nun gab sich George Bush jedoch immer als erfahrener Außenpolitiker aus. Wie also stand er dem Zusammenbruch jener Weltordnung gegenüber, die sein Leben bestimmt hatte?

Zunächst war er ein Typ, der Außenpolitik als spontane Krisenbewältigung ansah, und die war seine Stärke. Sodann war er dem überkommenen Denken verhaftet und konnte sich nur schwer aus den Vorstellungen des Kalten Krieges befreien. Er fühlte sich durch die unkontrollierbaren, ohne geregelte Formen ablaufenden Entwicklungen zutiefst verunsichert. Da stimmte nicht mehr, was immer gestimmt hatte. Der Status quo hatte Berechenbarkeit sichergestellt. Und nun? Bushs späterer Außenminister Lawrence Eagleburger drückte es so aus: »Machen wir uns nichts vor. Wenn es stimmt, daß wir den Kalten Krieg gewonnen haben, dann haben wir die Ziellinie ziemlich atemlos überquert - wie hinter uns die Sowjets. Wir und die Sowjets haben eine erheblich verminderte Fähigkeit, Ereignisse zu beeinflussen. Und die in mehrere Zentren zerfallende Welt, auf die wir zumarschieren, ist nicht notwendigerweise ein sichererer Platz als die Ära des Kalten Kriegs, aus der wir kommen - im Gegenteil, die Chancen für Instabilität wachsen.« Das könnte George Bush gesagt haben. Für ihn waren Unsicherheit und Instabilität die neuen Feinde.

Besonders augenfällig zeigte sich diese Überzeugung, als im Juni 1989 in Peking die Studenten auf die Straße gingen und für mehr Demokratie eintraten. Die Protestbewegung wurde blutig niedergeschlagen, unter dem Eindruck der Fernsehbilder breitete sich in den USA Bestürzung aus. Zögernd und erst gedrängt durch die öffentliche Empörung verurteilte George Bush das Vorgehen der chinesischen Soldaten. Nicht weil er die Ziele nicht gutheißen würde, sondern weil die Studenten den Status quo in Frage stellten und Veränderung wollten, ohne eine Machtbasis zu besitzen. Er wollte auch hier umsichtig vorgehen und nicht mit den Machthabern brechen, die er aus seiner Zeit als amerikanischer Geschäftsträger kannte. Als hätte er geahnt, daß er sein Wohlverhalten eineinhalb Jahre später gegen chinesisches Wohlverhalten in der UNO bei den Resolutionen gegen Irak würde eintauschen können. Die Chinesen, so sein Argument, würde man mit Sanktionen und Drohungen eher in ihrer Haltung bestärken als schwächen. Das war machtpolitisch womöglich richtig, widersprach nur den sonst lauthals vorgetragenen Forderungen nach Demokratie. Man verstand Bush nicht.

In der Deutschlandfrage verhielt es sich anfänglich nicht viel anders. Natürlich galt prinzipiell der vollmundige Appell Ronald Reagans, im Juni 1987 in Berlin ausgerufen: »Herr Gorbatschow, reißen Sie die Mauer nieder!« Das konnte man damals sicher sagen, da keine Folgen zu fürchten oder zu bedenken waren. Als aber die Mauer fiel, zerbrach zugleich ein Stück der alten Berechenbarkeit. Die Begeisterung beim amerikanischen Präsidenten Bush (nicht beim Bürger) hielt sich in Grenzen, und er gab das auch zu. Er wollte einen langsamen und vorsichtigen Prozeß. Nicht weil er deutsch- oder vereinigungsfeindlich gewesen wäre, sondern weil ihm die alte Ordnung zu rasch stürzte und weil ihm – wie seinen in den gleichen Kategorien denkenden Beratern – noch der alte Schrecken in den Gliedern saß: Was war 1953, 1956 und 1968 geschehen, als es ebenfalls Bewegungen zur Befreiung vom Kommunismus gegeben hatte, die alle brutal beendet wurden. Geschadet hat Bushs Zurückhaltung nicht, womöglich weniger als das Hurrageschrei über den Sieg im Kalten Krieg. Aber verstanden haben viele Amerikaner ihn nicht.

Im Laufe des Einigungsprozesses hat sich George Bush dann als Freund der Deutschen gezeigt. Er ging sogar weiter, indem er ihnen mehr Macht und Einfluß zutraute als gerechtfertigt war. Vor allem hoffte er darauf, daß Helmut Kohl genügend Einfluß auf François Mitterrand ausüben könnte, um die steckengebliebenen GATT-Verhandlungen wieder in Gang zu bringen. Nach amerikanischer Ansicht verhindert die sture französische Haltung jeden Fortschritt. Das ging so weit, daß Bush bereit war, einen Handelskrieg vom Zaun zu brechen, dessen Ziel in erster Linie Frankreich war und der nur in letzter Minute abgewendet werden konnte. Helmut Kohl jedenfalls konnte Mitterrand nicht auf amerikanischen Kurs zwingen.

Bush bot den Deutschen die Rolle des »Partners in der Führung« an und eine besondere Beziehung, woraus dann nichts wurde. Deutschland versank in den täglichen Mühen um die Vereinigung. Das war's. Was die Deutschen allerdings in Osteuropa und der ehemaligen Sowjetunion geleistet haben, wird durchaus gewürdigt – sofern man es weiß.

Schließlich sein Verhältnis zu Michail Gorbatschow. Zu Beginn war auch dieses durch sein Lieblingswort der ersten Zeit als Präsident geprägt: »prudent«, besonnen. Öffentlich betonte er, es habe absolut keine Eile, sich mit ihm zu treffen. Dann kam es aber doch bereits im ersten Jahr zu einer im wahrsten Sinne des Wortes bewegten Begegnung im stürmischen Hafen auf Malta Anfang Dezember 1989. Wie sich später herausstellte, hatte sie Bush bereits im Sommer geplant. Wie sich ebenfalls erwies, hatte er alle Welt hinters Licht geführt, als er behauptete, das Treffen gelte nur einem Zweck: sich miteinander bekannt zu machen und Gedanken auszutauschen. Zur allgemeinen Überraschung, auch der sowjetischen Delegation, lagen dann umfangreiche Abrüstungsvorschläge auf dem Tisch. Bush hatte Gorbatschow und die Öffentlichkeit ausgetrickst, indem er schlichtweg gelogen hatte. Im Dienste der Sache sozusagen. Die beiden Präsidenten entwickelten sodann ein Verhältnis zueinander, das sich als glücklich erwies. Aufgebaut wurde es auf der ebenfalls ungewöhnlich engen, fast freundschaftlichen Beziehung, die die beiden Außenminister pflegten: James Baker und Eduard Schewardnadse. Bush und Gorbatschow zogen nach. Raissa Gorbatschow hatte es mit Barbara Bush erheblich leichter als mit Nancy Reagan.

George Bush richtete seine Politik wieder sehr persönlich aus, wie er es so liebte. Das brachte die Gefahr mit sich, daß persönliche Beziehungen und die der Staaten miteinander gleichgesetzt werden. So hatte das heftig kritisierte Zögern des amerikanischen Präsidenten, die Unabhängigkeit Litauens anzuerkennen, einen persönlichen Grund: die Rücksichtnahme auf Gorbatschow. Erst als von ihm grünes Licht kam, erfolgte die Anerkennung. War das im Interesse der USA?

In der Rückschau erwies es sich als richtig, daß Bush sich von seinem Einfühlungsvermögen leiten ließ, das der Erfahrung des Umgangs mit Gorbatschow entsprang. Auf diese Weise hat er es ihm erleichtert, die osteuropäischen Staaten in ihre blockfreie Eigenverantwortlichkeit und demokratische Ordnung zu entlassen. Die friedliche Auflösung des sowjetischen Imperiums hätte sich unter hektischem Druck der Amerikaner nicht leichter gestaltet. George Bush erkannte, daß er aktiv nicht viel tun, passiv aber helfen könne. So verhielt er sich. Er mußte den Dingen ihren Lauf lassen, ob das spätere Ergebnis ihm nun seine Arbeit erheblich erschwerte oder nicht.

Nicht nur im Interesse der USA und der Sowjetunion, sondern

der ganzen Welt lagen die umfangreichen, ja sensationellen Abrüstungsvereinbarungen zwischen Bush und Gorbatschow, später zwischen Bush und Boris Jelzin. Das betrifft sowohl die konventionellen als auch die atomaren Waffen. Dabei darf nicht vergessen werden, daß George Bush seinem Nachfolger zwar einige bemerkenswerte Verträge hinterlassen hat - zugleich aber auch die wahre Herkulesarbeit, sie zu verwirklichen. Schon schwierig genug ist es, den Ratifizierungsprozeß in den USA und den Nachfolgestaaten der Sowjetunion durchzusetzen; aber noch viel komplizierter und bisher so gut wie nicht zu lösen ist der tatsächliche Abbau der Waffensysteme. Das Höllenpotential des Kalten Krieges wird zu einem ewigen Fluch.

Dennoch war es sicher richtig, daß George Bush gleichsam als letzte Großtat seiner Präsidentschaft den strategischen Abrüstungsvertrag START II mit Boris Jelzin unterzeichnete, obwohl START I noch gar nicht unter Dach und Fach, das heißt von allen betroffenen Atommächten verabschiedet ist. Aber wer weiß, wie lange die neue amerikanische Regierung gebraucht hätte, bis sie selber hätte verhandeln können. Und wer weiß, ob Jelzin zu jenem Zeitpunkt noch die nötige Bewegungsfreiheit gehabt hätte.

Die beiden START-Verträge sahen zum ersten Mal tatsächliche Abrüstung atomarer Waffen vor, während der Vorgänger (SALT) nur Obergrenzen festlegte. START I sollte die atomaren Trägersysteme auf 1600, die Sprengköpfe auf 6000 verringern. Die Laufzeit betrug 15 Jahre. START II sollte die Zahl der Sprengköpfe noch einmal halbieren - auf 3000 bis 3500. Als START I im Jahr 1991 unterzeichnet wurde, besaßen beide Seiten etwa je 10000 bis 11000 Sprengköpfe. START I und START II sind zwei gigantische politische Beruhigungspillen - mehr nicht. Sie haben eine entspannende Wirkung, aber sie können jederzeit in globale Bedrohung zurückverwandelt werden.

Im Jugoslawienkonflikt waren die Amerikaner in der Bush-Ära eher Beobachter als Akteure. Das Feld wurde der UNO und den Europäern überlassen, die Ordnung im eigenen Haus halten sollten. Es kam so weit, daß das zynische Wort umging: Wenn Bosnien Öl besäße, sähe die amerikanische Politik ganz anders aus. Im Wahlkampf 1992 forderte Bill Clinton unter dem Eindruck der massiven Menschenrechtsverletzungen eine aktivere Rolle der Vereinigten Staaten. Erst in den letzten Wochen seiner Präsidentschaft wurde Bush deutlich, als er dem serbischen Präsidenten Slobodan Milošević einen amerikanischen Militäreinsatz androhte, wenn er den Konflikt auf die Provinz Kosovo ausdehne. Er habe dann auch in Serbien selber mit Aktionen zu rechnen – im Klartext: mit Luftangriffen.

Mitten in diese Flut unerwarteter Geschehnisse, die einen epochalen Umbruch bedeuteten, platzte Saddam Husseins ebenso unerwarteter Einmarsch in Kuwait. Wenn er auch im Vergleich mit den europäischen Ereignissen eher den Charakter eines isolierten Einzelfalles trägt, so bestimmte er doch die Zeit George Bushs in einem Maße, daß er gesonderte Betrachtung verdient.

Auch unabhängig vom Irak hielt der Nahe Osten die amerikanische Regierung in Atem. Zwei Jahre hindurch beschränkte das Drama der Geiseln im Libanon die politische Bewegungsfreiheit. Es endete mit der Freilassung von Terry Anderson, einem Journalisten, der die längste Zeit durchstand, die je eine westliche Geisel in Gefangenschaft verbracht hatte. Präsident Bush versuchte einen schwierigen Balanceakt zu vollziehen: einerseits Betroffenheit zu zeigen, andererseits sich durch die Erpressung nicht lähmen zu lassen. Zu frisch war die Erinnerung an Jimmy Carter, der zur Geisel der iranischen Geiselnehmer wurde.

Im positiven Sinne an Jimmy Carter anschließend, brachten George Bush und James Baker den Nahost-Friedensprozeß wieder in Gang. Im Oktober 1991 kam es zu einer denkwürdigen Konferenz in Madrid, an der George Bush und Michail Gorbatschow teilnahmen. Bereits in Madrid zeigte sich, daß der Prozeß zäh und langsam sein würde. Sofort brach sich die Unversöhnlichkeit Bahn, als jeder seine Maximalposition vertrat. Aber die Bedeutung des Treffens in Madrid lag darin, daß man die zerstrittenen Parteien überhaupt an einen Tisch bekam und daß eine schonungslose Darstellung des Problems klarmachte, daß nur unendliche Geduld und Beharrlichkeit je zu einem Erfolg führen könnten. In den folgenden Verhandlungsrunden in Washington bewegte sich dann in der Tat so gut wie nichts. George Bush vererbte Bill Clinton ohne eigenes Verschulden ein verfahrenes Stück Diplomatie, an dessen Entwirrung dieser sich überraschenderweise unverzüglich machte.

Ins letzte Jahr der Bush-Zeit fallen noch zwei unglückliche Reisen, die wie ein böses Omen wirkten. Im Januar 1992 fuhr er nach Japan. Diese Reise hatte er in einer geradezu panischen Reaktion auf innenpolitische Schwierigkeiten verschoben. Sie stand von Beginn an unter keinem guten Stern. Bush hatte die Chefs der großen Autokonzerne mitgenommen, die den Japanern wegen unfairer Geschäftsgebaren die Leviten lesen sollten. Daraus wurde nicht viel. George Bush erschien in der Person eines Bittstellers und nationalen Handelsvertreters, weniger eines Präsidenten. So jedenfalls wirkte es zu Hause. Dazu kam ein peinlicher Vorfall beim Staatsdiner, als sich der überanstrengte Präsident auf den Schoß des japanischen Ministerpräsidenten erbrach.

Auch die zweite Reise war nicht dazu angetan, George Bushs Freude an diesem Hobby zu erhöhen. Sie führte ihn im Juni nach Rio de Janeiro zum Umweltgipfel. Er machte sich zögernd und ungern auf den Weg und erst dann, als in Vorverhandlungen sichergestellt war, daß die USA nicht als größter Umweltsünder auf dieser Erde an den Pranger gestellt werden würden. Konservative Parteifreunde hatten ihm gänzlich abgeraten zu fahren. Der Präsident der Vereinigten Staaten habe es nicht nötig, sich vor ein Tribunal zu begeben.

Auf dem Hinweg geriet er in eine unangenehme Situation, als er in Panama Zwischenstation machte, um eine Rede auf die demokratischen Errungenschaften nach der Invasion zu halten. Als eine Gruppe von Demonstranten von der Polizei vertrieben werden sollte, geriet er in die Rauchschwaden des versprühten Tränengases und wurde von seinen Leibwächtern vom Podium geholt, ehe er ein Wort hatte sagen können.

Vorkommnisse dieser Art haben keinerlei politische Bedeutung, wirkten aber wegen ihrer dramatischen Bildhaftigkeit verheerend auf die Erscheinung eines George Bush, der um seine Zukunft kämpfte. Dabei wurde seine Zukunft wahrlich nicht von der Außenpolitik entschieden.

George Bushs Start war in den Augen der Amerikaner gut. Er hatte eine eigene Statur gewonnen. Er hatte einige Maßnahmen durchgesetzt, die gut aussahen, Gesetzesvorlagen der Opposition durch sein Veto verhindert, im Irakkonflikt Entschlossenheit gezeigt. Erst recht nach dem Sieg schien er unschlagbar. Im Weißen Haus herrschte Euphorie. Das Fernziel der Wiederwahl schien schon sehr früh gesichert. Was lief schief? Langsam machte sich das schlimme materielle Erbe der Reagan-Zeit bemerkbar. Das Defizit im Haushalt geriet außer Kontrolle. Bei Carters Abgang betrug es 78, bei Reagans Abschied 155, am Ende der Regierungszeit Bushs 286 Milliarden Dollar. Die Verschuldung kletterte auf 4000 Milliarden Dollar. Der Sparbankenskandal aus der Reagan-Ära, bei dem durch Immobilienspekulationen und Veruntreuung ungeheure Summen an erspartem Geld verlorengingen, wird den amerikanischen Steuerzahler noch Jahrzehnte belasten. Nach dem längsten Wirtschaftsboom der Nachkriegszeit hatte man eine Rezession erwartet, die dann auch Mitte 1990 eintrat. Es dauerte sehr lange, ehe die Bush-Regierung sie eingestand. Wie sich später, allerdings zu spät für ihn, herausstellte, verbesserte sie sich ganz langsam, was aber zunächst nicht spürbar wurde. Zum Beispiel deshalb nicht, weil die Bürger ihr Geld nicht für den Konsum nutzten, sondern ihre Verschuldung aus den Vorjahren abbauten. Die Arbeitslosenquote lag noch 1992 bei knapp acht Prozent. In diese Zeit fallen Hiobsbotschaften aus der Wirtschaft wie Hammerschläge: General Motors kündigt die Entlassung von 70000 Beschäftigten an; Ford hat Rekordverluste; der Computerriese IBM krankt; der Welt größter Flugzeugbauer Boeing ist in Schwierigkeiten; das Handelshaus Sears stellt sein hundert Jahre altes Kataloggeschäft ein. Die psychologische Wirkung übertraf fast die wirtschaftliche. Die Stimmung im Lande sank rapide.

Aber in dieser Zeit bestanden Bush und seine Berater darauf, nichts zu tun, sondern sich die Wirtschaft allein erholen zu lassen. Das tat sie auch, aber beim Bürger (und Wähler) entstand der

Eindruck, daß Bush sich nicht kümmere. Als besonders fatal erwies sich, daß George Bush sein wichtigstes Wahlversprechen brach. Immer wieder hatte er getönt, daß es bei ihm keine neuen Steuern geben werde. Im Juni 1990 opferte er dieses Versprechen einem Haushaltsabkommen, das er mit dem Kongreß aushandeln mußte. Auch hier war es weniger der Inhalt der Maßnahme als ihre psychologische Wirkung, die sich als negativ erwies. Bush gab später öffentlich zu, daß der Bruch des Steuerversprechens der größte Fehler seiner Präsidentschaft gewesen sei. Das bewahrte ihn nicht davor, es im Wahlkampf immer wieder genüßlich unter die Nase gerieben zu bekommen.

Im Herbst 1990 fanden die Wahlen zum Kongreß statt, bei denen sich Bush sehr engagierte, mußte er doch gegen Mehrheiten der Demokraten im Senat wie im Repräsentantenhaus regieren. Aber sein Amtsbonus half nicht, ja es gab Kandidaten, die lieber auf seine Unterstützung verzichteten. Am Ende hatten sich die Machtverhältnisse noch deutlicher zugunsten der Demokraten verschoben.

Aus diesem Grunde entwickelte sich George Bush zu einem Meister des Vetos. Dafür nämlich reichte, was er an republikanischen Stimmen zur Verfügung hatte. Um eine Gesetzesvorlage der Demokraten zu Fall zu bringen, benötigte er ein Drittel der Stimmen im Senat, das heißt 34. Im Senat saßen 43 Republikaner. Obwohl Fraktionszwang in Amerika längst nicht die Rolle spielt wie in Deutschland, münzte George Bush die Abstimmungen zu Fragen der Parteiloyalität um. Und sehr erfolgreich. Fünfunddreißigmal übte er sein Vetorecht aus, einmal nur wurde er überstimmt. Ausgerechnet beim letzten Mal, als er sich gegen eine Maßnahme wandte, die darauf abzielte, die wild wachsenden Gebühren der Kabelgesellschaften zu begrenzen. Typisch Bush, stellte er sich auf die Seite einer mächtigen Wirtschaftsgruppe und gegen den Gebührenzahler. Aber dieses Mal konnten ihm seine Parteifreunde beim besten Willen nicht folgen. So endete kurz vor der Wahl auch diese Glückssträhne des George Bush.

Bushs Krieg

Am 2. August 1990 bot Washington ein kurioses Bild. Die gesamte Führungsspitze der Regierung war auf Reisen, im Urlaub oder auf dem Weg dorthin: Präsident Bush fuhr zu einem Vortrag nach Colorado; Verteidigungsminister Cheney begleitete ihn, um tags darauf seine Ferien zu beginnen; Generalstabschef Colin Powell hatte das gerade getan; Außenminister James Baker hielt sich in Sibirien auf; die amerikanische Botschafterin in Bagdad, April Glaspie, reiste gerade über London in den Urlaub; ihr Kollege in Er-Riad hatte ihn schon angefangen. Genau diesen Tag wählte Saddam Hussein, um seine Armee in Kuwait einmarschieren zu lassen und den Nachbarstaat zu erobern. Keiner hatte damit gerechnet. Das Pentagon nicht; das Weiße Haus nicht; das Außenministerium nicht; der Geheimdienst CIA vielleicht, aber nicht so richtig; die Botschafterin nicht. Soviel zu den USA.

Aber auch deren engste Berater im Nahen Osten, Saudi-Arabien und Ägypten, sahen es nicht kommen. Die Kuwaitis, die bis dahin keine ausgesprochenen Amerika-Freunde waren, blieben ahnungslos. Und den Briten, Experten und ehemalige Herren im Irak, schwante auch nichts. Man glaubte es einfach nicht – ebenso wie Saddam Hussein es später nicht glaubte, daß man ihm seine Beute nicht lassen würde.

Diese Ahnungslosigkeit erklärt auch, warum man ihm keine klare Warnung vor einem militärischen Abenteuer zukommen ließ; warum man Kuwait nicht drängte, Konzessionen zu machen. Allenfalls hätte man noch damit gerechnet, daß Irak sich zwei umstrittene Inseln vor Basra und einen Teil des ebenfalls umstrittenen Ölfeldes Rumaila aneignen würde, niemals aber ganz Kuwait. Der Schock ließ das Pendel der Vorstellungen nunmehr ins andere Extrem ausschlagen: Man sah Saddam Hussein bereits in Saudi-Arabien, wenn nicht gar in den Emiraten. Militärexperten meinten, im August wäre er dazu fähig gewesen, danach nicht mehr.

Auf der Furcht vor einer weiteren Expansion, die diesen unberechenbaren Mann zum Herrn des größten Teils aller Öl-

8 Bei Ronald Reagan in Kalifornien treffen sich im Juli 1990 die vier noch lebenden republikanischen Präsidenten: Ronald Reagan, Richard Nixon, George Bush, Gerald Ford. Es war gleichsam die ehrenvolle Wiederaufnahme Richard Nixons in die höchsten Ränge der Republikaner.

9 *(rechts)* General Norman Schwarzkopf, Befehlshaber der Truppen im Golfkrieg, der neue Held der Amerikaner.

10 *(unten)* Das Militär gilt wieder was! Graduierung der Kadetten der Marineakademie Annapolis bei Washington im Mai 1991.

11 *(rechte Seite oben)* George Bush, Oberbefehlshaber der amerikanischen Streitkräfte, selbst hochdekorierter Offizier, besucht seine Truppen in Saudi-Arabien. Links: Barbara Bush und Norman Schwarzkopf.

12 *(rechte Seite unten)* Saddam Hussein, George Bushs Gegenspieler und gewissermaßen persönlicher Intimfeind im Golfkonflikt.

13 *(oben)* Im Rosengarten des Weißen Hauses unterschreibt George Bush am 25. September 1990 den Brief zur deutschen Einheit. Es freuen sich der deutsche Botschafter Jürgen Ruhfus und der amerikanische Außenminister James Baker.

14 *(unten)* Gerd Helbig beim Interview mit George Bush im Weißen Haus.

vorräte gemacht hätte, baute sich jene Politik auf, die zum Krieg führte.

Es gilt mittlerweile als sicher, daß sich schon drei Tage nach dem Einmarsch in George Bushs Kopf festgesetzt hatte, militärisch zurückzuschlagen. Mit ungewöhnlicher Zielstrebigkeit und einer Hartnäckigkeit, die ihm bei so vielen innenpolitischen Vorhaben abging, verfolgte er sein Ziel und erstaunte die Welt. Seine Eigenart, Politik über Personen zu betreiben, führte zu Erfolg – und Verzerrung. Er begann umgehend, sein Lieblingsinstrument zu benutzen: das Telefon. Seine Aufzeichnungen registrieren in den ersten 30 Tagen der Krise nicht weniger als 62 Anrufe bei Staats- und Regierungschefs in aller Welt. Viele von ihnen kannte er persönlich aus seiner Zeit als Vizepräsident. In richtige Schwierigkeiten geriet er bei König Hussein von Jordanien, einem alten amerikanischen Freund, den er nicht auf seine Seite ziehen konnte. Besonderer Mühe bedurfte es, König Fahd von Saudi-Arabien zu gewinnen. Den kannte er zwar gut aus der Zeit, als jener noch Kronprinz und er selber Geheimdienstdirektor war, aber Fahd war mißtrauisch. Es galt, ihn davon zu überzeugen, daß zum einen Saudi-Arabien sich in direkter Gefahr befand, zum anderen die Amerikaner es mit dem militärischen Einsatz auch ernst meinten. Bush schaffte es.

Auf der anderen Seite verwirrte er Berater, Freunde und Verbündete damit, daß er durch seine spontanen, oft dramatischen Äußerungen die ganze Auseinandersetzung zu einer Fehde zwischen George Bush (dem Guten) und Saddam Hussein (dem Bösen) stilisierte. Der eigenwillige, wiederholte Vergleich von Saddam Hussein und Adolf Hitler machte es noch schlimmer. Bush verlieh auf diese Weise seinem Gegenspieler den Rang der Gleichwertigkeit, auch wenn er das nicht wollte. Vielmehr ging es ihm darum, Saddam Hussein als Bösewicht zu isolieren, denn mit dem irakischen Volk, so wiederholte Bush immer wieder, habe er keinen Zwist.

In den Vereinigten Staaten stand George Bush vor einem Dilemma, das nicht neu war. Der Verfassung nach darf nämlich nur der Kongreß, nicht aber der Präsident das Land in einen Krieg führen (es sei denn zur eigenen Verteidigung). Ob der demokratisch beherrschte Kongreß das täte, war alles andere als sicher. Zudem sah Bush (wie seine Vorgänger) das Gesetz zur Erklärung von Kriegen als nicht verfassungskonform an. Aber das nützte nichts, und so beschritt er einen Umweg: Er nutzte den Umstand, daß die Sowjetunion als globaler Gegner nicht mehr existierte, im Gegenteil, als Verbündeter gewonnen werden konnte. So kamen die Vereinten Nationen ins Spiel, deren Resolutionen zum Irakkonflikt den Weg zum bewaffneten Einsatz ebneten. Jetzt hatte George Bush eine höhere Legitimierung und war nicht auf den Kongreß angewiesen.

Das Zusammenbringen der alliierten Koalition gegen Saddam Hussein ist unbestritten George Bushs Meisterleistung, nicht der Krieg. Außerdem verstand er es, Israel aus der Konfrontation herauszuhalten und Venezuela sowie andere Ölförderländer zu überreden, den Ausfall Iraks und Kuwaits durch erhöhte Produktionen auszugleichen. Beides waren wesentliche Voraussetzungen für einen ungestörten Fortgang der Ereignisse nach seinen Vorstellungen.

Im übrigen gab es in der defensiven Phase des Aufbaus der Streitkräfte, »Wüstenschild« genannt, gewichtige Stimmen, die die Meinung vertraten, Sanktionen würden Saddam Hussein in die Knie zwingen (darunter Außenminister Baker und der Oberkommandierende der Golftruppen, General Schwarzkopf, ebenso die Regierungen der Türkei und Ägyptens). Daß die Befürworter der militärischen Lösung (darunter Vizepräsident Dan Quayle und Verteidigungsminister Dick Cheney) realistischer gewesen seien, dafür gilt als Beweis, daß Saddam Hussein auch nach der Niederlage den Sanktionen trotzte.

Das amerikanische Militär rasselte in keiner Weise mit dem Säbel, war eher gegen einen Krieg. Aber wenn es denn schon sein müßte, dann nach der Devise einer totalen Überlegenheit. Um die durchzusetzen, zeichnete man ein Bild mächtiger Bedrohung durch ein Millionenheer gut ausgebildeter und ausgerüsteter irakischer Soldaten. Selbst nach dem Krieg sprach General Schwarzkopf bei einer Kongreßanhörung noch von 623000 Soldaten im Gefechtsgebiet; das Pentagon nannte 450000. Mittlerweile sind sich alle Experten einig, daß es sehr viel weniger gewesen sind. Heute glaubt man an Zahlen, die zwischen 300000 und 370000 schwanken. Außerdem hat sich erwiesen, daß der vielbesungene Kampfesmut der irakischen Infanteristen an vorderster Front ein Märchen gewesen ist. Die Amerikaner machten schon am ersten Tag nach Beginn des Bodenkrieges 50000 Gefangene. Sie standen einer Armee gegenüber, die demoralisiert war, etwa durch das Dauerbombardement der Alliierten, und nicht kämpfte. Ein großer Teil dieser Divisionen gehörte zu Saddam Husseins »Wegwerfarmee«, anders als die Republikanischen Garden, die sich retten konnten oder gar nicht erst eingesetzt wurden.

Der Verlauf des Bodenkrieges bewies, daß die Erkenntnisse über die irakischen Truppen sehr begrenzt waren, sowohl in quantitativer als auch in qualitativer Hinsicht. Es hätte aber auch nicht im amerikanischen Interesse gelegen, die Wahrheit verbreitet zu wissen, wenn man sie gekannt hätte. Bestimmend für die amerikanische Taktik war die panische Angst vor der Reaktion daheim auf eigene Opfer. Somit diente die Darstellung gigantischer irakischer Kräfte der Rechtfertigung, ebenso gigantische Mengen an Menschen und Material zu fordern. Alles wurde den Militärs bewilligt, getreu der Devise des übervorsichtigen Generalstabschefs Colin Powell, jedes Risiko in einem solchen Fall auszuschließen (ähnlich wie bei der Invasion Panamas).

In der Tat waren dann die amerikanischen Opfer lächerlich gering, wenn man außer acht läßt, daß jedes Opfer zu viel ist. Nach offiziellen Angaben starben 148 amerikanische Frauen und Männer. Die erschreckendste Erkenntnis ist, daß ein Viertel davon eigenem Feuer zum Opfer fiel; wenn man die 18 hinzuzählt, die durch technische Probleme der eigenen Truppe umgekommen sind, dann starb immerhin ein Drittel der Opfer ohne irakisches Zutun.

Was die irakischen Opfer betrifft, so gibt es keine klaren Erkenntnisse, wird es nie welche geben. Aus dem Irak erfährt man absolut nichts, das Pentagon kann und will auch keine Auskunft erteilen; also beschäftigen sich militärische Forschungsorganisationen mit grauenvollen Zahlenspielen, die man mittlerweile nachlesen kann. Auch hier gilt – zum Glück – die gleiche Regel wie bei den Truppen: Es waren sehr viel weniger. Und dennoch unnötig viele. Auf jeden Fall scheint festzustehen, daß die anfänglich genannte Zahl von 150000 Toten vollkommen unrealistisch ist, wenn man sie mit der Truppenstärke und den vermuteten Zahlen von Verwundeten vergleicht. Es gibt Studien, die von 8000 bis 18000 Toten im Bodenkrieg ausgehen, von 3000 Opfern im Bombenkrieg. Es können aber auch insgesamt um die 50000 gewesen sein.

General Schwarzkopf hat auf einer seiner letzten Pressekonferenzen auf eine entsprechende Frage geantwortet, daß es keinen Menschen gäbe, der die Antwort wisse, und es auch nie einen solchen Menschen geben werde.

Als am 28. Februar 1991 die Waffen schwiegen, war das von der UNO gesetzte und von George Bush immer wieder proklamierte Ziel erreicht: Saddam Hussein war aus Kuwait vertrieben, die rechtmäßigen Herren konnten zurückkehren. Der Präsident ließ sich im Kongreß feiern. Dessen Zustimmung zum Krieg hatte er sich drei Tage vor Ablauf des Ultimatums an Saddam Hussein doch noch geholt. Dann folgten allenthalben Paraden, gekrönt von derjenigen in Washington. Die Amerikaner hielten ihren Präsidenten für den Größten, gaben ihm Noten, die noch kein Vorgänger erreicht hatte. Aber wofür?

Der Blick auf Irak offenbarte, daß dieses Kapitel für George Bush eben nicht siegreich abgeschlossen war. Die Kuwaitis kehrten in ihr ruiniertes Land und zur alten Ordnung zurück. Forderungen nach Demokratisierung waren leere Phrasen und im übrigen unsinnig.

Im Irak erhoben sich Kurden und Schiiten gegen Saddam Hussein, in der falschen Hoffnung, daß die amerikanische Aufforderung zur Selbstbefreiung militärische Unterstützung bedeuten würde. Aber darauf konnten sich die USA nicht einlassen. Die Angst vor schiitischem Fundamentalismus war ebenso groß wie vor kurdischem Separatismus. Außerdem hieß es Rücksicht nehmen auf die Verbündeten, vor allem die Türken und Saudis. So blieben nur Notmaßnahmen, keine konstruktive Politik: den Kurden humanitär helfen, die Schiiten vor den grausamen Angriffen durch Saddam Husseins Killertruppen mit einer Flugverbotszone schützen.

Die UNO-Inspektoren entdeckten, daß die irakischen Wissenschaftler und Techniker nicht viele Jahre, sondern zwölf bis achtzehn Monate vor der Vollendung einer Atombombe standen. Saddam Hussein dieser Waffe zu berauben, war zumindest ebenso segensreich, wie ihn aus Kuwait zu vertreiben.

Wo Saddam Hussein im Jahr 1993 steht, darüber gehen die Meinungen weit auseinander. Ist er isoliert und machtlos, nur noch getragen von seiner Soldateska, die er sich mit Terror erhält? Oder hat er seine Volksarmee von 800000 Soldaten aufgelöst und, errichtet um den Kern der geretteten Republikanischen Garden, eine schlagkräftige Armee von 300000 bis 400000 Mann aufgebaut, die wieder allen Nachbarn überlegen ist? Es ist die alte Geschichte: Man weiß nichts.

Am Ende bleibt die Frage, die alles andere nebensächlich erscheinen läßt: War es richtig, Saddam Hussein davonkommen zu lassen? In Amerika wird sie mit einem klaren Nein beantwortet. Präsident Bush hat immer wieder betont, daß es nicht das Ziel sei, »Saddam Hussein zu kriegen«. Das war ein Lippenbekenntnis, aus der Not geboren. Denn es bildete nicht den Auftrag, und es richtete sich gegen das Gesetz. Wollte man ihn dennoch »kriegen«? Selbstverständlich. Als der Luftwaffengeneral Michael Dugan noch vor dem Beginn des Luftkrieges vorlaut ausplauderte, daß man Saddam Hussein mitsamt Familie und Mätresse erwischen müsse, wurde er zwar von Verteidigungsminister Cheney umgehend gefeuert, aber er hatte die Wahrheit gesagt. Das Problem war nur, daß man nicht wußte, wo er steckte. Auf jeden Fall wurden gleich zu Beginn des Luftkrieges alle bekannten Kommandobunker gezielt bombardiert. Ohne Erfolg. Und kurz vor Ende des Krieges fielen noch zwei eilends für diesen Zweck konstruierte 5000-Pfund-Bomben mit der Bezeichnung GBU-28 auf einen Kommandobunker, gut zwei Kilometer nordwestlich von Bagdad. Sie erfüllten ihren Zweck technisch hervorragend. Saddam Hussein war nicht dort. Er hat jedoch Präsident Bush bis in die letzten Tage seiner Präsidentschaft in Atem gehalten und sicher auch dazu beigetragen, daß er sie verlor. Gegen Ende des Wahlkampfes konnte man Aufkleber auf amerikanischen Autos mit der höhnischen Frage sehen: »Saddam Hussein hat seinen Job immer noch. Und du?«

Vor weitgehenden Schlußfolgerungen aus dem Irakkrieg sollte man sich hüten. Es ist richtig, daß die USA, und nur sie, in der Lage sind, auch in Zukunft größenwahnsinnigen Despoten militärisch erfolgreich und vernichtend entgegenzutreten. Wenn die Bedingungen stimmen. Aber wann stimmen sie? Einen so glasklaren Fall wie Saddam Husseins Griff nach Kuwait wird es nicht so leicht wieder geben. Er erlaubte sogar moralische Begründungen, wenngleich es eine Binsenwahrheit ist, daß ohne Öl kein Marineinfanterist einen Finger für Kuwait gekrümmt hätte. Sowohl Präsident Bush als auch Außenminister Baker haben allerdings keinen Hehl daraus gemacht.

Natürlich war der Golfkrieg für das amerikanische Militär ein Segen. Ohne großes Risiko konnten unbezahlbare Erfahrungen mit neuen Waffensystemen gemacht werden; und es gibt, zum ersten Mal seit Vietnam, wieder Soldaten, die wissen, wie es wirklich im Krieg zugeht.

Als Journalist bleibt es einem nicht erspart, sich Rechenschaft über die eigene Rolle abzulegen. Und in dieser Hinsicht hat der Golfkrieg böse Zeichen gesetzt. John F. Fialka vom »Wall Street Journal« hat seine bittere Studie über die Journalisten im Golfkrieg »Die Hotelkrieger« genannt. Sie hatten einfach keine Chance, aus eigener Anschauung über den Krieg zu berichten. Die Restriktionen waren so streng wie noch nie. Das Pentagon hatte Regeln aufgestellt, die am Ende nur noch zuließen, das zu berichten, was die Presseoffiziere von sich gaben. Der amerikanische Steuerzahler (der deutsche auch) erfuhr nicht, wie sein Geld eingesetzt wurde. Es gab allerdings nach dem Krieg Umfragen, denen zufolge die meisten Leute das auch nicht wissen wollten. Jedenfalls zeigte sich eine Neigung zur Geheimhaltung, die mit dem Falklandkrieg von Margaret Thatcher begann und in Panama fortgesetzt wurde. Kurioserweise waren die britischen Offiziere zu den britischen Journalisten sehr viel offener als die amerikanischen Offiziere zu ihren Journalisten. Der allgemeine Schwur »Nie wieder Vietnam!« hatte seine Geltung auch auf diesem Feld; herrscht doch die Überzeugung, daß die brutalen Bilder und Berichte aus Vietnam mit zur Niederlage beigetragen haben. Fialka beklagt aber auch, daß eine wahre Flut von unerfahrenen Journalisten auf den Krieg losgelassen wurde, die es den Militärs leichtgemacht hätten.

Vor allem im Wahlkampf 1992 wurde immer wieder die Frage gestellt, ob der Krieg zu vermeiden gewesen wäre, wenn man Saddam Hussein so entgegengetreten wäre, wie er es als grausamer Diktator verdient gehabt hätte, anstatt ihn als Gegengewicht zu Iran zu stabilisieren, ja gar zu hofieren. Diese Vorwürfe haben es George Bush erheblich erschwert, den Sieg im Golfkrieg als Eigenwerbung zu nutzen – abgesehen davon, daß es die Leute schon nicht mehr interessierte.

Generell hat der Golfkrieg dazu beigetragen, jene Schwelle weiter herabzudrücken, die man überschreiten muß, will man den Krieg als politisches Mittel benutzen. Es war bezeichnend und folgerichtig, daß vor allem die Deutschen damit ihre großen Schwierigkeiten hatten. Die Amerikaner haben einerseits redlich, andererseits vergeblich versucht, uns zu verstehen.

Der Sturz

Womöglich mag er selber es im nachhinein gar nicht so sehen, aber für die Außenwelt war der 6. März 1991 der größte Tag des Präsidenten George Bush. Da trat er vor beide Häuser des Kongresses und verkündete den Sieg im Golfkrieg: Auftrag erfolgreich erledigt!

Wer den jährlichen Auftritt des Präsidenten im Kapitol zum ersten Mal miterlebt, kann einen völlig falschen Eindruck bekommen. Dort trägt er seinen »Bericht zur Lage der Nation« vor, er wird mit Ovationen empfangen und verabschiedet, aller Hader und Zank ist eine Stunde lang begraben. Er spricht und handelt als einigende Symbolfigur für alle. Auch wer absolut nicht mit ihm übereinstimmt, hält sich zurück und applaudiert. Alle haben in dieser Stunde der nationalen Besinnung eben nur einen Präsidenten. Danach kann der Alltag ruhig wieder harkig werden. So am 29. Januar 1991.

Am 6. März war es eine Spur anders. Der glanzvolle militärische Triumph, errungen noch dazu mit einer bewundernswerten Hochtechnologie, bescherte den Vereinigten Staaten einen lang ersehnten Moment des ungetrübten Glücks. Nach dessen Dauerhaftigkeit fragte zu dieser Stunde niemand – nach Politik auch nicht. Etwa dreißigmal wurde die Rede von Beifall unterbrochen, immer wieder sprang die Versammlung auf und huldigte George Bush, in ihm zugleich der Nation.

Zwei Tage zuvor hatte er bereits einen anderen Triumph auskosten können, als er mit 90 Prozent Zustimmung zu seiner Amtsführung den höchsten Wert erreichte, der je gemessen wurde. Er übertraf damit die 87 Prozent, die Präsident Harry Truman gleich nach dem Zweiten Weltkrieg für sich verbuchen konnte. Vor einem solch spektakulären Hintergrund vollzog sich der Sturz des George Bush.

Bereits kurz nach seiner Wahlniederlage wurde vielfach und lauthals der Schuldspruch gefällt: gescheitert! Schon jetzt läßt sich sagen, daß dieses Urteil vorschnell ist. Die außenpolitische Bilanz ist beeindruckend. Auch wenn die bisher umfangreichste Studie zum Golfkrieg mit ihrem Titel »Triumph ohne Sieg« die Irakpolitik richtig umschreibt, so bleibt Bush das Verdienst, den Diktator Saddam Hussein im Interesse aller in die Schranken gewiesen zu haben. Wer sonst hätte es tun sollen – und können? Man muß ihm hoch anrechnen, daß er nach dem Zusammenbruch der Sowjetunion kein übertriebenes Siegesgeschrei anstimmte und die Parole »Wir haben den Kalten Krieg gewonnen« für amerikanische Verhältnisse sparsam verwendete. Oft ist gefragt worden, was Ronald Reagan nicht alles aus diesem Erfolg herausgeholt hätte. Man weiß es nicht – jedenfalls war Bushs Zurückhaltung weise. George Bush hat das Abkommen zur konventionellen, die beiden START-Verträge zur strategischen Abrüstung unter Dach und Fach gebracht. Kurz vor Ende seiner Amtszeit wurde das Abkommen über die Vernichtung der chemischen Waffen in Paris unterzeichnet, was die Öffentlichkeit wegen auffälligerer Ereignisse kaum wahrnahm. In

Somalia hat er zumindest versucht, ein neues Prinzip durchzusetzen: humanitäre Hilfe mit militärischem Einsatz zu erreichen. Er erkannte klar, daß dem europäischen und dem asiatischen Wirtschaftsraum ein mächtiger amerikanischer Block entgegengesetzt werden müsse. Er schuf die Nordamerikanische Freihandelszone, die den riesigen Raum Kanada, USA und Mexiko umfaßt. Diese Weitsicht fand durchaus nicht überall Beifall, weil man die Abwanderung von Arbeitsplätzen fürchtete. Dieser positiven muß man eine negative Liste entgegenstellen: Der Hinauswurf Saddam Husseins aus Kuwait hat nur ein Problem gelöst; im übrigen ist der Nahe Osten trotz aller Bemühungen einem Frieden nicht einen Schritt näher gerückt. Die Abrüstungsverträge sind eine große Leistung - ohne Folgen. Sie zu ratifizieren und dann durchzusetzen bleibt der Zukunft vorbehalten. Die NATO wurde zunächst auf dem Status eines Einheitssymbols eingefroren.

George Bush benutzte gerne das Wort von der »new world order«, der neuen Weltordnung. Aber bei seinem Abgang gab es eher eine neue Weltunordnung. Die neue Rolle der Vereinigten Staaten war noch nicht durchdacht.

War George Bush nur ein Übergangspräsident?

Wenn man seine außenpolitische Bilanz betrachtet, kann man es so sehen. Vieles hat er begonnen und unvollendet hinterlassen. Er wäre auch kaum der Mann gewesen, diese Vollendung in einer zweiten Amtszeit durchzuziehen, weil dazu erst einmal das amerikanische Haus in Ordnung hätte gebracht werden müssen.

Der alles übergreifende Vorwurf gegenüber George Bush lautete, er habe Amerika und seine Sorgen nicht beachtet, ja über seinem Eifer in der Weltpolitik schlichtweg vergessen. Die Wochenzeitschrift »US News and World Report« gab im September 1991 die sarkastische Empfehlung, der Präsident solle sich morgens vom Geheimdienst nicht über die Welt, sondern über die USA informieren lassen. Das würde dann so lauten: »In den letzten 24 Stunden, Herr Präsident, wurden 93 Amerikaner erschossen; 16000 wurden vergewaltigt oder beraubt; 247 drogeninfizierte Babys wurden geboren; 2478 Kinder rissen von der Schule aus; 1340 Teenager wurden Mütter; die nationale Schuldenlast wuchs um 1,4 Milliarden Dollar; 355 Betriebe machten Pleite.«

Dem Fernsehsender CBS, der im letzten Jahr der Carter-Regierung jeden Abend in den Hauptnachrichten die Anzahl der Tage nannte, die die amerikanischen Geiseln in der Botschaft in Teheran schmachteten, fiel etwas Ähnliches ein: Einmal in der Woche zeigt er die endlose Zahlenkolonne der amerikanischen Verschuldung (um die 4000 Milliarden Dollar im Frühjahr 1993) und dann die Summe, mit der jeder Bürger anteilig in der Kreide steht.

Noch eine weitere Zahl mag die Schauerstatistik ergänzen: Etwa 37 Millionen Amerikaner haben keine Krankenversicherung. Wie weltfremd George Bush diesen Fakten gegenüberstehen konnte, zeigte sich, als er zu Amtsbeginn den Anspruch erhob, der Erziehungspräsident zu werden, und vor dem Kongreß die Parole ausgab, Amerika werde im Jahre 2000 die Nummer 1 im Schulfach Mathematik sein. Er machte sich geradezu lächerlich, denn in Wirklichkeit verkommt das Schulsystem, stehen amerikanische Schüler bei Tests unter vergleichbaren Nationen stets auf den hinteren Plätzen.

Hinzu kam der generelle Vorwurf, er kümmere sich nicht um die Wirtschaft. Am Ende stand er als jener Mann da, in dessen Präsidentschaft wie in keiner anderen die Ausgaben und Steuern erhöht worden waren, von der Verschuldung einmal ganz abgesehen. Er jedoch vertraute weiter auf die selbstheilenden Kräfte einer kapitalistischen Wirtschaftsordnung.

Sein Wahlkampf litt unter einer Reihe schwerer Fehleinschätzungen: 1990 vertrat Bushs selbstgerechter Stabschef John Sununu die Meinung, sein Chef sei bei den Wahlen 1992 unschlagbar. Sie wurde Allgemeingut, als George Bush die erwähnte Zustimmungsrate von 90 Prozent erhielt. Auch in der Demokratischen Partei schloß man sich dieser Auffassung an; namhafte potentielle Bewerber um das Präsidentenamt winkten ab und dachten an 1996. Als der goldene Vorhang der Golfkriegsstimmung zerriß, trat dahinter doch wieder die Misere Amerikas zutage. Im Weißen Haus wurde man stutzig, als im Sommer 1991 Bushs positive Einschätzung zwar immer noch bei 70 Prozent lag, gleichzeitig aber 75 Prozent der Bevölkerung meinten, das Land befinde sich auf der »falschen Spur«. Alarmiert allerdings war man nicht. Als Bill Clinton seine Bewerbung bekanntgab, wurde er als Politiker zwar geachtet, aber als Kandidat nicht ernst genommen. Ein halbes Jahr später stand Clinton so negativ da, daß man annahm, seine persönlichen Probleme würden ihn von selbst ausschalten. Aber man täuschte sich in der Hartnäckigkeit des Gegners und in der Kraft seiner Organisation. Als beides offenbar wurde, war es fast schon zu spät. Sicher, Lee Atwater, der rigorose Manager des letzten Wahlkampfes, hätte das Steuer wohl noch herumgerissen, aber er war in der Zwischenzeit an einem heimtückischen Gehirntumor verstorben. So griff George Bush wieder nach seinem alten Freund und Helfer James Baker. Der verließ widerstrebend und spät seinen Posten als Außenminister und widmete sich dem Wahlkampf. Aber die Maßnahme trug eher Züge einer gewissen Panik. In seiner Argumentation verließ George Bush immer mehr das Feld der Sachthemen und flüchtete in die Welt der Werte, redete über Familie und Vaterland. Das hatte ja schon einmal gewirkt. Vor allen Dingen jedoch wiederholte er immer wieder, daß man ihm, im Gegensatz zu diesem Gouverneur aus einem kleinen Südstaat, wegen seiner Erfahrung und persönlichen Integrität mehr trauen könne. Und schließlich machte er im demokratisch beherrschten Kongreß den Sündenbock für fehlgeschlagene Politik aus. Bushs Unglück war, daß er in den Monaten vor der Wahl nicht mit Taten glänzen konnte, sondern den Worten vertrauen mußte. Und da machte sich auf fatale Weise die Armut seiner Sprache bemerkbar, die oft Anlaß zu Spott gewesen war. (Es gehört zu den wenig geliebten Aufgaben eines Korrespondenten, George Bush übersetzen zu müssen.) Vor allem jedoch war er seinem überaus sprachgewandten Herausforderer hoffnungslos unterlegen.

Vollends unberechenbar wurde der Wahlkampf, als im Februar 1992 der exzentrische Milliardär Ross Perot aus Texas als unabhängiger Kandidat antrat. Er überholte in den Umfragen kurzfristig beide Mitbewerber, die ihm hilflos gegenüberstanden. Dann zog er sich ebenso plötzlich aus dem Wahlkampf zurück, nur um im Oktober wieder einzusteigen. Da er sich besonders auf den Präsidenten und seine Tatenlosigkeit in der Wirtschaftspolitik einschoß, unterhöhlte er dessen Stellung noch mehr.

Viel schlimmer als Ross Perot setzte ihm jedoch ein eigener Parteigenosse zu, der stockkonservative Kolumnist Pat Buchanan. Zwar hatte der nie eine realistische Chance, Kandidat der Republikanischen Partei zu werden, aber er nahm George Bush bereits bei den Vorwahlen einen erheblichen Anteil der Wähler weg. Ohne Rücksicht bezichtigte er den Präsidenten des Verrats an der konservativen Idee und leitete dessen regelrechte Demontage ein. Auch hier reagierte das Bush-Lager auf taktisch fragwürdige Weise: Um die Konservativen bei der Stange zu halten, ließ es zu, daß der Parteitag in New York einen kräftigen Rechtsruck vollzog, woran wieder der eloquente Pat Buchanan seinen Anteil hatte. Die Konservativen hat George Bush mit diesem Schachzug nicht überzeugen können, sie hatten ihm sowieso nie getraut. Dafür vergraulte er aber liberalere Wähler. Zum Beispiel verlor er entscheidend bei den weiblichen Wählern, als er sich ohne rechte eigene Überzeugung (und gegen die Meinung seiner Frau) der radikalen Anti-Abtreibungspolitik unterwarf.

Sein Vizepräsident Dan Quayle, die zu klein geratene Ikone der Konservativen, konnte ihm auch nicht helfen. Es gab keine überzeugende, schlagkräftige Idee, und George Bush versäumte es, öffentliches Vertrauen zu gewinnen. Er schien völlig vergessen zu haben, wie er mit persönlicher Wirkung zu Beginn seiner Amtszeit die Sympathien der Amerikaner gewonnen hatte.

In dieser hoffnungslosen Lage schien er zu erkennen, daß er auf sich allein gestellt war, und besann sich seiner eigenen kämpferischen Tugenden. Als schon niemand mehr etwas auf ihn gab, veranstaltete er einen energischen Endspurt, an dem zweierlei bewundernswert war: die physische Leistung des Achtundsechzigjährigen und der ungebrochene Glaube an den Sieg. Seine verheerende Niederlage war tragisch, weil er sie in die Möglichkeiten politischer Entwicklung gar nicht einbezogen hatte.

Am 13. Januar 1993, eine Woche vor der Amtseinführung seines Nachfolgers, versammelte George Bush eine illustre Gesellschaft im Weißen Haus. Was Rang und Namen hat und hatte in den Reagan- und Bush-Regierungen und noch in Ansehen stand, verfolgte, wie George Bush seinem Vorgänger den Freiheitsorden verlieh. Durch die Fenster konnte man die Ehrentribüne für den neugewählten Präsidenten sehen, auf der er die Parade abnehmen würde. Ronald Reagan hielt eine kurze Rede in seiner unnachahmlichen Art: »Manche mögen uns weismachen wollen, daß eine Ära zu Ende geht, aber sie übersehen, daß in Amerika jeder Tag ein Neubeginn ist und jeder Sonnenuntergang nur der letzte Meilenstein einer Reise, die niemals endet. Dieses Land ist nie geworden, sondern immer mitten im Werden.«

So manchem hartgesottenen Politiker stiegen die Tränen der nostalgischen Rührung in die Augen. So fanden zwölf Jahre republikanischer Herrschaft im Weißen Haus ihren Abschluß, dessen obere Räume schon frisch gestrichen wurden – für den nächsten Mieter auf Zeit.

DER NEUE KENNEDY?

Ein Geburtsort namens »Hoffnung«

An einem regnerischen Tag Mitte Mai 1946 fuhr ein Mann von Chicago hoch im Norden auf der alten Route 61 in den Süden. In Missouri, nicht mehr weit von seinem Ziel, platzte ein Reifen an seinem Wagen. Er kam von der nassen Fahrbahn ab, geriet in einen Graben und wurde aus dem Auto geschleudert. Er ertrank.

Dieser Mann war der Handelsreisende Bill Blythe, der sich auf dem Weg zu seiner schwangeren Frau befand. Drei Monate später, am 19. August, wurde William Jefferson Blythe geboren – eine Halbwaise. Weitere 46 Jahre später wurde er zum Präsidenten der Vereinigten Staaten gewählt.

Dieses tragische Unglück gehört zu den prägenden Ereignissen seiner Jugend. Später, so sagt er, habe er vergeblich versucht, den Ort zu finden, an dem sein Vater starb.

Die ersten fünf Jahre verbrachte der kleine Bill in seinem Geburtsort mit dem symbolträchtigen Namen Hope (Hoffnung) im Süden von Arkansas. Seine Mutter, Virginia Cassidy, war eine couragierte Frau, die kein leichtes Leben hatte. Kurz nach Bills Geburt zog sie nach New Orleans, um dort als Krankenschwester ihren Unterhalt zu verdienen. Ein sozialer Beruf oder Lehrerin, das waren die einzigen Möglichkeiten für eine alleinstehende Frau im rückständigen Süden, um sich durchzuschlagen. Bill blieb derweil in der Obhut seiner Großeltern. Er schwärmt noch heute von der familiären Wärme, in der er aufwuchs, nicht in armen, aber kleinsten Verhältnissen.

1950 heiratet Virginia Roger Clinton und holt Bill zu sich. Sie ziehen in den Kurort Hot Springs.

Wenn man heute nach Hope fährt, kann man sich immer noch gut in die Kindheit des neuen Präsidenten hineinversetzen. Das Städtchen ist verschlafen, von südlicher Langsamkeit und leidet unter der Wirtschaftsmisere. Das Geburtshaus des großen Sohnes, ein zweistöckiger heruntergekommener Holzbau, gereicht Hope wirklich nicht zur Ehre. Ganz anders das kleine, flache Häuschen unter Bäumen, in das seine Mutter kurz nach seiner Geburt umzog und wo er die Kinderjahre verbrachte. Frisch gestrichen, mit einer Flagge versehen und einem Hinweisschild. Auf dem Fußweg ein gelber Kreis, der beste Platz für Touristen, das Haus zu fotografieren.

Daß Hope Hoffnung heißt, paßt zwar hervorragend in die politische Werbung, fördert aber ein wenig die Legendenbildung, denn als der Ort 1873 gegründet wurde, war er nur eine Station, an der man den Zug anhalten konnte. Der Mann, der das tat, hatte eine Tochter, die Hope hieß und dem Ort seinen Namen gab. Aber wer weiß das noch – 120 Jahre später.

Das Schönste an Hope ist die überdimensionierte Baptistenkirche, das Modernste die Bank. Sonst ist es ein schmuckloser Flecken mit sehr freundlichen Menschen. Ein Drittel von ihnen ist schwarz. Bills Großvater hatte einen Laden im Norden der Stadt. Bei ihm kauften die schwarzen Landarbeiter ein. Es herrschte ein ungezwungenes Miteinander zwischen Schwarz und Weiß, von Rassismus keine Spur beim Großvater. Man begreift, daß in dieser Umgebung der Grundstein für ein sehr natürliches Verhältnis zu den Schwarzen gelegt wurde.

1956 wurde Bills Stiefbruder Roger geboren. Ihm zuliebe und um ihm das Leben zu erleichtern, nahm Bill den Nachnamen Clinton an. Denn in der Familie brachen schwierige Zeiten an.

Der Vater trank und neigte zur Gewalttätigkeit. Die Mutter ließ sich scheiden, heiratete jedoch Roger Clinton wieder – offensichtlich gegen den Rat ihres Sohnes. Sie wollte mit den beiden Jungen nicht alleine bleiben. All diese Schwierigkeiten schwächten den jungen Bill Clinton nicht, sondern gaben ihm innere Sicherheit. Er war ein frühreifer, ernsthafter, verantwortungsbewußter Schüler, der eine Auszeichnung nach der anderen einheimste. Schon als Neunjähriger entschied er, daß die Baptisten die ihm gemäße Religionsform ausübten. Mit der Bibel unterm Arm marschierte er sonntags eineinhalb Kilometer allein zur Kirche – seine Familie hielt weniger auf Frömmigkeit. Zugleich entwickelte er sich zu einem guten Sportler und Musiker. Später gehörte er als ausgezeichneter Saxophonspieler einem Jazz-Trio an. Sein Lerneifer, aber auch die Verantwortung im häuslichen Bereich ließen ihn früh erwachsen werden.

Ein Erlebnis, daß er als Sechzehnjähriger hatte, wird sich nie richtig einordnen lassen, weil es sich viel zu gut zur Legendenbildung eignet: Als Vertreter einer Jugendgruppe fährt Bill Clinton nach Washington und wird im Rosengarten des Weißen Hauses von John F. Kennedy begrüßt. Wie gut paßt da die Schlußfolgerung: Von diesem Moment an habe er gewußt, daß er Präsident werden wollte. So richtig hat er dem auch nie widersprochen. Seine jugendlichen Berufswünsche waren Priester oder Musiker. Mit sechzehn Jahren hat er sich jedoch nach eigener Aussage auch schon eine politische Karriere vorstellen können. Aber gleich Präsident?

1964 schloß er die High School in Hot Springs als Musterschüler ab – sowohl in der Leistung als auch im Verhalten. Als Viertbester unter dreihundert Schülern hatte er seine Chance zielstrebig genutzt. Aus dieser Zeit stammt seine geradezu missionarische Überzeugung, daß Bildung der Schlüssel zum Leben sei. Seine ganze Politikerlaufbahn hindurch blieb das seine Devise.

Im selben Jahr verließ er sein Mutterhaus, denn ein richtiges Vaterhaus besaß er nie. Der Stiefvater Clinton war gestorben, die Mutter war eine vierte Ehe eingegangen, hieß nunmehr Virginia Kelley. Ihre Beziehung zueinander blieb eng und harmonisch, auch wenn sich der Sohn rasch in höhere Regionen verabschiedete, die Provinz allerdings nie vergaß und auch wieder zurückkehrte.

Die sechziger Jahre prägten Bill Clinton: die Bürgerrechtsbewegung, die kulturelle Revolution, der Vietnamkrieg, Rock 'n' Roll – und da vor allem Elvis Presley, was so weit führte, daß er den Spitznamen »Elvis« erhielt. Die Morde an dem Bürgerrechtler Martin Luther King und an John F. Kennedys Bruder Robert bildeten die einschneidenden

Erlebnisse. Seine politischen Sporen verdiente er sich bei dem einflußreichen, liberalen Senator J. William Fulbright. Bei ihm war er Hilfsassistent, bevor ihm der erste große Wurf gelang.

Entgegen dem Rat seiner Lehrerin und dem sonst üblichen Verfahren bewarb er sich nach Schulabschluß nicht bei mehreren Universitäten, sondern bestand auf der renommierten Georgetown University in Washington. Nur dort wollte er hin. Und er wurde in der Tat angenommen. Natürlich überstiegen die Gebühren der Eliteuniversität bei weitem die Möglichkeiten der Familie, aber der Hochbegabte erhielt ein Stipendium. Sein eigenes Geld verdiente er sich im Büro Fulbrights. Daß der mächtige Senator aus seinem eigenen, recht unbedeutenden Heimatstaat Arkansas kam, erfüllte Bill Clinton mit großem Stolz. Er war für ihn das Vorbild eines souveränen Politikers mit großer Wirkung. William Fulbright leitete den einflußreichen Senatsausschuß für Außenpolitik. Nicht verwunderlich, daß der junge Student als Hauptfach die internationale Politik wählte.

Wie in der Schule, so spielte er auch auf der Universität eine sehr aktive politische und soziale Rolle. Alles mußte er versuchen, in alles reinriechen. Selbstverständlich wurde er zum Präsidenten seines Universitätskurses gewählt.

Das Jahr 1968 stellte die Weichen für den weiteren Verlauf seines Lebens. Sein Stiefvater, Roger Clinton, der es seiner Familie wahrlich nicht leichtgemacht hatte, erkrankte an Krebs. Als er starb, hatte sein Stiefsohn sich jedoch mit ihm ausgesöhnt. Die Zeit der Verbitterung, die den jungen Bill so rasch erwachsen werden ließ, hatte zu einem guten Ende geführt. Die Mutter blieb wieder allein, aber Bill fuhr so oft es nur ging mit seinem alten, weißen Buick nach Hause.

Im April wurde der Führer der schwarzen Bürgerrechtsbewegung, Martin Luther King, in Memphis im Südstaat Tennessee ermordet. Er war eine der großen charismatischen Figuren dieser Epoche und hatte vier Jahre zuvor den Friedensnobelpreis erhalten. Sein Tod führte zu schweren Rassenunruhen. Sie erfaßten auch die Hauptstadt Washington, deren Bevölkerung zu über drei Vierteln aus Schwarzen besteht. Ganze Stadtteile wurden geplündert und gerieten in Brand. Bill Clinton und eine Kommilitonin stellten sich dem Roten Kreuz zur Verfügung und fuhren Noteinsätze in Bills Auto, an dessen Seite ein großes rotes Kreuz klebte. Auf diese Weise erlebte er jene Tage hautnah, die das Land aufrührten.

Am Ende des Jahres, als er den ersten Teil seiner Studien gerade abschloß, wurde er von seinen Professoren aufgefordert, sich um ein Rhodes-Stipendium zu bewerben, was ihn, trotz seiner guten Leistungen, ungläubig reagieren ließ. Rhodes-Stipendiaten sind nämlich ein illustres, auserwähltes Grüppchen von Erfolgreichen, die in England studieren dürfen. Das Stipendium war 1902 nach dem Tode von Cecil John Rhodes gegründet worden, der sein Vermögen mit Diamanten in Südafrika erworben hatte. Bill Clinton glaubte zwar nicht an einen Erfolg, aber es war ihm ein entscheidender Ansporn, daß sein Mentor, Senator Fulbright, ebenfalls ein Rhodes-Stipendiat gewesen war. So bewarb er sich und stellte sich einem anstrengenden Auswahlverfahren, bei dem er auch ein bißchen Glück hatte. Seine letzte Prüfung sollte in New Orleans stattfinden. Auf dem Weg dorthin kaufte er sich ein »Time«-Magazin und las einen Artikel über Herztransplantation. Genau das war dann eine der Prüfungsfragen. Er erhielt das Stipendium für die Universität Oxford.

Auf der Schiffsreise lernte er den Harvard-Professor Robert Reich kennen, dem er über seine Seekrankheit hinweghalf. Er ist heute Arbeitsminister im Kabinett Clinton.

Die Gruppe der Rhodes-Studenten reiste aus einem Land, das sich wegen des Vietnam-Krieges in tiefstem Aufruhr befand, in eine davon unberührte, friedliche, akademische Welt. Bill Clinton stellte sich, wie viele seines Jahrganges, gegen den Krieg und hat das später auch nie verhehlt. Um alles in der Welt wollte er einem Einsatz in Vietnam entgehen. Damals herrschte in den USA noch Wehrpflicht, und über die Reihenfolge entschied das Los. Das Studium der amerikanischen Studenten litt unter der dauernden Ungewißheit darüber, ob und wann man einberufen werden würde. Bill Clinton widerfuhr das Glück, eine sehr hohe Losnummer gezogen zu haben, die es unwahrscheinlich machte, daß es ihn treffen würde. Dennoch entwickelte sich »Vietnam« zu einem dunklen Flecken auf Clintons weißer persönlicher Weste.

Am 3. Dezember 1969 schrieb er einen bemerkenswerten Brief aus Oxford an den zuständigen Oberst der Wehrbehörde. Darin erklärte er, daß er den Krieg zwar für unmoralisch und sinnlos halte, aber dennoch eine Einberufung akzeptiere, um »meine politische Glaubwürdigkeit innerhalb des Systems zu erhalten«. Zu diesem Zeitpunkt befand er sich jedoch wegen seiner hohen Losnummer bereits außer Gefahr. Da war es ein leichtes, seine Bereitschaft zu erklären. Von seinen Gegnern ist ihm das stets als berechnender Opportunismus ausgelegt worden, und es hat später zu der bohrenden Frage nach seinem Charakter geführt.

Nicht recht geklärt ist auch bis heute, ob er versucht hatte, über Beziehungen dem Einsatz im Vietnamkrieg zu entgehen. Im Wahlkampf machte ihm diese Episode später schwer zu schaffen. George Bush griff sie in der entscheidenden Phase, als er schon mit dem Rücken zur Wand stand, immer wieder auf und zeichnete seinen Gegner als einen Vaterlandsverräter, der im Ausland gegen den Vietnamkrieg protestierte, während seine braven Altersgenossen ihr Leben riskierten. Das war grob übertrieben, aber nicht ohne Wirkung. Jedenfalls überstand Bill Clinton seine beiden Oxford-Jahre unbehelligt. Er hatte in dieser Zeit die Gelegenheit genutzt, sich umfassend zu bilden. Entgegen seiner sonstigen wohlgeplanten Zielstrebigkeit hatte er sich in der kultivierten Atmosphäre der Eliteuniversität treiben lassen. Später meinte er, daß er aus dieser Zeit intensivster Lektüre so viel herausgeholt habe wie nur irgend möglich.

Sein bester Freund in dieser Zeit wurde übrigens Strobe Talbott, der Chefkorrespondent bei »Time« war. Heute bekleidet er das Amt eines Sonderbotschafters im Außenministerium und Beraters des Präsidenten für den Bereich der ehemaligen Sowjetunion. Alte Freundschaften sind Clintons Spezialität.

Die Oxford-Zeit hätte er gerne nach einem weiteren Jahr mit einem Examen abgeschlossen, aber es kam anders. Die renommierte Yale-Universität bot ihm ein Stipendium für das Studium der Rechte an. Dieser Versuchung konnte er bei aller Liebe zu Oxford nicht widerstehen, zumal er sehr an einem Rechtsexamen interessiert war.

Und so zog er in die »britischste« Ecke der Vereinigten Staaten – nach Neuengland. Ihre für den mittellosen Bill schmerzhafteste Eigenschaft war ihre Kostspieligkeit. Im Gegensatz zu Oxford reichte das Stipendium bei weitem nicht aus. Wie zuvor in Georgetown mußte er sich Gelegenheiten suchen, Geld zu verdienen. So arbeitete er zugleich in drei verschiedenen Jobs. Trotz dieser Belastung knüpfte er seine ersten Beziehungen zur Demokratischen Partei an.

Neben seinem wichtigsten politischen Kontakt entwickelte sich in dieser Zeit auch seine entscheidende menschliche Beziehung: Er traf, im Jahre 1971, Hillary Rodham.

Ihre Herkunft und Erfahrung entsprachen so gar nicht jenen Bill Clintons. Ein Jahr jünger als er, war sie wohlbehütet aufgewachsen. Sie hatte das berühmte Wellesley College bei Boston absolviert, das nur Mädchen zuläßt; ihr Studium der Psychologie und Politischen Wissenschaft hatte sie mit Auszeichnung beendet. In Yale besuchten sie die gleichen Vorlesungen.

Wie sie sich nun endgültig kennengelernt haben, darüber gibt es mehrere Versionen. Sogar die von ihnen selbst erzählten stimmen nicht überein, von jenen der Freunde ganz zu schweigen. Bill will nur seiner Mutter gesagt haben: »Hillary oder keine.« Also Hillary.

1972 unterbrachen beide ihre Studien und gingen drei Monate nach Texas, um dort für den demokratischen Präsidentschaftskandidaten George McGovern den Wahlkampf zu organisieren.

McGovern, ein liberaler Senator aus South Dakota, hatte die Nominierung seiner Partei mit seiner entschiedenen Ablehnung des Vietnam Krieges erhalten. Er entwickelte sich in den Augen Konservativer gleichsam zu einem Schreckgespenst des »Liberalismus«. Es ist schwer vorstellbar, wenn man ihn heute vor sich sieht: Aber Bill Clinton paßte als »langhaariger Liberaler« genau in die Schar der Jünger McGoverns, die mit großer Begeisterung für ihre Mission durch das Land zogen, aber den Kontakt zum Wählerwillen verloren und mit ihrem verehrten Kandidaten gegen den alten Fuchs Nixon sang- und klanglos untergingen.

Nach seinem Rechtsexamen erhielt Bill Clinton zwar gute Angebote aus der Hauptstadt, aber ihn zog es doch wieder in seinen

Heimatstaat Arkansas, dem er auf politischem Feld dienen wollte. Zunächst jedoch bemühte er sich - frisch examiniert - darum, Dozent an der Universität von Fayetteville zu werden. Auf die Vorhaltung, er sei mit sechsundzwanzig Jahren zu jung für die Position, antwortete er, daß er stets für alles zu jung war, was er tat. Im übrigen könne man ihn ja wieder rauswerfen, wenn er den Anforderungen nicht genüge. Auf dieser Grundlage wurde er Mitglied der Rechtsfakultät und unterrichtete annähernd Gleichaltrige. Zwar hätte er in Washington mehr verdienen können, aber ums Geld ging es ihm nie.

Hillary Rodham diente unterdessen im Stab des Untersuchungsausschusses im Repräsentantenhaus, der sich um die Aufhellung des Watergate-Skandals bemühte. Womöglich war es für die gescheite Juristin eine rasche Genugtuung, auf diese Weise so schnell wieder mit Richard Nixon in Kontakt zu kommen, der ihren Kandidaten bei der Wahl so vernichtend geschlagen hatte. Sie blieb bis zum Rücktritt Nixons im August 1974 bei dieser Tätigkeit. Danach folgte sie Bill Clinton nicht nur in dessen Heimatstaat Arkansas, sondern auch als Dozentin an die gleiche Universität.

Über Bill Clintons Fähigkeiten als Lehrer gibt es unterschiedliche Urteile. Während die Kollegen seine etwas laxen Auffassungen von akademischer Disziplin kritisierten, hatten die Studenten offenbar Freude an den ausschweifenden rechtsphilosophischen Diskussionen bei ihm. Er selber beschäftigte sich bereits intensiv mit einer politischen Karriere. So kündigte er schon drei Monate nach Lehrbeginn seine Kandidatur für einen Sitz im Repräsentantenhaus an. Er wurde auf überzeugende Weise von seiner Partei nominiert. Die Wahl verlor er denkbar knapp mit 48 zu 52 Prozent der Stimmen gegen den Amtsinhaber. Bereits in diesem Wahlkampf entwickelte er den Stil, der ihm in den folgenden Jahren seine Erfolge sichern sollte: Eine junge, dynamische Mannschaft kämpft begeistert für einen jungen, dynamischen Kandidaten. Clinton selber brachte seine glänzende rhetorische Gabe ein, seine Gedankenschnelligkeit, seine Anpassungsfähigkeit. Seine Niederlage war ehrenvoll und machte ihn umgehend in dem kleinen Arkansas bekannt. Mit ihr hatte er den Grundstein für eine beachtliche politische Karriere in seinem Heimatstaat gelegt. Er nahm seine Lehrtätigkeit wieder auf, ließ aber keinen Zweifel daran, daß er bei nächster Gelegenheit erneut ins Rennen gehen würde. Die Frage war nur, für welches Amt. In Arkansas jedenfalls galt er von nun an als politisches Wunderkind. Gerade achtundzwanzig Jahre war er alt.

Im Oktober 1975 entschlossen sich Hillary Rodham und Bill Clinton zu heiraten. Auf der Hochzeit, die im familiären Rahmen gefeiert wurde, verkündete er seine Absicht, im Jahr drauf wieder zu kandidieren. Einer der Hochzeitsgäste war der amtierende Justizminister von Arkansas. Da er im Begriff war, sein Amt aufzugeben, ermunterte er Bill Clinton, sich um seine Nachfolge zu bemühen. Die Republikanische Partei stellte keinen Kandidaten auf, so mußte er nur zwei Mitbewerber aus der eigenen Demokratischen Partei besiegen, was ihm auf überzeugende Weise gelang. Als er im Januar 1977 jüngster Justizminister in einem Bundesstaat wurde, zählte er gerade dreißig Jahre.

Er machte sich unverzüglich an die Reformen des Rechtssystems, gestützt von einem jungen, begeisterungsfähigen Stab. Zu seinem Stil gehörte von Beginn an eine ungewöhnliche Offenheit und Zugänglichkeit. Einmal lag Clinton diese Art der Amtsführung, zum anderen diente sie bereits dem Bau einer Basis für das nächsthöhere Ziel: Gouverneur. Schon im Jahr darauf war es soweit: Er stürzte sich in den Kampf um das höchste Amt im Bundesstaat. Die Bürger von Arkansas hatten offensichtlich nichts dagegen, es mit Jugend, Schwung, Idealismus zu versuchen, obwohl sie von Haus aus eher beharrlich, ja rückständig und Reformen abgeneigt waren. Dieser Widerspruch sollte Bill Clinton innerhalb kurzer Zeit einen bösen Absturz aus seinem geradlinigen Weg nach oben bescheren. Zunächst jedoch erntete er die Früchte harter politischer Arbeit. Mit seiner glänzenden Organisation errang er einen großartigen Wahlsieg, der womöglich noch höher ausgefallen wäre, hätte er die bedächtigen Bürger nicht mit allzuviel Perfektionismus etwas mißtrauisch gemacht.

Im Januar 1979 jedenfalls übernahm er als Zweiunddreißigjähriger das Gouverneursamt. Er begann seine Aufgabe mit viel Vorschußlorbeeren, vor allem in der Presse. Die Ära der Politbosse alten Stils, so hieß es, sei nunmehr vorüber. Mit dem ihm eigenen Elan widmete er sich sogleich seinem Lieblingsthema – der Erziehung. Sein Heimatstaat war rückständig, gab nur etwa halb so viel für das Bildungswesen aus wie der nationale Durchschnitt. Das wollte er ändern. Worin sich der forsche junge Mann verrechnet hatte, war das Gemüt seiner Landsleute. Die hielten nichts von Änderungen, schon gar nicht, wenn sie Geld kosteten. Als Bill Clinton die Gebühren für Autokennzeichen um die Hälfte erhöhen wollte, um damit dringend notwendige Reparaturen an den Straßen zu finanzieren; als er gar die Benzinsteuer anhob, wenn auch für einen noch so einsichtigen Zweck, wuchs das Grollen in der Bevölkerung. Ärger bekam er mit einigen im Land ansässigen Industrien, die er nicht genug unterstützte. Er verkrachte sich mit den Ärzten, die sich gegen die Gesundheitszentren wandten, die der neue Gouverneur in bedürftigen Gebieten einrichten ließ. Schließlich sorgte er auch auf seinem Lieblingsfeld, dem Erziehungswesen, für große Unruhe, als er Eignungstests für Lehrer einführen wollte. So sinnvoll das in einem Staat auch war, der auf dem untersten Platz in der amerikanischen Leistungsbilanz stand, damit wurden alte, liebgewonnene Angewohnheiten über den Haufen geworfen. Als er die Lehrergehälter anhob, hieß es nur, es sei nicht genug. So reihte sich eine Anzahl von Fehlschlägen aneinander, die den fortschrittlichen jungen Gouverneur, der seinen Staat so gerne voranbringen wollte, ins Straucheln brachten. Als dann Präsident Carter eine große Zahl kubanischer Flüchtlinge in Arkansas ansiedelte und unter ihnen sogar Aufstände ausbrachen, geriet Bill Clinton in ernsthafte Bedrängnis. Er konnte sein Abrutschen nicht mehr verhindern.

Die Amtszeit eines Gouverneurs dauerte damals nur zwei Jahre, viel zu kurz, um Entscheidendes durchzusetzen und Rückschläge auszubügeln. Clinton mußte einsehen, daß er zu vieles in zu kurzer Zeit gewollt hatte.

Bei der Wahl 1981 erhielt er die Quittung: Die gleichen Leute, die ihn hoffnungsfroh auf den Landesvater-Schild gehoben hatten, ließen ihn fallen und wählten ihn nach nur zwei kurzen Jahren wieder ab.

Dieser jähe Entzug politischer Liebesbezeugung traf den jungen, ehrgeizigen Gouverneur schwer und unerwartet. Hatte er doch nur das Beste für seinen Staat gewollt. Offensichtlich war er mit dieser Absicht für den Geschmack seiner eher behäbigen Mitbürger zu forsch vorgeprescht. Daneben spielte etwas anderes mit, das nicht so deutlich zutage trat, sich jedoch in den Köpfen der Leute festsetzte: Hatte Bill Clinton im Wahlkampf den Kontakt zu ihnen gesucht und gepflegt, so regierte er nunmehr über ihre Köpfe hinweg – als der jugendliche Besserwisser. Er wirkte arrogant und ehrgeizig. Nach seiner Niederlage gab er zerknirscht zu: »Ich habe den Menschen einfach nicht klargemacht, daß ich mich wirklich um sie sorge. Womöglich habe ich den Eindruck erweckt, zu vieles zu wollen, ohne sie daran zu beteiligen.« Diesen Fehler sucht er in den ersten Tagen seiner Präsidentschaft mit allen Mitteln zu vermeiden.

Seine Niedergeschlagenheit und Enttäuschung währte nicht lange. Er legte seine knappe Wahlschlappe als einen Denkzettel aus, auf dem das Rezept für ein Comeback geschrieben stand. Bereits ein Jahr danach baute er seine Organisation wieder auf und bereitete sich auf den Wahlkampf vor, den er auf überzeugende Weise gewann. Im Januar 1983 kehrte er wieder in die schmucke Gouverneursvilla zurück. Vor ihm lag ein Jahrzehnt ungewöhnlich intensiver Regierungsarbeit, das im modernen Amerika keine Parallele kennt.

Schon in seiner Rede zur Amtsübernahme gab er sich wieder als der Mann des Wandels und der Reform. In leicht veränderter Weise knüpfte er dort an, wo er aufgehört hatte. Er predigte seinen Mitbürgern seine alte Überzeugung: »Auf lange Sicht ist Erziehung der einzige Schlüssel für unser wirtschaftliches Wiederaufleben und unser dauerndes Streben nach Wohlergehen.« Diese Worte waren im rückständigen Arkansas in der Tat angebracht, einem Staat, der nicht etwa auf den letzten Platz unter den fünfzig Bundesstaaten zurückgefallen war, sondern ihn traditionell immer innegehabt hatte. Nirgends zahlte der Bürger so wenige Steuern und erhielt demzufolge auch so wenige Leistungen vom Staat, ganz besonders von seinen archaischen Bildungseinrichtungen. Für Bill Clinton begann ein jahrelanger Kampf im Senat und Repräsentantenhaus der Hauptstadt Little Rock. Siege und Niederlagen wechselten einander ab; er wurde zu einem Meister des Kompromisses, lernte die Finten des politischen Kleinkrieges um die jeweiligen Interessen.

Zu Clintons Bildungsreform gehörten eine höhere Lehrerbesoldung (dafür aber auch eine bessere Leistung), der Zwang für Eltern, in Lehrersprechstunden zu gehen oder fünfzig Dollar Buße zu zahlen, Gesundheitszentren in öffentlichen Schulen, Erwachsenen- und Berufsbildung. Besonders schmerzhaft war im Autoland USA eine Maßnahme, die er am Ende seiner Regierungszeit durchsetzte: Kinder, die das Schulziel nicht erreichten, durften keinen Führerschein machen, den die Sechzehnjährigen als Statussymbol betrachten.

Einen zähen Kampf erforderte die Durchsetzung eines Lehrertests, gegen den sich vor allem die Lehrer standhaft wehrten. Die Mehrheit von ihnen hätte auf höhere Bezahlung und bessere Schulen verzichtet, nur um die Prüfung zu umgehen. Aber nach fünf Jahren, 1985, war der Widerstand gebrochen, wurden die ersten Tests durchgeführt, denen immerhin 1300 Lehrer zum Opfer fielen. Die Lehrerexamen waren eine Neuheit in Amerika und wurden bald von vielen anderen Staaten übernommen.

Die entscheidende Überzeugungsarbeit leistete Hillary Clintons Erziehungskommission. Die Frau des Gouverneurs reiste unermüdlich durch das Land, sammelte Fakten, redete und setzte neue Standards: mehr Schultage, mehr Schulstunden, mehr Schulzeiten. Sie warb mit ihrer Kampagne unter dem Namen »Blaues Band« für die Ziele ihres Mannes. Am Ende wurden die Politiker im Landesparlament nicht von Clinton überzeugt, sondern von der Bevölkerung, die den klug vermittelten Ansichten der Gouverneursgattin offener gegenüberstand.

Hillary Clintons Erziehungskommission in Arkansas entspricht, wenn auch in kleinerem Rahmen, der Gesundheitskommission, die sie mit Beginn der Clinton-Präsidentschaft übernahm. Was damals im Bundesstaat als schier unlösbare Aufgabe galt, ist es heute auf nationaler Ebene. Nur sollte es nicht überraschen, daß Hillary Clinton es sich zutraut und womöglich genau die Richtige für dieses Unterfangen ist.

Während seiner Jahre in Little Rock erwarb sich Bill Clinton den Ruf eines »Erziehungsgouverneurs« mit wachsendem nationalem Ansehen. Ironischerweise erhob gerade jener Mann, den er später im Rennen um die Präsidentschaft besiegen sollte, George Bush, den Anspruch, der »Erziehungspräsident« zu werden. Aber ausgerechnet auf diesem Feld hat Bush seinen vollmundigen Worten keinerlei Taten folgen lassen.

Bill Clinton hat seine Gouverneurszeit zielstrebig genutzt, um sich auf nationaler Ebene einen Namen zu machen. Nicht so sehr in der Bevölkerung, die sich nicht sonderlich um einen Kleinstaaten-Gouverneur scherte, wohl aber im Bewußtsein der politischen Klasse.

Vor allem seine rhetorischen Fähigkeiten trugen ihm die Ehre ein, auf dem Parteitag der Demokraten 1984 als Redner aufzutreten. Im Jahr darauf antwortete er im Namen der Demokraten auf Ronald Reagans Rede zur Lage der Nation. Da sowohl die Präsidentenrede als auch die Antwort von allen großen Fernsehgesellschaften übertragen werden, gab ihm das einen mächtigen Popularitätsschub. Kein Wunder, daß er zu dieser Zeit zum ersten Mal – sozusagen hinter vorgehaltener Hand – als Präsidentschaftskandidat gehandelt wurde.

1986 wurde er zum Vorsitzenden der Vereinigung der Gouverneure gewählt. Seine neunundvierzig Kollegen erkoren ihn etwas später zum erfolgreichsten Gouverneur der USA.

Nicht alles lief indessen glatt: Als er 1988 auf dem Parteitag der Demokraten die zentrale, programmatische Rede halten sollte, geriet sie ihm so lang, daß er allgemeinen Unmut auslöste und die Nominierung des Kandidaten der Partei, Michael Dukakis, endlos verzögerte. Hohn und Spott mußte er danach ertragen, aber er überstand auch das, weil er sich den Vorwürfen stellte und mit gewissem Humor reagierte, was Amerikanern immer gefällt.

Der Trend zeigte weiter nach oben.

1990 stellte sich die Frage, ob er nach vier Amtszeiten, eine an sich schon völlig ungewöhnliche Dauer, eine fünfte anstreben sollte. Viele seiner Freunde und Berater waren dagegen, weil er sich in Arkansas nach einer recht erfolgreichen Periode nicht weiter profilieren, sondern eher abnutzen würde. Die Zeit für nationale Aufgaben sei reif. Bill Clinton entschied sich wieder für sein Arkansas und wurde prompt gewählt. Die Amtszeit war mittlerweile auf vier Jahre verlängert worden, so daß er von 1991 bis 1995 hätte regieren sollen. Wieder hatte er einen Rekord aufgestellt.

Was ihr Gouverneur in diesen vier Jahren mit ihnen vorgehabt hätte, erfuhren die Bürger nie. Die Präsidentschaft kam dazwischen.

Bill

Hatte Bill Clinton eine außereheliche Affäre?

Drückte er sich mit unlauteren Mitteln um den Einsatz im Vietnamkrieg?

Hängte er sein politisches Mäntelchen nach dem Wind?

War er am Ende doch der »Slick Willie«, der schlüpfrige, der glatte Willie ohne Kanten und Profil?

Dies alles waren die sogenannten Charakterfragen, die vor allem in der frühen Phase des Wahlkampfes die öffentliche Diskussion maßgeblich beeinflußten. Sie ist bis heute nicht verstummt. So ganz trauen ihm auch viele von denen nicht über den Weg, die ihn gewählt haben.

»Es läuft doch schließlich alles darauf hinaus«, so hatte George Bush immer wieder betont, »wem du traust«. Womit er auch meinte, wem der Wähler das Land anvertrauen wolle. Der entschied sich dann überraschenderweise für den Neuen. In einer Umfrage von »Time«, zwei Monate vor der Wahl, hatten fast genauso viele Amerikaner Vertrauen zu Clinton wie zu Bush. So spielte diese Frage in der entscheidenden Phase schon keine Rolle mehr.

Die Charakterisierung Bill Clintons als »Slick Willie« schreibt sich sein konservativer Kritiker Paul Greenberg zu, Kommentator der einzigen Tageszeitung in der Landeshauptstadt Little Rock. Sie erinnert an einen ähnlichen Begriff, der George Bush in der frühen Phase des Wahlkampfes anhaftete und eine ebenso beharrliche Wirkung hatte: »wimp«, was so viel heißt wie Schwächling. Solche Stigmatisierungen graben sich wie Pfeile mit Widerhaken ein.

Bill Clinton stellte später fest, daß er in den ersten Monaten des Wahlkampfes auf der »nationalen Couch« gelegen habe und von selbsternannten Psychologen untersucht worden sei, ohne daß viel danach gefragt wurde, was er geleistet habe und durchsetzen wolle.

Als die obskure Nachtclubsängerin Gennifer Flowers den Vorwurf erhebt, Bill Clinton habe zwölf Jahre hindurch mit ihr ein außereheliches Verhältnis gehabt, ist das ein gefundenes Fressen nicht nur für die Boulevardpresse. Auch in gestandenen Fernsehsendungen darf sie live auftreten und sich zu einer Anklägerin in Sachen Moral machen. Bill Clinton hat große Mühe, sich zu wehren. Auch deshalb, weil er es sich gar nicht leisten kann, sich in die Niederungen einer Schmuddelgeschichte zu begeben. Was die Wahrheit betrifft, so sprechen eine Reihe von Fakten gegen die Anschuldigungen. Einer der Biographen Bill Clintons, Jim Moore, nennt gar den Namen eines politischen Gegners des Gouverneurs, der die ganze Episode inszeniert haben soll.

Da in Amerika nun einmal die ganze Familie, vor allem die Ehefrau eines Kandidaten für ein politisches Amt mit in den Ring steigen muß, kann er sich diesen Fragen nicht entziehen. 1984 zum Beispiel stolperte der Präsidentschaftskandidat Gary Hart über seine Affären.

Bei Bill Clinton beschränkten sich die Vorwürfe der Untreue nicht auf Gennifer Flowers, wenn auch keine anderen Namen genannt wurden. Daß sie nicht völlig aus der Luft gegriffen waren, bewies sein Verhalten. Auch wenn es ihn zutiefst irritierte, daß dergleichen etwas mit seinen politischen Fähigkeiten zu tun haben sollte, stellte er sich, zusammen mit seiner Frau, den Fragen. In der populären Fernsehsendung »60 Minutes« erklärten sie offen, daß sie

Eheprobleme gehabt, diese aber untereinander ausgeräumt hätten. Sie machten jedoch ebenso klar, daß es für sie Grenzen gebe, daß bestimmte Dinge ihres privaten Lebens niemanden etwas angingen, schon gar nicht die Öffentlichkeit. »Ich habe wirklich Schwierigkeiten mit dieser angeblichen Forderung moderner Politik, daß man sein persönliches Leben in peinigender Weise zu diskutieren hat«, so Bill Clinton. Für ihn und seine Frau war dieser Auftritt in doppelter Hinsicht ein Triumph: Zum einen überzeugten sie mit ihrer Offenheit, zum anderen beeindruckten sie Millionen von Menschen, dic sic vorher kaum kannten.

Der Vorwurf, Bill Clinton habe sich vor dem Einsatz im Vietnamkrieg gedrückt, wog schwerer. Man muß sich vor Augen halten, daß seit Ronald Reagan das Militär wieder etwas galt, sich von der gedrückten Stimmung nach Vietnam befreit hatte. Wer die Siegesparade nach dem Golfkrieg miterlebt hat, kann ermessen, was es bedeutet, als Drückeberger zu gelten. Da spielt es keine Rolle mehr, daß der Vietnamkrieg einmal die Nation gespalten hat und nur wenige gern in diesen Krieg zogen. Allerdings galten die öffentlichen Angriffe weniger der Tatsache, daß Bill Clinton nicht in diesen Krieg wollte, als vielmehr der Art, wie er zu verschleiern suchte, was er unternommen hatte, um der Einberufung zu entgehen. Nur stückchenweise und auf hartnäckiges Befragen rückte er mit der Wahrheit heraus. Dieses Verhalten trug ihm in Meinungsumfragen das Urteil »unaufrichtig« ein. Der Grund dafür mag aber woanders liegen.

Ebenso wie Ronald Reagan, aber ganz anders als George Bush, hatte Bill Clinton keine homogene Jugend. Die Zeit mit seinem Stiefvater, dessen Alkoholismus und Gewalttätigkeit ließen ihn früh in eine Erwachsenenrolle schlüpfen und reif werden. Ihm wurde die Unbefangenheit der Teenagerjahre genommen. Er selber sagte einmal, er sei mit sechzehn bereits vierzig gewesen. Ausgeglichen hat er das mit seinen ehrgeizigen Leistungen in der Schule. Da er zu Hause keine Konflikte ertragen konnte, war er stets auf Ausgleich bedacht. Daraus wird nun vielfach seine Kompromißbereitschaft abgeleitet, sein Talent zu schlichten, das ihm später in seiner Partei sehr zugute kam. Die Rolle als vorzüglicher Schüler hingegen soll seinen Idealismus geprägt haben.

Zumindest in diesem letzten Punkt sieht es Bill Clinton selber etwas anders. Er betrachtet es als Glück, ein Kind der aufwühlenden sechziger Jahre zu sein. »Das Gute war, daß die Menschen in den Sechzigern sich wirklich umeinander kümmerten, sich um Bürgerrechte und Armut sorgten; Dinge besser machen wollten, sich als ein Teil eines größeren Ganzen sahen, mit Verantwortung nicht nur sich selbst, sondern auch anderen gegenüber.« Er habe sich immer bemüht, das Wertvolle aus den sechziger Jahren zu bewahren. Und so sei er immer noch so idealistisch wie als Student. Aus jener Zeit stammt aber auch seine Überzeugung, daß der Staat im sozialpolitischen und wirtschaftlichen Bereich gestalten kann und muß. Er nimmt damit die klassische Gegenposition zu den Konservativen ein. Während Ronald Reagan sagt: der Staat *löst* kein Problem, er *ist* das Problem, glaubt Bill Clinton an die Machbarkeit.

Es ist so manches Negative über Bill Clinton geredet worden, aber kaum jemand hat ihm Zynismus vorgeworfen, jene Eigenschaft, ohne die Politiker angeblich nicht auskommen. Selbst mit Ironie hat er seine Schwierigkeiten. Insofern ist er von seiner Persönlichkeit her der Antipode zu Richard Nixon. Er ist zwar für harten Wettbewerb, aber der darf nie in Haß ausarten. Seine idealistische Einstellung hat nicht verhindert, daß er beachtliche Nehmerqualitäten entwickelt hat. Jeden Rückschlag hat er stets als eine Herausforderung angesehen. Dieser Haltung verdankt er das Urteil, ein »unheilbarer Optimist« zu sein. So sieht er sich auch.

Als Bill Clinton sein berufliches Leben begann, stellte er eine seltsame Mischung aus Unter- und Oberklasse dar. Aufgewachsen in ländlich-ärmlicher Umgebung und schwierigen Familienverhältnissen – ausgebildet in den Eliteuniversitäten der Vereinigten Staaten und Großbritanniens. Diesen Gegensatz zu verkraften, dazu gehört Standfestigkeit und eine tiefe Verwurzelung. Bill Clinton hat aus seiner Anhänglichkeit nie einen Hehl gemacht; das betraf die Nähe zu seiner Mutter ebenso wie die zu seinem Heimatstaat. Viele haben diese »Doppelrolle«, die für ihn ganz selbstverständlich war, nicht begreifen können. Er selber berichtet, daß ihm auf seinen Wahlkampfreisen immer wieder Menschen begegnet seien, die fest davon überzeugt waren, daß er aus reichen Verhältnissen stammen müsse.

Bill Clinton hatte sichtbar Schwierigkeiten, sich von Little Rock zu verabschieden, was nicht nur daran lag, daß er ein erfolgreiches politisches Wirken aufgab. Er hing sehr an den Freunden, Nachbarn und Bekannten, mit denen er ungezwungen umgehen konnte, während in Washington ein bewachtes und reguliertes Leben auf ihn wartete. Plötzlich würde es schwierig sein, morgens beim Joggen einen Kaffee aus dem Schnellimbiß zu holen und mit den Leuten zu schwatzen. Oder jemanden kräftig zu drücken, wie es so seine Art ist. Im Wahlkampf war er der Kandidat zum Anfassen, als Präsident steht ihm immer ein Sicherheitsbeamter im Wege. Trotzdem versucht er, seine Stärke, den persönlichen Kontakt, weiter auszuspielen.

Viel mehr als seine beiden Vorgänger ist Bill Clinton dem Religiösen verhaftet. An seiner frühen Entscheidung für die Baptisten hat er nichts geändert. Er besuchte regelmäßig die Kirche, selbst nachdem er Gouverneur geworden war. Auf Drängen seiner Frau schloß er sich sogar dem Kirchenchor an. Seinen Pfarrer von damals bezeichnet er als eines seiner Vorbilder, obwohl der ein alter Konservativer war und Clinton als »linker« Feuerkopf galt. Ein gut Teil Konservatives steckt auch im heutigen Präsidenten.

Eine der schwierigsten Situationen, die er als Gouverneur durchzustehen hatte, betraf seine eigene Familie. 1984 beobachtete die Polizei, wie sein Bruder Roger mit Drogen handelte. Bill Clinton wurde gefragt, ob man ihn so behandeln solle wie jeden anderen, bei dem man glaube, er verkaufe Drogen nur, um sich selbst zu versorgen. Dann würde man ihn fünf Wochen beobachten, um herauszufinden, wer ihn beliefere. Bill Clinton stimmte zu und saß sechs Wochen auf dem Geheimnis. »Ich wußte nicht, ob mir mein Bruder oder meine Mutter jemals verzeihen würden. Aber ich mußte als Gouverneur handeln, nicht als Bruder oder Sohn.«

Schließlich wurde Roger festgenommen. Ein Jahr verbrachte er im Gefängnis. Dann besuchte die Familie die Drogenberatung, und es gelang, seine Abhängigkeit zu kurieren.

Der Alkoholismus des Stiefvaters, die Drogenabhängigkeit des Stiefbruders hätten ihn fast so sehr beeindruckt wie die Geburt seines Kindes, erklärte Bill Clinton. Er selber ist zwar kein erklärter Antialkoholiker, aber er beläßt es bei einem Bier, das er hin und wieder trinkt.

Wie die Beziehung zwischen Bill und Hillary ist, wissen wenige und kann von Außenstehenden nicht ernsthaft beurteilt werden. Er hat sich in Interviews geradezu euphorisch über sie geäußert. Aber was sollte er schon sagen? Fest steht, daß er ihre Kompetenz über die seiner meisten Mitarbeiter stellt. Und sie hat bewiesen, daß er damit recht hat. Im Urteil der Öffentlichkeit ist ihr Ansehen mittlerweile erheblich gestiegen; und die anfängliche Irritation über ihr Engagement in der Regierungsarbeit ist gewichen. Und das unabhängig davon, ob sie ihre schwierige Aufgabe einer Gesundheitsreform lösen kann oder nicht.

Bill Clinton wird nicht müde zu betonen, wie eng sein Verhältnis zur Tochter Chelsea sei. In der Tat gibt es dafür zahllose Beweise. Aus den schlimmen Erfahrungen der Carters klug geworden, die ihre Tochter Amy geradezu ins Rampenlicht schoben, schirmen die Clintons ihr Kind so gut es geht von der Öffentlichkeit ab. Dieses Bemühen führte zu einer gewissen Empörung darüber, daß Chelsea nicht in eine öffentliche, sondern in eine sehr geachtete private Schule eingewiesen wurde, als die Familie nach Washington zog. Wie vertrug sich das mit Bill Clintons Erziehungsideal, daß alle die gleiche Chance haben müßten? Die Clintons haben die Gründe für ihre Entscheidung nie ausführlich öffentlich diskutiert, sondern lediglich gesagt, daß sie nach langen Überlegungen zu diesem Entschluß gekommen seien. Die Abgeschlossenheit der Schule hat aber mit Sicherheit eine große Rolle gespielt. Bill Clinton berichtet in einem Interview, wie er seine Tochter auf die rauhe Wirklichkeit vorbereiten wollte und sie ihm nur antwortete, er könne sich gar nicht vorstellen, was für schlimme Dinge in ihrer Schule über ihn die Runde machten.

Ronald Reagan hatte sich längst nicht einer so drastischen Ausforschung unterziehen müssen wie Bill Clinton. Der beansprucht nunmehr, an seinen Taten gemessen zu werden.

Der unmögliche Wahlsieg

An einem heißen Augusttag 1991 verkündete ein kecker Bill Clinton einer kleinen Presseschar und damit der verdutzten Öffentlichkeit, daß er daran denke, Präsidentschaftskandidat zu werden. Auf die Frage, ob er denn wirklich glaube, er könne George Bush schlagen, meinte er: »Wenn die Wahl morgen wäre, ganz bestimmt nicht. Aber es hat ja seit langem keiner mehr eine Alternative aufgezeigt.«

Am 3. Oktober hatte er sich endgültig entschieden und meldete als fünfter Bewerber seinen Anspruch darauf an, Präsidentschaftskandidat seiner Demokratischen Partei zu werden. »Daß es nur jeder verstehe: In dieser Wahl geht es um Wandel. Die Regierung hat Angst, sich zu wandeln, während es doch die ganze Welt tut. Das Land treibt rasch in die falsche Richtung, verliert den Anschluß, verirrt sich – und Washington verharrt gelähmt im Status quo.«

Zwei Monate später erklärt er die Grundzüge seines Programms: Steuererleichterung für die Mittelklasse; Steueranreiz für jeden Betrieb, der neue Arbeitsplätze schafft; höhere Steuern für die Reichen; Abbau des Defizits; Krankenversicherung für alle Amerikaner. Mit diesen Marksteinen steckt er einen Kurs ab, den er stur verfolgt und nicht wieder verläßt: Es geht um die Wirtschaft und sonst nichts!

Man nahm das zur Kenntnis, fand es womöglich vernünftig, gab ihm aber keine Chance. Interessanter war da schon, daß dem Kandidaten zu diesem Zeitpunkt bereits vorgeworfen wurde, er habe seine Frau betrogen. George Bush, der den Gouverneur ansonsten sehr schätzte, sowie seine Wahlstrategen rechneten darauf, daß die Vorwürfe gegen Clinton diesen ohne großes Zutun als Gegner erledigen würden.

Bill Clinton fand sich in einem mittelmäßigen Bewerberfeld seiner Partei wieder. Er war unter Unbekannten noch der Bekannteste. Die Schwergewichte der Demokraten waren im Bewußtsein einer sicheren Niederlage gegen den populären Amtsinhaber gar nicht erst angetreten. Der Fraktionsvorsitzende im Repräsentantenhaus, Dick Gephardt, und der beliebte Senator Al Gore zum Beispiel hatten sich gleich auf 1996 konzentriert. Der Mann, dem man am ehesten zugetraut hätte, in das Weiße Haus einzuziehen, war der New Yorker Gouverneur Mario Cuomo. Der zierte sich aber primadonnenhaft bis eine Stunde vor dem Abgabetermin der Bewerbung, um dann zu verzichten.

Schon früh im Wahlkampf sprangen die ersten Mitbewerber wieder ab. Clinton hatte das Glück, daß er die schweren Krisen seiner Wahlkampagne (die Vorwürfe der Untreue und der Drückebergerei im Vietnamkrieg) bereits sehr früh überwand und das Interesse sich doch mehr und mehr dem zuwandte, was er sachlich anzubieten hatte. Zudem führte er einen Wahlkampf ohne Tiefschläge, auf die George Bush meinte nicht verzichten zu können, auch wenn sie überhaupt nicht seinem Naturell entsprachen.

Bei der ersten Vorwahl im Bundesstaat New Hampshire wurde er trotz seiner Affären überraschend Zweiter. Spätestens von da an wußten seine Mitbewerber, daß man ernsthaft mit ihm rechnen mußte. Bereits im März waren die meisten von ihnen – hauptsächlich aus Geldmangel – aus dem Rennen ausgestiegen. Nur Jerry Brown, der einmal als Nachfolger von Ronald Reagan acht Jahre lang Gouverneur in Kalifornien war, hielt durch. Er propagierte ein sympathisch-ehrliches Programm, das am liebsten die ganze Gesellschaft umgekrempelt hätte, aber keine Aussicht auf Erfolg hatte. Bis zum letzten Moment betätigte er sich als Störenfried. Es gelang ihm sogar durch eine Provokation, die sonst so beherrschte Hillary Clinton etwas aussprechen zu lassen, was sie womöglich gar meinte, aber sogleich bereute. Er beschuldigte Bill Clinton, seiner Frau und ihrer Anwaltsfirma Staatsaufträge zugeschanzt zu haben, was sie als Angriff auf ihre Berufstätigkeit ansah und kontern ließ: »Ich hätte ja auch zu Hause bleiben, Plätzchen backen und Teestunden geben können.« Das verursachte einen kleinen Aufruhr in manchen Frauenkreisen. Hillary Clinton wurde vorgeworfen, sich gegen jene Frauen auszusprechen, die nicht berufstätig seien, und damit die sogenannten »Familienwerte« zu mißachten, die später im Wahlkampf eine große Rolle spielen sollten. Die Wahlhelfer hatten alle Mühe, diesen Schaden auszubessern, war ihr Kandidat doch auf die Frauenstimmen angewiesen.

Wie scheinbar nebensächliche Äußerungen oder Begebenheiten ein großes Gewicht erhalten können, zeigte auch ein anderes Beispiel. Bill Clinton wurde zu Recht vorgeworfen, er spiele in einem Club Golf, der keine Schwarzen zulasse. Er versicherte, daß ihm das nicht bewußt gewesen sei, und versprach, dort nie wieder zu spielen. Die Schwarzen, die traditionell den Demokraten zuneigen, durften nicht verärgert werden.

Am 8. Juli 1992 machte Bill Clinton den Spekulationen, wen er als Kandidaten für den Vizepräsidenten benennen würde, ein Ende. Im Garten seiner Residenz in Little Rock präsentierte er Senator Al Gore aus Tennessee, also auch einen Südstaatler. Seine Wahl wurde ziemlich einhellig als ein glänzender Schachzug angesehen, denn Al Gore personifizierte all das, was Bill Clinton von vielen Amerikanern abgesprochen wurde: absolute Integrität und Glaubwürdigkeit. Außerdem war er einer der wenigen führenden amerikanischen Politiker mit überzeugenden Vorstellungen zur Umweltpolitik. Überdies band Clinton auf lange Sicht einen Rivalen um seine Wiederwahl. Gores Frau Tipper schließlich hätte alle Chancen, jeden Beliebtheitstest zu gewinnen, und stellte eine gemütvolle Ergänzung zu der eher intellektuellen Hillary Clinton dar. Dieses Quartett sollte sich später als unschlagbarer Stimmenfänger erweisen.

Vom 13. bis zum 17. Juli 1992 fand im Madison Square Garden in New York der Nominierungsparteitag der Demokraten statt. Es war eine glanzvoll inszenierte Veranstaltung, die vor allem ein Ziel hatte (und auch erreichte), nämlich die Einheit der Partei überzeugend darzustellen. Man hatte aus dem letzten Parteitag dic Lehren gezogen, als der Kandidat Michael Dukakis sich der dominanten Rolle des Wortführers der Schwarzen, Jesse Jackson, und dessen zündenden Reden zu widersetzen hatte. Dieses Mal durfte es neben Bill Clinton niemanden geben.

Das Konzept ging auf. Im Madison Square Garden herrschte fünf Tage lang qualvolle Enge, Journalisten konnten nur in Schüben eingelassen werden, aber der herrschende Trubel und das Gedränge schufen ein familiäres Zusammengehörigkeitsgefühl. Was wie falsche Planung und Chaos wirkte, war eine wohlüberlegte Strategie. Wer einen Monat später die Parallelveranstaltung der Republikaner im monumentalen Astrodome in Houston miterlebte, verstand den Sinn der Enge.

Ein anderes Beispiel für perfekte Regie: Traditionell taucht der Kandidat erst am letzten Tag des Parteitages auf, um seine Nominierung mit Rede und Triumph entgegenzunehmen. Bill Clinton jedoch durchbrach diese Regel und erschien spontan zum unbeschreiblichen Jubel der Delegierten bereits am Vorabend in der Halle. Zu einer Zeit, als alle Fernsehstationen übertrugen. War das schon verdächtig, so kamen erst recht Zweifel an der Spontaneität auf, als überall auf dem Weg in die Halle Kameras standen und Bill Clinton, Frau Hillary und Tochter Chelsea an der Hand, verfolgten. Die Inszenierung war die Idee zweier Hollywood-Profis, des Fernsehproduzenten Harry Thomason und seiner Frau Linda Bloodworth-Thomason; beide sehr enge Freunde der Clintons. Sie sorgten dafür, daß nichts dem Zufall überlassen wurde.

Der Abschlußabend gestaltete sich triumphal. Zwar hatte Bill Clinton mit seiner Rede, die 53 Minuten dauerte, einige Schwierigkeiten, als er ein paarmal aus dem Rhythmus kam und seine Stimme rauh wurde. Auch nervös sei er gewesen, gab er später zu. Das konnte nicht verwundern, wenn man sich vor Augen hält, wie er auf der riesigen Empore stand, umgeben von Kaskaden der Nationalfarben Blau, Weiß und Rot, vor sich eine jubelnde Menge, im Bewußtsein, daß er auf dem besten Wege war, Präsident der Vereinigten Staaten zu werden. Zu diesem Zeitpunkt führte er in den Umfragen bereits eindeutig vor George Bush. Aber das hatte sein Vorgänger Dukakis auch getan und dann versäumt, diesen Vorsprung zu sichern. Das sollte Bill Clinton nicht passieren.

Mitten in den Parteitag platzte noch dazu die gute Nachricht, daß der unabhängige dritte Kandidat, Ross Perot, verzichtete und indirekt Bill Clinton unterstützte. Besser hätte alles für den Mann aus Arkansas nicht laufen können. Bis Mitternacht feierte die Partei, als hätte sie eine Wiedergeburt erlebt. In der Tat waren in diesen Tagen die Hoffnungen groß, eine zwölfjährige Herrschaft der Republikaner im Weißen Haus zu beenden und mit jungen, unverbrauchten Politikern der Nachkriegsgeneration eine demokratische Epoche einzuläuten.

Wieder einmal – wie alle vier Jahre – wurde der seltsame Rummel um die Kandidatenkür als viel zu lang und langweilig empfunden, als zu aufwendig und unergiebig. Doch kann man sicher sein, daß 1996 das Ritual wieder genauso ablaufen wird. Die Demokraten jedenfalls beendeten ihre politische Show in euphorischer Stimmung.

Die Clintons und Gores ruhten sich nicht auf ihren Lorbeeren aus, sondern begannen sofort mit der heißen Phase des Wahlkampfes. Da hatten sie aus den schlechten Erfahrungen des letzten demokratischen Kandidaten Dukakis gelernt, der nach dem Parteitag erst einmal Pause machte. Die Devise der Clinton-Strategen dagegen lautete: George Bush nicht einen Moment Ruhe gönnen.

Wie das bewerkstelligt wurde, konnte man nur begreifen, wenn man das Wahl-Hauptquartier in Little Rock von innen sah. Es begann bescheiden in einem verlassenen Malereigeschäft, aber schon bald erfolgte der Umzug in ein großes, altes, graues Gebäude, in dem einst die »Arkansas Gazette« saß, eine der beiden Zeitungen in der Stadt, die dann aufgeben mußte. Das Parterre war mehr für die Öffentlichkeitsarbeit hergerichtet. Da gab es den unvermeidlichen Souvenirladen mit Flaggen, Posters, T-Shirts mit den Konterfeis von Clinton und Gore, Becher, aus denen der Kaffee demokratisch schmeckte, natürlich die Aufkleber für die Stoßstange. Besonders witzig waren große, weiße Plastiksäcke, die man mit Müll füllen und an den Straßenrand stellen sollte und auf denen in riesigen blauroten Buchstaben Clinton-Gore stand. Auffallen ist alles.

Im mittleren Stockwerk durfte man sich umsehen, aber übermäßig lange wurde man nicht geduldet. Vielleicht herrschte Angst vor Spionage. Man kam sich vor wie in einem überdimensionierten Teenager-Zimmer. Der Raum war vollgestopft mit Computern, 275 an der Zahl, dazu gesellten sich 50 Faxgeräte und 600 Telefone. Hier setzte sich die alte Wahlkampfstrategie des Gouverneurs Clinton fort: junge, überaus engagierte Leute hatten sich aus allen Teilen des Landes eingefunden und schufteten für ihren Kandidaten. 350 bezahlte und 100 freiwillige Helfer hielten den Wahlkampf auf Touren und George Bush in Atem. Hatte man zunächst die Vorstellung belächelt, man könne einen hochmodernen Wahlkampf aus dem hinterwäldlerischen Little Rock leiten, so erwies sich bald, daß man kaum einen besseren Platz hätte finden können. Die Stadt ist so ereignisarm und langweilig, daß gar nichts andres übrig blieb, als sich rund um die Uhr mit dem Wahlkampf zu beschäftigen. Und Hochtechnologie funktioniert dort genauso gut wie in New York oder Washington.

Zwei Monate vor der Wahl kamen in Little Rock täglich 25000 Anrufe an. Wichtiger jedoch als das Telefon war das Fax. Es diente dazu, auf jede Regung des gegnerischen Lagers sofort mit Gegenerklärungen zu reagieren. Fax-Attacken nannten sie das. Kaum hatte das Bush-Lager sich zu einem Thema geäußert, schon wurden in kürzester Zeit Antworten an die Redaktionen von Zeitung, Radio- und Fernsehstationen gefaxt. Die wichtigsten Fernsehprogramme wurden 24 Stunden lang beobachtet.

Ein kleiner abgeschlossener Raum nannte sich »Radioland«. Dort saß ein junger Mann, der virtuos mit diesem Medium umgehen konnte. Er belieferte die Rundfunkstationen mit dem nötigen Material zu Themen, die sie behandeln wollten. 60 bis 70 Kurzaussagen der Kandidaten zu bestimmten Problemen wurden täglich an die mehrere tausend Rundfunkstationen im Land weitergegeben, so daß sie die Stellungnahme schon immer vorliegen hatten, bevor sie auf Sendung gingen. Wußte dieser Radiospezialist zum Beispiel, daß in Chicago eine Sendung über Gesundheitsreform anstand, so überspielte er der Station die richtigen Redeausschnitte. Oft bestimmte er durch das, was er aussuchte, den Inhalt einer Sendung.

»War room« - Kriegsraum, so hieß der Mittelpunkt der Wahlkampfzentrale. Hier residierte Clintons Chefberater James Carville, der Geist über allem. Morgens um sieben fand die Lagebesprechung für den Tag statt, und abends nach den Fernsehnachrichten zog man Bilanz. Es war ein täglicher Kampf mit Siegen und Niederlagen. Eine kleine elektronische Armee steuerte die Kandidaten fern, besser gesagt: ihr Programm.

Gleich nach dem Parteitag begannen Bill und Hillary Clinton mit Tipper und Al Gore jene Busreisen, deren altmodische Art die Leute so faszinierte, daß sie zu einem der überzeugendsten Wahlkampfmittel der letzten Jahrzehnte wurden. Sie schlossen an die Tradition der Zugreisen Harry S. Trumans an und führten in Etappen von mehreren Tagen durch verschiedene, sorgfältig ausgesuchte Gegenden der Vereinigten Staaten; vor allem durch solche, in denen die Demokraten unbedingt gewinnen mußten. Das Kandidaten-Quartett erschien in völliger Harmonie, teilte sich die Aufgaben, spielte sich die Bälle zu. Trotz des Anscheins einer ständigen Improvisation waren diese Busfahrten perfekt gesteuert. Der Konvoi bestand aus sieben oder acht Bussen, die sich als Schlange durch die Landschaft oder Städte wanden. Im ersten der engste Stab, im zweiten die Organisatoren, in den anderen die mitreisende Presse, die sich an dieses Nomadenleben erst einmal gewöhnen mußte, hatte sie doch seit Jahren die Wahlkämpfer per Flugzeug begleitet. Aber es gab kaum einen, der von dieser neuen Art der verbindenden Werbereise nicht beeindruckt war. Sie wird sich 1996 kaum wiederholen lassen, denn das Sicherheitsrisiko wird der Geheimdienst dann kaum mehr eingehen können. Es gilt dann, einen Präsidenten zu schützen, der sich nur zu gern unters Volk mischt.

Vor so manchem »spontanen« Stop kam schon per Funk die Vorwarnung in unseren, den siebenten und letzten Bus, in dem die unwichtigste, nämlich die ausländische Presse saß. Bis man jedoch nach vorne zu Bus Nummer eins gehastet war, waren die besten Bilder oft bereits verschossen.

Dennoch zeigte sich auf den Bustouren, daß man so jemanden wie Bill Clinton nicht steuern konnte. Er ist einfach viel zu gern unter Leuten und läßt sich nicht drängen. Er berührt und umarmt die Menschen und erscheint dadurch so, als kenne er keine Distanz.

Auf diese Weise blieben von diesen Reisen viele menschliche Eindrücke, die nicht vorausgeplant werden konnten und Bill Clinton zu verdanken waren. Geduldig hörte er zu und erklärte seinen Standpunkt. Als in einem kleinen Städtchen im Bundesstaat Georgia ein heftiger Gewittersturm die ganze schön inszenierte Wahlveranstaltung geradezu wegschwemmte, blieb Bill Clinton ruhig bei einem Mann im Rollstuhl stehen. Alle, außer zwei Sicherheitsbeamten und zwei Kameramännern, hatten sich längst ins Trockene und in Sicherheit gebracht, da erklärte der Kandidat immer noch seine Pläne zur Krankenversicherung. Total durchnäßt gesellte er sich dann wieder zu seinen Helfern, die ihn für den nächsten Stop herrichten mußten.

Auf diese Weise geriet der Fahrplan schon nach den ersten Stationen kräftig durcheinander, und die letzte verschob sich nicht selten bis Mitternacht. Aber die Menschen warteten immer geduldig auf die Gelegenheit, die ungewöhnlichen vier selber zu erleben. Bei diesen Zusammentreffen stellte sich eine Volksnähe her, die bei Clinton nicht gekünstelt ist.

In diesen Spätsommer fallen erstaunliche Sympathiebekundungen für Clinton. So sprechen sich führende Wirtschaftler in Chicago für ihn aus; im kalifornischen Silicon Valley, dem Hochtechnologie-Zentrum der USA, bringt er die Computerindustrie hinter sich.

Unter dem Eindruck der Grausamkeiten im früheren Jugoslawien spricht er sich bereits in diesen Tagen dafür aus, mit Autorisierung der UNO serbische Stellungen zu bombardieren. Er tritt für ein stärkeres Engagement der Vereinigten Staaten aus humanitären Gründen ein.

Sein Vorsprung vor Bush wächst auf 30 Prozent an.

Im Oktober 1992 laufen im Fernsehen drei Debatten zwischen den Präsidentschaftskandidaten. Sie sind jeweils 90 Minuten lang und werden direkt übertragen. Inzwischen hat es sich auch der exzentrische Milliardär aus Texas, Ross Perot, wieder anders überlegt und ist erneut in die Wahl eingestiegen. So werden aus den

Dialogen Dreiergespräche, die vor allem durch den beißenden Witz und die treffenden Formulierungen Ross Perots Farbe bekommen. Diese Debatten werden in ihrer Wirkung überschätzt, gehören aber inzwischen fest in die rituellen Abläufe der amerikanischen Wahl. Meist sehen die Anhänger des jeweiligen Kandidaten ihren Mann als den Sieger an. Allerdings hatte nach einhelliger Meinung George Bush an diesen drei Tagen keine Sternstunden. Dennoch zeigen die Umfragen, daß Bush den Abstand nach den Debatten auf wenige Prozentpunkte verringern konnte. Kurz vor der Wahl jedoch wächst Clintons Vorsprung je nach Umfrage wieder auf fünf bis zwölf Prozent an.

Der 3. November wurde zum Höhepunkt eines turbulenten Wahljahres, das die Europäer, besonders die Deutschen, eher am Rande zur Kenntnis nahmen. Die eigenen Sorgen überschatteten alles andere. Da erschienen die USA trotz innerer Zerrissenheit noch als ruhender Pol.

Die Regel lautet: Gewählt wird am Dienstag nach dem ersten Montag im November. Wenn in New York die Wahllokale schließen, sind sie in San Francisco noch drei Stunden geöffnet, denn die USA umfassen allein vom Atlantik bis zum Pazifik drei Zeitzonen – von Alaska oder Hawaii einmal ganz zu schweigen. Da gehen die Bürger noch zur Urne, wenn am anderen Ende des Landes die Siegesfeiern bereits im Gang sind. Das heißt, wenn sich früh ein Gewinner abzeichnet, brauchten die Kalifornier im Grunde gar nicht mehr zu wählen. Niemand ist mit diesem Verfahren glücklich, alle vier Jahre wird darüber gestritten, ob man nicht die Wahlzeiten in den Haupt-Zeitzonen einander mehr angleichen könnte. Aber es ändert sich nichts. Jedesmal hofft man darauf, daß die Wahl so spannend wird, daß man auf die letzten Stimmen warten muß – jedes Mal kommt es anders, nämlich früher. So auch 1992.

An der Ostküste, wo die Ballungszentren von Boston über New York, Philadelphia, Baltimore, Washington bis in den Süden nach Miami liegen, zeichnete sich schon um halb acht ein überzeugender Wahlsieg für Bill Clinton und seinen Partner Al Gore ab. Die bevölkerungsreichen Staaten im Nordosten gingen geschlossen an die Demokraten, auch solche, die in den achtziger Jahren die Republikaner gewählt hatten. Da half George Bush auch nicht, daß er die dicken Brocken Florida und Texas gewann. Da man aus Umfragen sicher wußte, daß auch der größte Staat, nämlich Kalifornien, ebenfalls den Republikanern abtrünnig werden und Clinton zulaufen würde, war die Wahl praktisch entschieden. Wer rechnete, wußte: Der Generationswechsel in den Vereinigten Staaten war vollzogen, die Amerikaner waren dem Ruf nach Wandel gefolgt.

Das komplizierte Wahlsystem läßt denjenigen Kandidaten gewinnen, der die meisten Stimmen in einem Wahlmännerkollegium erhält. Dieses Wahlmännerkollegium tritt einige Wochen nach der Wahl zusammen und bestimmt endgültig den Sieger. Natürlich halten sich die Wahlmänner an das Wahlergebnis, aber theoretisch haben sie das Recht, anders zu entscheiden. Eine alte Vorsichtsmaßnahme der Verfassungsväter, etwa für den Fall, daß der gewählte Mann sich Verfehlungen zuschulden kommen läßt. Jeder Bundesstaat verfügt über so viele Wahlmänner, wie er Senatoren und Repräsentanten in den Kongreß schickt. Das ergibt eine Gesamtzahl von 538 Wahlmännern. Der Sieger braucht somit also mindestens 270 Stimmen. Was er kurioserweise nicht braucht, ist die Mehrheit der Wählerstimmen. Kaum ein Wahljahr der amerikanischen Geschichte hat diesen seltsamen Umstand so drastisch dargestellt wie 1992.

Das Doppel Clinton/Gore errang 370 Wahlmännerstimmen, also 100 mehr als mindestens nötig; George Bush und Vizepräsident Quayle brachten es auf 168. Das sieht wie ein überzeugender Wahlsieg aus und ist es dem amerikanischen System zufolge auch. Dennoch stimmten für den neuen Mann nur 43 Prozent der Wähler, 38 Prozent gingen an George Bush und 19 Prozent an den unabhängigen Kandidaten Ross Perot. Wenn man es negativ ausdrückt, so haben sich 57 Prozent gegen Bill Clinton ausgesprochen. Nur dreimal, nämlich 1824, 1860 und 1912 hat ein Gewinner noch weniger Stimmen auf sich vereinigt. Man kann es noch weitertreiben: Trotz höherer Wahlbeteiligung als vor vier Jahren, nämlich 55 Prozent, verzichteten rund 85 Millionen Amerikaner darauf abzustimmen.

Daraus folgt, daß weniger als ein Viertel aller Wahlberechtigten für Bill Clinton gestimmt haben. Aber so funktioniert es nun einmal in den Vereinigten Staaten.

Das wirklich Ungewöhnliche waren die 19 Prozent für den Unabhängigen Ross Perot. Fast 20 Millionen Wähler sprachen sich für ihn aus. Das hatte es noch nie gegeben. Es minderte zwar die Anteile von Bush und Clinton, hatte aber am Ende wenig Bedeutung, und zwar deshalb, weil es Perot nicht gelang, in einzelnen Bundesstaaten die Mehrheit zu erringen und den anderen damit Wahlmännerstimmen abzujagen.

Diese Wahl wurde von drei wesentlichen Merkmalen gekennzeichnet: dem spektakulären Sturz George Bushs, dem exzentrischen Auftritt Ross Perots und der glänzenden Strategie Bill Clintons. Der Wahlausgang stützt aber nicht in jeder Hinsicht die These: Amerika stimmte für einen Wandel. Ebenso kann man sagen: die Wähler hatten genug vom Bisherigen – es war also weniger eine Entscheidung pro Clinton als vielmehr anti Bush.

Die Wahlbeteiligung ist in den USA traditionell gering. Das hat eine Reihe von Gründen, und die Bemühungen, mehr Bürger zu animieren, sind nicht sehr erfolgreich gewesen. Seit 1960 ist die Wahlbeteiligung von 64 auf 50 Prozent (1988) gesunken. Um so größer die Genugtuung, daß sie dieses Mal auf 55 Prozent kletterte. Es wäre aber verfrüht, dieses als eine Wende zu betrachten, denn auch diese Entwicklung ging großenteils auf das Konto Ross Perots. Er hatte mit seinen ausgefallenen Methoden nicht nur Pfeffer in den Wahlkampf gebracht, sondern eine große Anzahl apathischer oder verdrossener Bürger aufgeweckt und an die Wahlurnen getrieben.

1992 hatte wieder einmal erwiesen, daß das amerikanische Wahlsystem für jede Überraschung gut ist. Wer hätte im Oktober 1991 auf Bill Clinton gewettet? Ein schier unverwundbarer George Bush hatte einsame Höhen der Popularität erklommen. Bill Clinton ging kein allzu großes Risiko ein. Gegen so einen Amtsinhaber zu verlieren, wäre keine Schande gewesen und hätte ihn für die nächste Wahl aufgebaut. Aber er hatte auch viel Glück und nutzte es zu seinem Vorteil.

Die Zeit der lahmen Ente

»Transition« - so nennt man eine Zeitspanne in der amerikanischen Politik, mit der alle Welt unglücklich ist. Sie dauert vom Wahltag bis zur Einschwörung am 20. Januar des folgenden Jahres und fällt nur weg, wenn ein Präsident wiedergewählt wird und gleich weiterregieren kann.

Kommt jedoch ein neuer, dann verbreitet sich der Eindruck eines politischen Vakuums. Auch dann, wenn viel geschieht; wie zum Beispiel in den letzten Wochen der Bush-Präsidentschaft mit ihrer geradezu hektischen außenpolitischen Betriebsamkeit. Aber als George Bush zur Unterzeichnung des START-II-Vertrages nach Moskau reiste, gab es schon nicht mehr genügend Interesse bei den Medien, um eine Pressemaschine mitzuschicken. Alle starrten bereits auf den Neuen.

Die Macht des noch Amtierenden schwindet zusehends. Dieser Vorgang verklärt sich, wenn der Scheidende zufrieden davonzieht, wie Ronald Reagan, er schmerzt, wenn der Scheidende sich als gescheitert ansehen muß, wie George Bush. Für ihn wurden die knapp drei Monate zu einer Qual. Er füllte sie mit Aktivität aus, aber die Augen ruhten neugierig auf Bill Clinton, dem die Macht in dem Maße zuwuchs, wie sie Bush entglitt.

Dabei meint es die heutige Regelung noch vergleichsweise gnädig. Ursprünglich lag der Termin der Amtsübernahme auf dem 1. März, dann auf dem 4. März. Diese Zeitspanne wurde für beide Seiten als unerträglich angesehen und durch eine Verfassungsänderung 1933 verkürzt. Es war das »Gesetz der lahmen Ente« (womit der amtierende Präsident gemeint war), 1937 zum ersten Mal angewendet. Aber auch die neue Übergangszeit wird als zu lang angesehen. Selbst gut organisierte Präsidenten schaffen es nicht, ihre Mannschaft bis zum 20. Januar beisammen zu haben. Somit könnten sie die Regierung ruhig erheblich früher übernehmen und sich des vorhandenen Apparates bedienen, bis der eigene steht. Notgedrungen geschieht das ohnehin bei jedem Präsidentenwechsel. Das gilt ganz besonders für den Fall, daß der neue Präsident einer anderen

Partei angehört als der alte. Dann werden ja nicht nur der Stab des Präsidenten, das Kabinett und ein großer Teil der Botschafter (wenn nicht alle) ausgetauscht, sondern auch etwa 250 Positionen direkt unterhalb der Ministerebene neu besetzt. Damit jedoch nicht genug: In den Ministerien und Regierungsorganisationen wurden zum Beispiel bei diesem Wechsel gut 3000 Positionen an Personen vergeben, die der regierenden Partei angehören oder nahestehen oder aber das Vertrauen der neuen Minister besitzen. Daß bei einem Wechsel der Regierung der ganze Stab der vorhergehenden im Amt bleibt und der neuen das Leben schwer bis unerträglich machen kann, wie etwa in Deutschland, ist unvorstellbar. Natürlich handelt es sich auch nicht um Berufsbeamte.

Die »Transition«, die Übergangsperiode, ist eine überaus spannende Zeit. Aus der aufgeplusterten Wahlkampfrhetorik muß über Nacht praktische Politik geformt werden. Dabei wird jeder Schritt verfolgt und analysiert, es werden Schlüsse gezogen, wie sich die neue Regierung im Amt verhalten werde. Während im Wahlkampf Programmatisches im Vordergrund steht, dreht sich in der »Transition« erst einmal alles um Personen.

Wer wird was? Das ist der alles beherrschende Gegenstand allgemeiner Neugierde.

Verstärkt wird sie dadurch, daß das Interesse an der alten Regierung so rapide sinkt. Zudem sind dem Neugewählten bereits die namhaften Journalisten zugeordnet, die ihn später im hohen Amt begleiten werden. Von ihnen wurden schon Berichte erwartet, als es noch nichts zu berichten gab.

Erschwert wurde das dadurch, daß sich Bill Clinton zwar ein Büro in der Innenstadt Washingtons zulegte, aber gar nicht daran dachte, Little Rock in dieser kritischen Zeit zu verlassen. Der Wahlkampf war aus dieser Provinzstadt geführt worden, warum sollte dort nicht auch die neue Regierung gebildet, die neue Politik formuliert werden.

Zwar gönnte sich Bill Clinton nach dem Wahlsieg nicht viel Ruhe (auch wenn es ihm dringend empfohlen wurde), dennoch passierte zunächst nichts.

Für Fotografen und Kameraleute wurde es noch frustrierender als für die Journalisten. So kam es zu einem Vorfall, der die Clintons sehr aufregte. Einige Fotografen brachten es fertig, »Socks«, die Katze der Tochter Chelsea, vom Grundstück auf die Straße zu locken. Die Bilder der um das Tier knieenden und liegenden Fotoreporter wurden zur Nachricht, der nämlich, daß sich in Little Rock nichts tue. Socks wurde berühmt, und die Familie Clinton, die ihre Privatsphäre verletzt sah, erhielt einen Vorgeschmack darauf, was sie in Washington erwartete. Die Clinton-Strategen erkannten rasch, daß die Presse, von der Turbulenz des Wahlkampfes verwöhnt, Futter brauchte. Das wurde von da ab in kleinen Dosierungen verabreicht.

Es wurde ein »Transition Team« gebildet, das von namhaften Demokraten geleitet wurde: dem Schwarzen Vernon Jordan (der wegen seiner zahllosen hochkarätigen Geschäftsverbindungen allerdings einem Ober-Lobbyisten glich – und deren Einfluß wollte Clinton ja eindämmen) sowie dem früheren stellvertretenden Außenminister Warren Christopher. Dazu kamen Fachleute für Spezialgebiete. Sie alle sollten Clinton helfen, heil durch die Klippen der Personalsuche zu gelangen, aber selber keine Regierungsämter übernehmen, um ohne Eigennutz selbstlos beraten zu können. So jedenfalls hieß es zu Beginn . . .

Dieses puritanische Reinheitsgebot war durchaus angebracht, denn nunmehr ging es um Auswahl ohne Rücksicht auf frühere Verdienste oder Freundschaften. Es bestanden Zweifel, ob Bill Clinton, der so gerne Freund aller sein mag, die nötige Härte aufbringen würde. Sein brillanter Wahlkampfmanager, James Carville, der übrigens von vornherein auf ein Amt verzichtet hatte, formulierte sarkastisch: »Im Wahlkampf gibst du's deinen Feinden, in der ›Transition‹ deinen Freunden.«

Die Auswahl der zukünftigen Mitarbeiter erfolgte in einem engen Beraterkreis, dem neben den beiden Teamchefs Bill Clinton mit seinem engsten Berater Bruce Lindsay sowie Vizepräsident Al Gore angehörten. Und Hillary Clinton. Sie war immer dabei, ließ sich aber öffentlich kaum blicken. Einen entnervten Fotografen veranlaßte das zu dem Spruch: Es ist leichter, den Papst unter der Dusche zu fotografieren als Hillary bei den Personalberatungen.

Da die Clintons in Little Rock zwölf der letzten vierzehn Jahre nicht in ihrem eigenen Heim, sondern im Sitz des Gouverneurs wohnten, blieben sie dort; auch nachdem Bill Clinton sein Amt abgegeben hatte. So fanden die Sitzungen in der gleichen Umgebung statt wie in all den Jahren zuvor.

Der neugewählte Präsident entwickelte den Ehrgeiz, auch bei der Besetzung der wichtigsten Positionen unterhalb der Ministerebene mit zu entscheiden und sie nicht zu delegieren. Das kostete Zeit. Die Personalentscheidungen folgten drei Prinzipien: erstens sollten sie die Mannigfaltigkeit Amerikas spiegeln; zweitens Kollegialität garantieren; drittens im Wirtschaftsbereich die Finanzmärkte nicht verschrecken.

Obwohl die Beratungen in relativer Abgeschlossenheit stattfanden, gab es die berühmten »leaks«, Hinweise aus undichten Stellen. Die Presse sagte die meisten Besetzungen mit ziemlicher Sicherheit voraus. Aber woher hatte sie ihr Wissen? Der Markt der »leaks« war undurchsichtig. Jedenfalls steht fest, daß sie nicht nur von unkontrollierbaren Plaudertaschen stammen. Oft sind es strategische Versuchsballons der einen oder der anderen Seite. Warum sollte das bei Clinton nicht ähnlich sein?

Clintons Vorstellung, daß Entscheidungen ein offener Ideenmarkt vorausgehen sollte, wurde Mitte Dezember 1992 auf ungewöhnliche Weise Wirklichkeit. Er lud 300 Wirtschaftsexperten nach Little Rock zu einer öffentlichen Konferenz ein. Sie alle zahlten ihre Reise selber und diskutierten an zwei Tagen zwölf Stunden lang. Wer wollte, konnte es im Fernsehen und Rundfunk live miterleben, seine Meinung telefonisch kundtun. Dem Präsidenten wurde nicht nach dem Mund geredet, auch unangenehme Wahrheiten sprach man offen aus. Diese Konferenz deutete auf den Stil, den der neue Präsident gerne pflegen würde.

Es stellte sich schnell heraus, daß der Wechsel nur für einen Bruchteil des erforderlichen Personals stattfinden könnte. So verkündete der amtierende Verteidigungsminister, Dick Cheney, am

Sonntag vor der Amtsübernahme lakonisch im Fernsehen: Von den 45 leitenden Stellen im Pentagon sei erst eine besetzt. Bill Clinton bat Präsident Bush, Mitarbeiter in entscheidenden Positionen noch weiterhin im Dienst zu belassen. Aber George Bush hatte sie bereits alle aufgefordert, ihre Entlassung einzureichen. Allenfalls könnten sie als Berater mit Sonderverträgen weiterarbeiten.

Ähnlich verhält es sich mit den 162 Botschafterposten. Dem Präsidenten steht es frei, sie nach seinen eigenen Vorstellungen zu besetzen. Präsident Reagan scheute sich nicht, ihnen gleich nach Amtsantritt offen zu kündigen. Bei Bill Clinton war das kein dringliches Anliegen.

Ob er wollte oder nicht, in diese Zeit fielen außenpolitische Ereignisse, denen er sich stellen mußte: Präsident Bush tummelte sich geradezu auf seinem Lieblingsfeld. Mit Boris Jelzin unterzeichnete der den START-II-Vertrag. Es hieß übrigens, daß Jelzin Bill Clinton gerne dabeigehabt hätte. Sodann flammte der Irak-Konflikt erneut auf, und Präsident Bush befahl militärische Einsätze. Schließlich schickte er Marineinfanteristen nach Somalia, um die Versorgung der hungernden Bevölkerung sicherzustellen. Bei all diesen Maßnahmen wurde das Clinton-Lager informiert, wenn auch nicht konsultiert. Bill Clinton stellte sich in allen Fällen hinter George Bush. Mit Blick auf das Ausland betonte er vor der Presse, daß es nur einen amerikanischen Präsidenten gebe, nämlich den, der im Amt sei.

In einem weiteren Fall entstand gar der Eindruck, daß George Bush seinem Nachfolger den Rücken freihielt: Er beorderte Küstenwachboote nach Haiti, um zu verhindern, daß sich Flüchtlinge zu Zigtausenden mit Booten auf den Weg in die USA begaben. Bill Clinton hatte im Wahlkampf Versprechungen gemacht, die sich als unhaltbar erwiesen hatten. Die Maßnahme der Bush-Regierung ersparte ihm die Peinlichkeit einer harschen Kehrtwende.

Alles in allem verlief die »Transition« so, wie George Bush es versprochen hatte: anständig und sanft. Was in ihr dann doch falsch lief, hatte Bill Clinton sich selbst oder seiner nächsten Umgebung zuzuschreiben.

Da wollte sich zum Beispiel sein zukünftiger Handelsminister,

Ron Brown, seines Zeichens Vorsitzender der Demokratischen Partei, mit einer festlichen Gala im Washingtoner Kennedy Center aus seinem Amt verabschieden lassen. Die Kosten sollten große Wirtschaftskonzerne tragen; solche, die womöglich mit Ron Brown in seiner zukünftigen Funktion zu tun haben würden. In letzter Minute sagte Ron Brown die Gala ab. Wer die bis dahin entstandenen Kosten tragen würde, war nicht bekannt. Ron Brown war ohnehin bereits deshalb kritisiert worden, weil er ausgerechnet die Interessen japanischer Firmen in den USA vertreten hatte.

Noch mehr Wirbel verursachte die Entscheidung der Clintons, ihre Tochter Chelsea auf die renommierte Privatschule »Sidwell Friends« in Washington zu schicken. Auch wenn man das Argument akzeptierte, dieses sei die für ihre Tochter beste Lösung (zum Beispiel aus Gründen der Sicherheit und Abschirmung), so wurde dies doch als schwerer Schlag für den Ruf der öffentlichen Schulen angesehen. Und der kam ausgerechnet von den Clintons, die die Erziehung aller unter gleichen Voraussetzungen zum Ziel erklärten.

Bill Clinton mußte sich in dieser Zeit zwei klassische Vorwürfe gefallen lassen: Erstens verlaufe der Übergang in die Regierungsverantwortung sehr schleppend, und zweitens habe er bereits jetzt eine Reihe von Wahlversprechen gebrochen. Damit war vor allem seine Zusage gemeint, die Steuern des Mittelstandes zu senken. Davon war jedoch schon sehr bald keine Rede mehr.

Aber wie sich bei näherem Hinschauen erweist, befindet sich Bill Clinton in guter Gesellschaft: Untersuchungen haben nämlich gezeigt, daß über den langsamen Übergang schon immer Klage geführt wurde. Es wird nur rasch vergessen. Bei der Betrachtung der letzten sechs Regierungen haben Wissenschaftler herausgefunden, daß durchschnittlich nur gut die Hälfte der Wahlversprechungen eingehalten wurden. So wundert es nicht, daß Bill Clinton in der Öffentlichkeit recht gute Noten dafür erhielt, wie er seine »Transition« bewerkstelligt habe.

Am 15. Januar nahm Bill Clinton schweren Herzens Abschied von Little Rock. Er hatte sich sehr an das Unkomplizierte der Provinz gewöhnt, an den ungebremsten Kontakt zu Nachbarn, Freunden und Mitbürgern zumal. Er joggte noch einmal durch die morgendlichen Straßen, kehrte in seiner Lieblingsbäckerei ein, holte sich bei McDonalds seinen koffeinfreien Kaffee im Plastikbecher. Er umarmte in der typischen Weise seine Nachbarn. In sechs Tagen würde er Mr. President sein, nicht mehr Bill. Nichts wäre jemals wieder so einfach wie in Little Rock.

Eine demokratische Krönung

Hätten die Amerikaner doch gerne einen König? Das monarchische Prinzip, das sie vor über zweihundert Jahren mit so viel Zivilcourage über Bord geworfen hatten, feierte eine bombastische Wiederauferstehung, als William Jefferson Clinton in Washington Einzug hielt. Mit solch einem Aufwand hatte noch nie ein Präsident sein Amt angetreten. Fünf Tage wurde gefeiert, zelebriert, proklamiert – ehe es ans Regieren ging. Die Verfassung schreibt einen feierlichen Eid vor, sonst nichts.

Dennoch, für das meiste, was der Neue veranstalten ließ, gab es irgendwo in der Geschichte ein Vorbild. Als Motto stand über all dem: »Eine amerikanische Zusammenkunft. Neue Anfänge. Erneuerte Hoffnung.« Auch das hat eine Tradition. Einen Neubeginn nahm fast jeder Präsident bei der Amtsübernahme gerne für sich in Anspruch. Das letzte Wort dieses Mottos, »Hope«, also Hoffnung, stellte wieder einmal eine Anspielung auf Clintons Geburtsort dar. Dieses Wortspiel wurde auf Bill Clintons Weg zur Präsidentschaft unsäglich strapaziert.

Zwar hatte der Neugewählte der Hauptstadt bereits im alten Jahr seine Reverenz erwiesen, aber der endgültige Triumphzug sollte doch voller historischer Bezüge stecken. Und das tat er dann auch.

Monticello heißt der zauberhafte Landsitz, den sich der dritte Präsident, Thomas Jefferson, etwa hundert Meilen südwestlich von Washington errichtet hatte. Diesen überaus geistvollen, vielseitigen Mann, dem die Unabhängigkeitserklärung von 1776 zu verdanken ist, beanspruchen die Demokraten als Urvater ihrer Partei. Was also lag näher, als in dessen Fußstapfen zu treten, lediglich der Bequemlichkeit des 20. Jahrhunderts angepaßt: Bus statt Pferd.

Am Sonntag vor der Einschwörung machten sich das Präsidenten- und das Vizepräsidentenpaar mit einer Buskarawane auf den Weg nach Washington, Auftakt zu einer symbolbeladenen Kette von Ereignissen. Vor der Abreise durften Kinder auf der sonnenbeschienenen Terrasse des Landsitzes von Thomas Jefferson den zukünftigen Präsidenten mit Fragen löchern. Ob Thomas Jefferson wohl genauso wie Bill Clinton als Junge davon geträumt habe, einmal Präsident zu werden? Thomas Jefferson bestimmt nicht, antwortete der Gefragte hintergründig lächelnd, denn als der ein Junge war, gab es noch keinen Präsidenten der Vereinigten Staaten.

Auf die Fragestunde folgte ein Gottesdienst in der Baptistenkirche einer Kleinstadt. Wo Clinton auftauchte, hatten die Leute geduldig gewartet. Wie auf der Wahlreise ließ er die Busse anhalten, um Hände zu schütteln. So sollte es sein: der Mann aus dem Volk vom Volk auf den Weg gebracht in die Hauptstadt.

Als Thomas Jefferson sich 1800 dorthin begab, tat er es zu Pferd, begleitet von einem freigelassenen Sklaven. Er benötigte vier Tage auf schlammigen Wegen. Die Busse der Clintons und Gores schafften es in vier Stunden, die Pausen zum Händeschütteln eingerechnet.

Die Reise endete unter brausendem Beifall am Lincoln-Denkmal in Washington, wo sich 300000 Menschen eingefunden hatten. Sie hörten ein Popkonzert mit Weltstars wie Bob Dylan und Aretha Franklin, eine perfekte Hollywood-Inszenierung, wie man sie aus Reagans Zeiten in Erinnerung hatte.

In euphorische Stimmung versetzt, marschierten Tausende mit ihrem jungen Präsidenten über die Memorial-Brücke, die als Sinnbild für die Aussöhnung von Nord und Süd nach dem Bürgerkrieg gilt. Brennende Kerzen tragend, vollzogen sie eine Wallfahrt ans andere Ufer, wo eine Nachbildung der Freiheitsglocke aufgebaut war, deren Original einmal in der früheren Hauptstadt Philadelphia geläutet hatte. Bill Clinton ließ sie erklingen, und natürlich nannte sich das »Bells for Hope« - Läuten für die Hoffnung. Es war aber immer noch nicht das letzte Mal an diesem Tage, daß der Geburtsort mit dem symbolträchtigen Namen als Programm herhalten mußte. Nach dem Läuten der Freiheitsglocke, deren Beispiel genau zur gleichen Zeit Tausende von Kirchenglocken im ganzen Land folgten, explodierte ein grandioses Feuerwerk über der Stadt. Das angestrahlte Lincoln-Denkmal stand wie ein von innen leuchtender Alabasterkörper vor der Kulisse, und als der Zauber vorüber war, prangte in gigantischen Buchstaben das Wort HOPE am Himmel.

Wer wollte auch bezweifeln, daß Amerika in diesen Zeiten Hoffnung nur allzu gut gebrauchen kann.

Es folgte der Martin-Luther-King-Tag. Zum ersten Mal wurde dieser offizielle Feiertag in allen fünfzig Bundesstaaten anerkannt und begangen. In Washington strömten die Menschen auf die »Mall«, die Prachtmeile im Herzen der Stadt, auf der zwei Tage hindurch ein Volks- und Freßfest stattfand. Bill Clinton empfing das diplomatische Corps im Freien vor der Georgetown-Universität, seiner eigenen Alma mater. Er nutzte die Gelegenheit, einige Grundsätze seiner Außenpolitik zu erklären, vor allem jedoch zu betonen, wie sehr er mit dem noch amtierenden George Bush in der Irak-Politik übereinstimme. Schließlich war es der Tag nach dem Angriff auf Bagdad mit Marschflugkörpern. Die Welt schaute in diesem Moment eher zum Persischen Golf als nach Amerika und auf Bill Clintons Feier.

Zu Mittag war es dann wieder soweit: Zu einem Essen geladen waren in der Bibliothek fünfzig »Faces of Hope« - Gesichter der Hoffnung, Menschen, die ihn auf seinen Wahlkampfreisen mit dem Bus im ganzen Land beeindruckt hatten. Ihnen wurden Reise und Unterkunft erstattet, ebenso erhielten sie Smoking und Abendkleid, damit sie am großen Ball teilnehmen konnten, der den Tag der Einschwörung beschließen sollte.

An diesem Tag wurden gleich mehrere festliche Abendessen veranstaltet, zu denen man nur gegen Zahlung von rund 1500 Dollar Zugang erhielt; aber selbst dafür waren Karten kaum zu bekommen. Zur gleichen Zeit lief vor 16000 Gästen so etwas ab wie die Generalprobe für die große Gala des Präsidenten. Dafür war der Eintritt zwar frei, aber die nötigen Karten waren ebenfalls im Nu vergriffen.

Noch zwei Tage bis zur Einschwörung.

Am Dienstag lud Bill Clinton seine ehemaligen Kollegen, die Gouverneure der Bundesstaaten, zu einem Essen ein. Sie hatten ihn einst zum Erfolgreichsten in ihren Reihen gekürt – jetzt war er zum Präsidenten gewählt worden.

Am Nachmittag folgten große Feiern zunächst für die Kinder, sodann für die Jugendlichen. Die Homosexuellen, die sich bei der Wahl fast geschlossen hinter Clinton gestellt hatten, veranstalteten einen Empfang. Selbst die Obdachlosen hatten ihr Fest. Im vornehmsten Hotel am Platze, dem »Willard«, gab es einen Ball der Tiere, der aber eher ein Ball der Tierschützer war, mit Prominenten, Eintrittspreisen von 250 Dollar sowie erlesener vegetarischer Küche.

Den absoluten Höhepunkt jedoch bildete die Präsidenten-Gala mit 16000 Gästen in einer Sport- und Konzertarena. Vom Fernsehsender CBS live übertragen, bot sich ein Stück unverfälschtes Amerika dar. Ein Präsident ließ sich mit Vergnügen vermarkten. Die Superstars gehörten nunmehr zu seinen Freunden, soweit sie aus jener Ecke stammen, in die sich Konkurrenten wie Arnold Schwarzenegger, Bob Hope oder Frank Sinatra niemals stellen würden. Es spielten, sangen und huldigten Größen wie Aretha Franklin, Bill Cosby, Fleetwood Mac (die eigens zu diesem Anlaß wieder als Gruppe antraten und keine guten Noten bekamen), Jack Lemmon, Wynton Marsalis, Elton John. Michael Jackson bewegte sich mit einem subtil vorgetragenen, leisen Lied über einen Freund, der an Aids starb, haarscharf am Rande einer Schnulze. Wie Amerikaner es so gut können. Soll man ihm glauben? Und dann war da die neue politische Diva der Demokraten, Barbra Streisand, von der es hieß, sie wolle nur auftreten, wenn sie auch Bill Clinton zu sich auf die Bühne bitten und dem Millionenheer der Zuschauer präsentieren dürfe. So geschah es. Mit einer filmreifen Umarmung, die Bill Clinton dadurch entschärfte, daß er ihr auf den Rücken klopfte. Was an Unterhaltungskunst geboten wurde, war erstklassig, aber rücksichtslos unterbrochen und zerhackt von der Werbeindustrie, die sich die Zugnummer Clinton wahrlich nicht entgehen ließ. Hollywood und der Junge aus der ärmlichen Provinz, vereint im Glauben an den Aufbruch in eine neue Ära.

Am Mittwoch, dem 20. Januar wölbte sich ein klarer, blauer Himmel über Washington, es war kalt; so wie man es sich wünschte. Die Clintons und Gores besuchten früh um acht einen Gospel-Gottesdienst. Die Nation notierte Tränen der Rührung, die Bill Clinton bei einem der Gesänge die Wangen hinunterliefen.

Von da an folgten die Ereignisse einem auf die Minute festgelegten und vom notorisch unpünktlichen Clinton sogleich umgeworfenen Plan. Der Brauch läßt die Familien der scheidenden Präsidenten und Vizepräsidenten jene der neuen zu einem Morgenkaffee im Weißen Haus willkommen heißen. Alle zusammen fahren dann zur Einschwörung hinauf zum Kapitol.

Um zwölf Uhr mittags tritt der neue Präsident sein Amt an. Nachdem der Zeitablauf bereits durcheinandergeraten war, stellte sich die Frage, was passiert, wenn Clinton zum Amtseid zu spät kommt. Die Nation hat auf jeden Fall einen neuen Präsidenten, sagt die Verfassung, auch wenn er den Eid noch nicht geleistet haben sollte.

Bill Clinton kam nicht zu spät.

Er sprach die 35 vorgeschriebenen Wörter und fügte »so wahr mir Gott helfe« hinzu, so wie die meisten Amtsvorgänger auch. Es gehörte aber nicht zum Text. Vor ihm wurde der Vizepräsident eingeschworen, übrigens mit einer komplizierteren und längeren Eidesformel.

Nach der Einschwörung folgte die Überraschung des Tages. Alles hatte man von Bill Clinton erwartet, nur keine kurze Rede. Man wußte nur zu gut, daß er gerne und lang redete. An diesem Tage war er nach einer Viertelstunde am Ende. Das empfanden die Kommentatoren durchweg als so angenehm, daß sie Kürze und Güte gleichsetzten. Clinton bekam gute Noten.

Die Rede zum Amtsantritt ist ein Brauch, den der erste Präsident, George Washington, begründet hat. Vorgeschrieben ist sie nicht.

Um diese Reden ranken sich zahllose Legenden. Sie werden wissenschaftlich analysiert und mit Noten bedacht, die sich nach Anspruch und Schwierigkeitsgrad richten. Nach einer Untersuchung der Amerikanischen Universität in Washington war die erste Rede George Washingtons das Anspruchsvollste, was das Volk je hörte, die von George Bush 1989 das Anspruchsloseste. George Washington, der vergötterte Urvater der Vereinigten Staaten, hält auch einen anderen Rekord, den der kürzesten Rede. Seine zweite Amtszeit 1793 begann er mit einer Ansprache, die nur eineinhalb Minuten dauerte, 135 Wörter. Die längste hielt 1841 William Henry Harrison, mit verheerenden Folgen. Zwei Stunden stand er mannhaft ohne Mantel und Hut in eisiger Kälte und sprach 8445 Wörter. Er holte sich eine Lungenentzündung, an der er vier Wochen später starb.

Zwölf Jahre nach ihm hielt Franklin Pierce seine Rede auswendig. Natürlich schreibt heute kein Präsident seine Rede selber, ein Team arbeitet wochenlang an den Entwürfen. Erst am Ende paßt der Präsident den Text seinem Stil und Gefühl an. Bei Bill Clinton spielte offensichtlich die Strategie der Überraschung mit der Kürze eine große Rolle. Und sie war so erfolgreich, daß der Inhalt wohlwollender Beurteilung sicher war. Nicht zu Unrecht.

Die Rede soll kein detailliertes Regierungsprogramm darstellen, sondern den staatsmännischen Standpunkt. Bill Clinton bekannte sich zur neuen Führungsrolle der Vereinigten Staaten in der Welt und erteilte allen Befürchtungen eine Absage, mit ihm werde der Isolationismus wiederkehren. Daß in der Innenpolitik die Wirtschaft und die Gesundheitsreform Vorrang haben werden, fand nur noch einmal eine Bestätigung. Daß globale Zwänge keinen losgelösten Kurs mehr zulassen, machte er am Beispiel der Aids-Epidemie deutlich.

Im Stil fand er die Ausgewogenheit zwischen Nüchternheit und jenem Pathos, das auf gar keinen Fall in solch einer Rede in diesem Land fehlen darf. Er verkniff es sich, auch nur einmal das bei Reagan und Bush, aber auch sonst so beliebte Wort vom »amerikanischen Traum« zu benutzen. Dafür kam »Amerika« in seinen verschiedenen grammatischen Formen gleich einunddreißigmal zu Ehren. Alles in allem hörte man ihm gern zu.

Das Ritual der Amtsübernahme folgte dem, was sich über zwei Jahrhunderte herausgeprägt hat. So wird der Eid seit Präsident James Monroe, der ihn 1817 ablegte, im Freien gesprochen. Damals allerdings noch am 4. März. Erst seit 1937 liegt der Termin auf dem 20. Januar. Heute geht die Diskussion darum, den Zeitraum noch einmal zu verkürzen.

Der symbolischen Gesten zugeneigte Bill Clinton ließ auch eine andere, lockere Tradition wieder aufleben, die John F. Kennedy zum letzten Mal gepflegt hatte: das Gedicht zur Amtseinführung. Geschrieben und vorgetragen wurde es von der Schwarzen Maya Angelou, einer mehrfach ausgezeichneten Dichterin, die aus Clintons Heimatstaat Arkansas stammt und Professorin für Literatur ist. Von imponierender Gestalt und Stimme, trug sie ihr langes Gedicht in freien Rhythmen vor.

Der Abschied von Vizepräsident Dan Quayle und Frau Marilyn sowie von Präsident Bush und Frau Barbara verlief in distanzierter Freundlichkeit. Zu verschieden waren diese Charaktere.

Die Amtseinführung des Präsidenten alle vier Jahre ist der sichtbare Höhepunkt im politischen Leben der USA. Er trägt einigende Züge. So auch am 20. Januar 1993.

Seit im Jahre 1829 Andrew Jackson mit einer Parade vom Kapitol hinunter durch die Stadt ins Weiße Haus einzog, ist sie nicht mehr wegzudenken. Hätte sich Bill Clinton nicht auf seiner Reise in die Stadt und beim großen Eröffnungskonzert gezeigt, so wäre die Parade die einzige Möglichkeit für den Bürger, den neuen Präsidenten wenigstens von fern zu Gesicht zu bekommen. Aber auch den Zugang zur Pennsylvania Avenue, die vom Kapitol zum Weißen Haus führt, konnte man sich nur mit Eintrittskarten verschaffen. Von denen waren zu viele an Personen und Organisationen abgegeben worden, die Bill Clinton oder seiner Demokratischen Partei nahestanden. Aber der Unmut hielt sich in Grenzen, die Parade wurde ein freudiges, fröhliches Fest. Als Bill und Hillary Clinton kurz vor dem Weißen Haus ihre Limousine verließen und die letzte

Strecke zu Fuß zurücklegten, nahm der Beifall Formen an wie bei einem Rockkonzert. Wer – wie ich – das unverschämte Glück hatte, gerade in der Minute live auf dem Sender zu sein, als Clinton vorbeimarschierte, der verstand vor lauter Jubel und Fanfarenklängen sein eigenes Wort nicht – und wurde womöglich in Deutschland auch nicht verstanden. Die Begeisterung war umwerfend.

Mit diesem letzten öffentlichen Großereignis hatte auch die Stadt Washington die Gastgeberrolle bravourös gemeistert. Immerhin trägt sie seit drei Jahren den gräßlichen Titel »Mordhauptstadt« der USA. In der Tat kamen in den fünf Tagen drei Menschen um. So entsetzlich das klingt, für Washington verliefen die Tage außerordentlich friedlich. Eine großartige Organisation und eine freundliche Polizei verschafften der Stadt Achtung bei den 800000 Gästen, die allein den Veranstaltungen unter freiem Himmel beiwohnten.

So mancher stolze Stadtpolitiker meinte, nunmehr habe sich Washington redlich verdient, zum 51. Bundesstaat der USA ausgerufen zu werden; ein langgehegter Traum, den der zuständige Kongreß der Stadt bislang nicht erfüllen mochte.

Mit dem Einzug ins Weiße Haus war für die Clintons die Festlichkeit noch längst nicht beendet. Am Abend folgte ein wahrer Marathon von Festbällen. Nicht weniger als dreizehn wurden gezählt, zwei mehr als vor vier Jahren bei Bush. Und auf allen sollte das Präsidentenpaar auftauchen, zwischen acht Uhr abends und zwei Uhr früh, er sollte reden, tanzen, Hände schütteln und möglichst überall Saxophon spielen. Bereits während des Wahlkampfes hatte er bewiesen, daß seine Kondition bewundernswert war. Auch an diesem Abend der Bälle wurde er seinem Ruf gerecht.

Das bemerkenswerteste Fest veranstaltete mit Sicherheit MTV, ein Fernsehkanal, der Musikvideos sendet. Bereits im Wahlkampf hatte sich dieser Unterhaltungskanal energisch für Bill Clinton eingesetzt und außerdem eine Kampagne durchgeführt mit dem Ziel, apathische Jugendliche zum Wählen zu bringen.

Die Manager von MTV hatten aber auch erkannt, daß mit Bill Clinton, dem Elvis-Fan, ein ganz neuer Typ von Politiker antrat, jemand, der keine Scheu kannte, aber auch das Talent besaß, sich in die Vermarktung einbinden zu lassen. Bill Clinton und MTV, Politik und Pop, Bündnis der Jugendlichkeit. Das hat nicht unbedingt etwas mit der Generation zu tun, sondern mit ihrer Sonderausgabe Bill Clinton.

Am Morgen nach der Ballnacht ließ der neue Präsident die Türen des Weißen Hauses öffnen für die Bürger. Auch das hatten vor ihm bereits andere Präsidenten getan – mit sehr unterschiedlichen Erfahrungen. Am schlimmsten erging es Andrew Jackson, dem 1829 20000 Begeisterte vom Capitol direkt ins Weiße Haus folgten und dort auf eine Weise ihren Helden »feierten«, daß das Mobiliar zertrümmert und alle Gläser zerschlagen wurden. Dem Generalspräsidenten, dem eine rauhe Gangart nicht gerade fremd war, blieb nichts anderes übrig, als sich mit einem Sprung aus dem Fenster zu retten. So wild wurde es bei Clinton nicht, dennoch brach ein ziemlich wirres Chaos aus. 80000 Menschen hatten sich um den Eintritt beworben, 1500 durch das Los eine Karte erhalten. Der Präsident, seine Frau sowie das Vizepräsidentenpaar hatten sich vor dem Kamin im diplomatischen Empfangsraum aufgestellt und begannen, Hände zu schütteln, Glückwünsche entgegenzunehmen, aber auch Ratschläge und Bitten. Bei der Leutseligkeit Bill Clintons ging die Prozedur nur langsam voran, und es stellte sich bald heraus, daß selbst die Besucher mit Eintrittskarten nicht zu ihrem Recht kommen würden, daß aber zusätzlich Hunderte von Menschen auf unerklärliche Weise ebenfalls vor das Weiße Haus gelangt waren. Bill Clinton trat die Flucht nach vorn, also nach draußen an und erklärte den Wartenden, daß Demokratie nun einmal ungeordnet sei.

So endeten die aufwendigsten Feierlichkeiten zur Amtsübernahme eines neuen Präsidenten, die Amerika je erlebt hatte. In glänzender Stimmung, Ausgelassenheit und Nachdenklichkeit, Gefühlsseligkeit bis zur Sentimentalität, aber auch mit viel Gelächter begann eine neue Ära. Politik in dieser Verbindung mit Vergnügen ist in Europa, zumal Deutschland, schlichtweg nicht vorstellbar.

Die Kosten wurden auf etwa 30 Millionen Dollar geschätzt, wovon der Bürger kaum etwas trägt. Das Geld wurde durch Spenden und Anleihen bei privaten Personen und Firmen gesammelt. Wenn die Übertragungsrechte, die Eintrittsgelder und Verkaufserlöse zusammengezählt sind, soll es reichen, um alles zurückzuzahlen.

Dennoch mußte sich der Demokrat Clinton fragen lassen, ob dieser Aufwand und diese Opulenz ausgerechnet bei ihm angebracht gewesen seien; bei einem Mann, der aus kleinen Verhältnissen stammt und dessen Herz für die Menschen in kleinen Verhältnissen schlägt. Nur so, lautet die Antwort, sei es möglich gewesen, all denen, die zusammengeströmt waren, ein Fest für das Volk zu bieten.

Als George Washington 1789 seinen Eid leistete und das hohe Amt übernahm, gab es auch einen Ball, an dem seine Frau nicht einmal teilnahm. Er tanzte, wie es hieß, »ein artiges Menuett« und ging bald danach zu Fuß nach Hause. Kaum jemand erkannte ihn.

Das war ganz im Sinne der Gründerväter, die nichts mit dem Pomp von Krönungen zu tun haben wollten.

Der neue Kennedy?

An einem Juliabend im Jahre 1956 saß der zehnjährige Bill Clinton vor dem gerade angeschafften ersten Fernsehapparat der Familie und sah einen Bericht vom Parteitag der Demokraten in Chicago. Es war seine erste bewußte Begegnung mit einem Mann, der zu einem politischen Mythos wurde: John F. Kennedy. Dieser war damals 39 Jahre alt, Senator und einer der Kandidaten für die Vizepräsidentschaft. Er verlor zwar, machte aber auf den kleinen Bill einen großen Eindruck. Vier Jahre später war er einer der wenigen aus seiner Schule, die für John F. Kennedy eintraten, und er erinnert sich gut an die Begeisterung, mit der er dessen Einzug ins Weiße Haus begleitete.

Dann kam der 24. Juli 1963, ein Mittwoch. Bill besuchte als Vertreter einer Jugendgruppe die Hauptstadt. Im Rosengarten des Weißen Hauses empfing sie der verehrte Präsident, richtete ein paar

Worte an die weißgekleideten Aufgeregten und schüttelte einigen von ihnen die Hand. Bill Clinton überragte die anderen um einen Kopf und erzählte später, daß er sich vorgedrängelt habe, um den Handschlag nicht zu verpassen. Als er nach Hause zurückkehrte, verkündete er seiner Mutter, daß er später eine politische Laufbahn einschlagen wolle. Er habe Hochachtung vor einem politischen System gewonnen, so bekannte er einmal, in dem ein Junge aus bescheidenen Verhältnissen und noch dazu aus der Provinz dem Präsidenten persönlich begegnen könne.

Dieses für den Alltag eines Präsidenten normale Ereignis war auf Schwarzweißfilm aufgenommen worden. Den Streifen aus den Archiven der Fernsehanstalten ausgegraben zu haben, gehört zu den größten Taten der Wahlmanager Bill Clintons.

Was lag näher, als mit diesen Bildern und Erinnerungen den Mythos zu verbreiten, in Bill Clinton seien der Geist und die Gestalt John F. Kennedys wiedererweckt worden. Sehr viele Amerikaner haben den Vergleich als durchaus angebracht angesehen. Selbst Jugendliche, die wir auf den Wahlreisen befragten und die ja nur ein vages, übermitteltes Bild von Kennedy haben, brachten die beiden in Verbindung. Kam den Strategen in der Wahlkampfleitung diese Überhöhung nur zu gelegen, so erwähnte Bill Clinton selber das große Vorbild nur sparsam, allerdings stetig.

Nicht von der Hand zu weisen ist, daß er von den Kennedys beeindruckt und beeinflußt war. Seine Entscheidung, an die Georgetown-Universität in Washington zu gehen, hatte viel mit der Verbindung der Kennedys zu dieser Hochschule zu tun. Sich internationalen Studien zu widmen, war ebenfalls ein Entschluß auf den Spuren John F. Kennedys. 1965 kam dessen Bruder Robert nach Georgetown, um dort eine Rede zu halten. Bill Clinton durfte ihn als Präsident seiner Jahrgangsklasse einführen. Seine geistige Verbindung zu Robert Kennedy, so heißt es, sei enger gewesen als die zu John F., dem Präsidenten.

Inwieweit ist Bill Clinton ein neuer Kennedy?

Vergleiche dieser Art sind immer gewagt, aber es gibt in der Tat erstaunliche Parallelen. Das Auffälligste ist natürlich die äußere Erscheinung. Es gibt gewisse Kopfhaltungen Bill Clintons, bei denen er John F. Kennedy zum Verwechseln ähnelt. Aber das sind kurze Eindrücke, die mit den verschiedenen Bewegungen wieder verblassen. Es existiert eine Medaille, die zum Wahlkampf herausgegeben wurde, auf der man nicht entscheiden mag, ob man den einen oder den anderen darauf erkennen soll. Am überzeugendsten jedoch wirkt ihre gleichermaßen ausgeprägte Jugendlichkeit. Wen man auch fragt, hier sieht man am ehesten eine Parallele. Ohne es sich eingeübt zu haben, redet Clinton oft im ähnlichen Tonfall und Sprechrhythmus. Beide schrieben ihre Reden am liebsten selber, als das aber nicht mehr ging und andere ihre Texte verfaßten, wichen sie beim Vortrag völlig vom Geschriebenen ab. Journalisten, die sich auf die vorher verteilten Reden zu verlassen gewohnt waren, mußten bei beiden umdenken - und zuhören.

Der berühmte Satz aus Kennedys Rede zur Amtseinführung - »Die Fackel ist einer neuen Generation übergeben worden.« - hat für beide Geltung. Kennedy löste den überaus populären General Dwight D. Eisenhower ab, Clinton die Ära Reagan-Bush. So mußten sie sich beide gegen ein eingefahrenes republikanisches Establishment durchsetzen - und sie taten es mit der gleichen Forderung nach Wandel und Neuorientierung. Kennedy erklärte: »Ich habe meine Präsidentschaftskampagne auf die eine Annahme gegründet, daß das amerikanische Volk über das gegenwärtige Treibenlassen unseres Staatsschiffes beunruhigt ist, daß es besorgt ist über den relativen Rückgang unserer Vitalität und unseres Prestiges und daß es den Willen und die Kraft hat, die Vereinigten Staaten wieder in Bewegung zu setzen.« Das hätte auch von Bill Clinton stammen können.

Im Wahlkampf hatten sie ebenfalls die gleichen Hindernisse aus dem Weg zu räumen. Sie waren ausgesprochene Außenseiter, als sie sich um die Präsidentschaft bewarben. Ihre ausgefuchsten Gegner Richard Nixon und George Bush warfen ihnen vor, zu jung und zu unerfahren für das hohe Staatsamt zu sein.

Beide nutzten die ihnen zur Verfügung stehenden technischen Mittel im Wahlkampf auf optimale Weise. Bei Kennedy begann das Fernsehen gerade, seine zentrale Rolle zu entwickeln, und er setzte seine telegene Erscheinung gegen den eher verkniffenen Richard Nixon voll ein. Damit motivierte er die Wähler in einem ungewohnten Maße und sorgte für eine hohe Wahlbeteiligung. Vor allem junge Leute liefen ihm, wie auch Clinton, zu. Und noch eines verband die beiden schließlich: Nach ihren glänzenden Wahlkämpfen wurden zu hohe Erwartungen an sie gestellt.

Die Liste der Gemeinsamkeiten ist also durchaus eindrucksvoll; die ihrer Unterschiede jedoch nicht minder.

Da ist zunächst ihre Herkunft. John F. Kennedy war das Produkt einer reichen und mächtigen Dynastie aus dem edlen Neuengland, die von einem maßlos ehrgeizigen Vater angetrieben und damit am Ende ins Verderben gestürzt wurde. Erst nachdem sein älterer Bruder im Zweiten Weltkrieg gefallen war, wurde John F. zum Träger hochgesteckter Erwartungen. Sein Weg wurde ihm vorgezeichnet, er ging ihn auf dem Boden üppiger materieller Absicherung. Bill Clinton hingegen, ohne Privilegien, geriet aus eigener Kraft ganz nach oben. Geld, das er nie sonderlich hoch schätzte, mußte er sich selber verdienen, womit er sich ein Arbeitsethos anerzog, das Kennedy fremd war.

Während John F. Kennedy als erster katholischer Präsident 1960 gegen religiösen Eifer ankämpfen und sich durchsetzen mußte, ist Clinton ein Baptist aus dem Süden, dem sein Glaube von Kindheit an einen gesicherten Lebensrahmen geboten hat.

Auf dem Weg zur Nominierung durch seine Partei mußte sich Kennedy beachtlicher Konkurrenten erwehren, wie Hubert Humphrey, Adlai Stevenson, Lyndon Johnson. Bill Clinton dagegen war Nutznießer einer Lage, in der kein namhafter und gefährlicher Konkurrent aus der eigenen Partei gegen George Bush antreten wollte.

Beide zogen mit grundverschiedenem politischem Gepäck in das Weiße Haus ein: John F. Kennedy war in seinen Jahren als Senator nicht durch besondere Aktivitäten aufgefallen und hatte nur sehr bescheidene legislative Leistungen vorzuweisen. Das absolute Gegenteil dazu Bill Clinton. Er war bis zur Amtsübernahme einer der aktivsten Gouverneure der Vereinigten Staaten; auf dem Gebiet der Erziehung, der Wohlfahrt, Kinderfürsorge ein nationales Vorbild. Geschult durch zwölf Jahre harter Regierungsarbeit in seinem Bundesstaat, begann er im Weißen Haus erheblich sachkundiger und engagierter zu wirken. Kennedy verließ sich in erster Linie auf einen gut funktionierenden Stab.

Als Kennedy sein Amt übernahm, waren Amerika und die Verhältnisse auf dem ganzen Planeten in vieler Hinsicht einfacher konstruiert. Er lebte in einer bipolaren Welt, in der die Großmächte einander im unerklärten Kalten Krieg gegenüberstanden. Die Fronten waren klar, sie liefen nach diesem Muster auch durch die Dritte Welt. Amerika kam aus der prosperierenden Eisenhower-Epoche, die heute als »gute alte Zeit« idealisiert wird. Kennedy wurde noch nicht durch Medien beobachtet, die allgegenwärtig und manchmal auch früher informiert sind als der Präsident und sofortige Reaktionen verlangen. Er hatte noch Zeit zum Überlegen, Clinton muß sie sich nehmen. Dieser betrat die Bühne nicht nur in einer Zeit wirtschaftlicher Flaute, sondern auch abnehmender Homogenität. Es gibt unvergleichlich viel mehr Interessengruppen zu beachten. Wenn man die Hauptstadt Washington von heute mit der von 1960 vergleicht, so hat sich eine verschlafene südliche Stadt in eine Metropole verwandelt. Jedem Besucher, der vom Dulles International Airport in die Innenstadt fährt, fallen die glatten, eleganten, neuen Bürogebäude auf, die links und rechts der Schnellstraße aus dem Boden schießen. War man vier Wochen weg, erkennt man vieles nicht mehr wieder. Alle wollen nahe des Machtzentrums sein. Ein Konzern nach dem anderen verlegt seine Zentrale in diese neu wachsenden Satelliten. In diese veränderte Hauptstadt zog der Mann aus Arkansas ein.

Als politischer Typus war Kennedy kampflustig und scharfzüngig. Dabei bediente er sich sprachlicher Mittel, die mit Clintons Nüchternheit einfach nicht vereinbar wären: »Ich kann mir nicht vorstellen, daß es irgendeine Bürde gibt, die nicht jeder Amerikaner zu tragen bereit wäre, um unser Land zu beschützen und die Freiheit zu verbreiten. Und ich glaube, die Zeit ist da, diese Last auf unsere Schultern zu nehmen.« Dieser berühmte Satz aus seiner Rede zur

15 Bill Clinton im Oval Office des Weißen Hauses
zu Beginn seiner Präsidentschaft.

16 *(oben)* Bill Clinton, Al Gore und seine Frau Tipper Gore machen im Wahlkampf einen Zwischenstop bei einem Zwiebelfarmer in Georgia.

17 *(unten)* Lieblingsbeschäftigung: der Präsident und sein Vize telefonieren mit Bürgern.

18 *(oben)* Die erste Kabinettssitzung. Außenminister Warren Christopher (links im Bild), Bill Clinton, dem sein damaliger Berater George Stephanopoulos etwas ins Ohr flüstert, Verteidigungsminister Les Aspin und Handelsminister Ron Brown.

19 *(unten)* Typisch amerikanisch: das liebevoll gepflegte Haus in Hope, Arkansas, in dem Clinton seine Kindheit verbrachte. Der gelbe Fleck auf dem Gehweg zeigt den Touristen, von wo aus sie am besten fotografieren können.

20 *(rechts)* »Bin ich hier richtig bei Clinton?« – Karikatur in der »Washington Post« von Herblock (6. November 1992).

21 *(unten)* Bill und Hillary im Weißen Haus – beide versuchen, die Rolle der Ehefrau des Präsidenten neu zu definieren.

Amtsübernahme kam Kennedy machtvoll über die Lippen. Clinton würde man das kaum abnehmen.

Er ist nicht clever und »cool« wie Kennedy, sondern steht eher mit beiden Beinen auf dem Boden, den naheliegenden Problemen zugewandt. Ihm geht auch die Eleganz Kennedys ab, der Clintons Vorliebe für »junk food«, etwa Hamburger, oder seine Volksnähe, sicher auch seine schlabbrigen Jogginghosen, die er manchmal trägt, von der unvermeidlichen Baseballmütze einmal ganz zu schweigen, als zumindest unfein angesehen hätte, als einem Präsidenten nicht angemessen.

Und schließlich gab es da noch die Frauen. Beiden wurde nachgesagt, sie seien »womanizer«, Männer, die nicht nur der eigenen Frau zugeneigt sind. Aber während Bill Clinton kaum bewiesene Affären um ein Haar den politischen Hals gebrochen hätten, gereichten John F. Kennedy erheblich handfestere zur Ehre. Die Erscheinung der beiden First Ladies trennen Welten. Die schöne Jacqueline verwandelte das etwas »einfache« Weiße Haus in eine Art königlichen Hof. Sie brachte Stil in das noch relativ armselige kulturelle Leben der Hauptstadt. Sie besaß strahlenden Charme und wenig Interesse für das politische Leben ihres Mannes, dessen Seitensprünge sie offensichtlich ignorierte.

Ganz anders Hillary Clinton. Sie stellte sich mit ihrem Mann der Öffentlichkeit, als die Gerüchte aufkamen, und klärte die Sache ein für allemal. Bill Clinton steht sie, was den politischen Verstand angeht, nicht nach.

Bill Clinton hatte jahrelang als Gouverneur in Betsy Wright eine tüchtige Stabschefin. Bei Kennedy wäre das unmöglich gewesen. Das war nicht die Rolle, die eine Frau in seiner Welt zu spielen hatte.

So ist es womöglich eher die nostalgisch verklärte Erinnerung an einen verlorenen politischen Prinzen und nicht die nüchterne Gegenüberstellung, mit der man Bill Clinton in eine Sphäre heben wollte, in die er nicht gehört.

Die Clintons im Weissen Haus

Washington, kurz vor Sonnenaufgang. Der beginnende Berufsverkehr stockt an gewissen Kreuzungen, um einer seltsamen Wagenkolonne den Vorrang zu lassen. Sie folgt einer kleinen Gruppe von Joggern, die sich für einen langen Arbeitstag in Form bringt und vom Präsidenten angeführt wird. Es wird aufmerksam registriert, wer jeweils mit ihm rennt – von seinen Leibwächtern einmal abgesehen. Es gibt ja fast nichts in dieser Stadt, was nicht politisch bedeutsam wäre.

Die besagte Wagenkolonne besteht aus zwölf Fahrzeugen, wird von Polizisten auf Motorrädern flankiert. Ambulanz, Sicherheit, Presse, schwarze Limousine am Ende. Die Presse fährt in zwei Kleinbussen mit, weil sie darauf wartet, daß etwas passiert. Etwas Lustiges (ein Mädchen kommt an Bill Clinton heran und drückt ihm einen Kuß mit dickem Lippenstift auf die Wange) – oder etwas Böses (schließlich gab's auf Präsident Reagan auch kurz nach seiner Amtsübernahme einen Anschlag). Keiner verrät zwar den Kurs, den der Präsident nehmen wird, aber im Polizeifunk kann man genügend darüber erfahren. Die Männer und Frauen, die für seine Sicherheit verantwortlich sind, waren alles andere als begeistert von Bill Clintons Besessenheit, in der Öffentlichkeit zu joggen. Zum Glück nahmen die Proteste jener Bürger zu, die wegen ihres Präsidenten zu spät zur Arbeit kamen. Also wich er auf entlegenere Strecken aus, aber das war noch umständlicher. Schließlich gab er nach und plante, im Park des Weißen Hauses einen Rundkurs anzulegen, finanziert mit 30000 Dollar an Spendengeldern. So soll eine kurze Zeit enden, während der jeder normale Mensch dem Präsidenten begegnen konnte, wenn er nur früh genug aufstand. Jetzt soll er durch das Eisengitter schauen, das den Park umgibt. Ein bißchen wie im Zoo.

Die Jogging-Episode ging natürlich über das Anekdotische hinaus. Sie machte Bill Clinton vielmehr schmerzhaft klar, daß er seinen volksnahen Stil aus den Tagen als Gouverneur oder Wahlkämpfer nicht beibehalten konnte. In Washington war alles anders. Das Weiße Haus hat für den ersten Mann im Staate ein wenig den Charakter eines edlen Gefängnisses.

Was Bill Clinton auch im Weißen Haus nicht zu ändern brauchte, war sein Arbeitsstil. Da fand sich - wie ein bissiger Beobachter feststellte - »a workoholic's paradise«, das Paradies des Arbeitswütigen. Bill Clinton leidet zwar nicht an Schlaflosigkeit, aber mehr als sechs Stunden Schlaf benötigt er nicht; die jungen Leute seines Stabes offensichtlich auch nicht. Wer abends um acht nach Hause geht, macht sich schon früh auf. Als Bill Clinton daranging, ein Wahlversprechen einzulösen und das Personal des Weißen Hauses um 25 Prozent zu kürzen, hieß es ironisch, das müsse eben durch weniger Schlaf ausgeglichen werden. Die Nachteule Clinton sucht nicht selten spät abends noch eine Gruppe von Mitarbeitern zusammen, um ein Thema des nächsten Tages durchzusprechen. Auch lange Diskussionen mag er gerne. Deshalb wird weniger im Oval Office, dem Präsidentenbüro, als im anschließenden, größeren Roosevelt-Raum gearbeitet.

Bill Clinton pflegt einen lockeren Umgang und Teamwork, er liebt das Informelle. So kommt er nach dem Abendessen mit seiner Familie gerne in Turnschuhen, Jeans und Sporthemd in die Nachtsitzungen. Bill Clinton muß Bill Clinton bleiben können - das ist eine Devise seiner Umgebung. Auch wenn seine grenzenlose Energie in Erschöpfung der anderen ausarten sollte. Er versucht, die Bürokratie zu umgehen und möglichst alles selbst zu entscheiden, wobei er jedoch schon ziemlich früh an seine Grenzen stieß.

Er hat jedoch erreicht, daß das Interesse der Amerikaner an dem, was im Weißen Haus vor sich geht, sehr gestiegen ist. Die Postabteilung erhält dreimal so viele Briefe wie früher. Die junge Mannschaft, die zum großen Teil noch aus dem Wahlkampf stammt, hat die Technik umgekrempelt. Das Computerzeitalter ist mit etwas Verspätung auch in die Machtzentrale der Vereinigten Staaten eingezogen. Man kann den Eindruck gewinnen, daß man einen heißen Draht zum Präsidenten hat. Mit Hilfe seines Computers kann sich der Bürger ins Weiße Haus schalten, seine Meinung loswerden, kritisieren und loben, Reden und Programme anfordern. Allerdings bekommt er nur noch selten eine echte menschliche Stimme zu hören. Skeptiker wenden ein, daß nur Menschen, die mit einem Computer umgehen können, diese Angebote nutzen; daß die Masse, um die es Bill Clinton doch so sehr gehe, an dieser Kommunikation nicht teilnehme. Dennoch: Die Zahl der Anrufe, die früher bei 5000 bis 10000 lag, schwoll nach der Amtsübernahme an manchen Tagen auf 50000 an. Bill Clinton ist trotz aller Widrigkeiten, die das Amt mit sich bringt, dem Normalbürger näher als seine Vorgänger. Das macht es ihm auch leichter, den zahllosen Verpflichtungen nachzukommen, die ihm nicht als Regierungschef, sondern als Staatsoberhaupt aufgebürdet werden. Da versammelten sich zum Beispiel am Ostermontag über dreitausend Kinder mit ihren teilweise genervten Eltern auf dem gepflegten Rasen des Weißen Hauses zum traditionellen Ostereierrollen. Es ist das etwas mühevolle Unterfangen, auf zehn Grasbahnen um die Wette Eier zu rollen. Diese das Durcheinander geradezu herausfordernde Übung hat eine lange Tradition. Sie wurde 1809 von der damaligen Präsidentengattin Dolly Madison eingeführt und ist das größte öffentliche Ereignis im Jahr, das das Weiße Haus heimsucht.

Diese unpolitischen, repräsentativen Termine gibt es fast jeden Tag. Der Präsident kümmert sich um Sportler, Künstler, Jugendgruppen, Lehrer, Soldaten. Das unterbricht zwar dauernd die Regierungsarbeit und kostet Zeit, ist aber außerordentlich wichtig, weil es immer mit attraktiven Bildern verbunden ist, die in den Abendnachrichten oder am nächsten Tag in der Zeitung auftauchen.

Obwohl Bill Clinton ein ausgesprochener Aktivist ist, brauchte er sehr lange, bis er seine Mannschaft beisammen hatte. Monatelang war eine Reihe von Ämtern nicht voll funktionsfähig oder wurde von Leuten aus der Bush-Zeit weitergeführt. Das ist nicht ungewöhnlich, lag aber auch daran, daß die Personalentscheidungen nicht von den Ministern getroffen wurden, sondern über den Schreibtisch des Präsidenten liefen. Auch Hillary Clinton hatte ein deutliches Wort mitzureden. Gerne besetzten sie Funktionen mit Leuten, die sie selber oder zumindest Freunde von ihnen kannten. Das brachte die sogenannten FOBs in Spiel, die »friends of Bill«, also die Freunde von Bill (und Hillary).

Das auffallendste Beispiel ist die New Yorker Anwältin Susan Thomases, die seit neunzehn Jahren eng mit Hillary Clinton befreundet ist. Sie hatte im Wahlkampf die Planung der Clinton-Auftritte verantwortet. Nach dem Wahlsieg hätte sie so manches hohe Amt in der Regierung oder im Stab beanspruchen können und es auch erhalten. Aber sie zog die Rolle der einflußreichen grauen Eminenz vor, über die im Weißen Haus lieber hinter vorgehaltener Hand geredet wird. Sie hat eine ähnliche Laufbahn wie Hillary Clinton hinter sich und kümmert sich um deren Pläne. Sie hat nichts dagegen, für ihre Freundin die Prügel zu beziehen. Sie ist gefürchtet, hat eine harte Hand, liebt die heftige Diskussion, hat so manchen im Umfeld der Clintons verprellt. Kaum jemand spricht ihr hohe Kompetenz ab – dennoch wurden Fragen danach laut, wer denn zu den Klienten ihrer Anwaltspraxis gehöre.

Die Besetzung von Kabinett und Stab hat Bill Clinton Anerkennung eingetragen. Allen wird hohe Fachlichkeit bescheinigt. Viele von ihnen sind erst mit Bill Clinton bekannt geworden und verdanken ihm ihre Position. Ihre Loyalität ist ihm sicher. Er hat es vermieden, sich nur auf junge Leute zu stützen. Warren Christopher als Außenminister (67) und Finanzminister Lloyd Bentsen (72) gehören einer Generation an, von der sich Bill Clinton Erfahrung und Gelassenheit erhoffte. Als Konkurrenten kommen sie für ihn schon aus Altersgründen nicht in Betracht. Sein Prinzip hieß, ganz in der Tradition der Demokraten, Mannigfaltigkeit. Sie ist nach Clintons Ansicht die Stärke, nicht die Schwäche Amerikas. Möglichst alle gesellschaftlichen Kräfte sollten berücksichtigt werden.

Unter seinen fünfzehn Kabinettsmitgliedern befinden sich vier Frauen, vier Schwarze und zwei Vertreter lateinamerikanischer Herkunft. Unter diesem Gesichtspunkt war es kein Wunder, daß sich der Prozeß der Ernennung so lange hinzog. Hinzu kommt, daß alle höheren Positionen vom Senat bestätigt werden müssen. Das verlangsamt den Vorgang noch einmal.

Trotz der Mannigfaltigkeit ergab sich das erstaunliche Phänomen, daß drei Viertel der Kabinettsmitglieder Vermögensmillionäre sind. Da man in Amerika die materiellen Verhältnisse und die Steuerzahlungen offenlegen muß, wenn man sich um ein hohes Amt bewirbt, war das leicht zu errechnen. Da Reichtum eher als ein Beweis von Leistung gilt, ist damit auch nichts Negatives verbunden. Dennoch verwundert es im Falle Clintons; und um so mehr, als es bei Bush und Reagan weniger Vermögensmillionäre in diesen Positionen gegeben hat. Es wirft zugleich ein Licht darauf, wie »links« Clinton ist beziehungsweise wie sehr er dem kapitalistischen System verpflichtet ist. Es gibt noch ein weiteres Anzeichen für eine gewisse Ungleichheit: Der innere Kreis der Clinton-Vertrauten besteht in erster Linie aus weißen Männern mit ebenso elitärer Ausbildung, wie er sie genossen hat.

Eine der Richtlinien, an die sich Clinton bei der Besetzung hoher Positionen halten wollte, hieß: nicht die Fehler der Carter-Regierung wiederholen! Das galt besonders für den klassischen Zwist zwischen Nationalem Sicherheitsberater und dem Außenminister. Den gab es besonders heftig in der Nixon-Zeit mit Außenminister William Rogers und Sicherheitsberater Henry Kissinger, dann aber auch auf bissige Weise zwischen Carters Außenminister Cyrus Vance und Sicherheitsberater Zbigniew Brzezinski. Warren Christopher und Anthony Lake versuchten diese Entwicklung von vornherein zu verhindern, aber erst auf längere Sicht wird sich zeigen, ob das gelingt.

Daß die Solidarität im Weißen Haus nicht mit schweigendem Gehorsam gleichzusetzen ist, zeigte sich, kurz nachdem die Hundert-Tage-Schonfrist für Bill Clinton vorüber war: Sein Budgetdirektor Leon Panetta, vor seiner Ernennung ein Kongreßabgeordneter mit viel Erfahrung, sprach sich seine Bedenken gegen Bill Clintons Programme von der Seele – vor Reportern. Seine Klage: Clinton wolle zu viele Dinge durchsetzen, die der Kongreß nicht mittragen, das heißt ablehnen würde. Daß das tags darauf in den Zeitungen stand, sorgte für einen typisch Washingtoner Aufruhr, weil so viel Offenheit ungewohnt war. Sie wurde jedoch durchweg ernst genommen und nicht als Widerborstigkeit aufgefaßt. Bill

Clinton hat den Warnschuß aus seiner engeren Umgebung beachtet, denn mit Abwiegeln war ihm nicht geholfen.

Mit Bill und Hillary Clinton war zum erstenmal ein berufstätiges Paar ins Weiße Haus eingezogen. Daß sie an der Auffassung ihrer Rollen nichts ändern wollten, zeigte sich alsbald: Sie packte ihre Sachen im Ostflügel des Weißen Hauses, in dem üblicherweise die First Ladies ihr Büro haben, gar nicht erst aus, sondern zog über ihrem Mann im Westflügel ein.

In ihrer Arbeitsweise unterscheiden sie sich gründlich: Sie ist sehr gut organisiert, hält sich an ihre Zeitpläne, ist pünktlich, liebt kurze, präzise Gespräche. Er hingegen verspätet sich grundsätzlich, weil er sich von Diskussionen nicht trennen kann, aber auch nicht von Menschen, mit denen er gerade zu tun hat.

Sie streiten sich nach eigenem Geständnis schon seit jeher. Daran hat sich im Weißen Haus nichts geändert. Es gab Gerüchte, die auch seriöse Zeitschriften weiterverbreiteten, nach denen Frau Clinton in einem heftigen Streit mit Gegenständen nach ihrem Mann geworfen haben soll. Aber in allen Interviews versichern sie sich gegenseitiger Hochachtung und Bewunderung, betrachten sich als engste Verbündete und Vertraute. Die Spannung zwischen ihnen rührt wahrscheinlich daher, daß die beiden hochintelligenten Menschen starke intellektuelle Konkurrenten sind.

Die Amerikaner jedenfalls haben mit dem ungewöhnlichen Paar keine großen Schwierigkeiten. 65 Prozent von ihnen bewundern es und 72 Prozent halten es für gute Eltern, 60 Prozent für ein Vorbild. Auch mit der Rolle ihrer First Lady kommen sie gut zurecht.

Im privaten Leben haben sie ähnliche Schwierigkeiten wie andere berufstätige Paare, sehen sich aber viel öfter als vorher, als sie noch getrennte Arbeitsplätze hatten. Sie versuchen vor allem, Zeit für ihre Tochter Chelsea freizumachen. Für sie gibt es auch keine Einschränkungen. Wenn sie Sorgen oder Schulprobleme hat, sich krank fühlt, darf sie durchaus eine Kabinettssitzung unterbrechen. Die Tochter geht über alles. Als Bill Clinton gegenüber einem Reporter über das Private philosophierte, hörte sich das anders an, als man es von einem so Arbeitssüchtigen erwartet hätte: »Kaum jemand sagt auf seinem Totenbett: ›Ich wünschte, ich hätte mehr Zeit im Büro zugebracht.‹ Ich glaube zwar, daß Arbeit sehr wichtig ist und uns sehr viel bedeutet. Aber sie zählt doch nur, wenn sie uns ein besseres Leben führen, ein besserer Mensch sein läßt. Es ist es nicht wert, all die wichtigen Dinge der Arbeit zu opfern.« Und so nimmt er sich hin und wieder Zeit, um das geliebte Kreuzworträtsel der »New York Times« zu lösen oder sich mit seiner Tochter in den Fernsehraum zu setzen. »Sie und ihr Papa lieben es, zusammen schreckliche Filme anzuschauen.« So Hillary Clinton.

Im Weißen Haus wohnt und arbeitet der Präsident, im Weißen Haus arbeitet auch die Presse. Auf diese Weise sitzen sich beide an der Kehle oder gehen friedlich nebeneinander ihrem Job nach – je nachdem. Es ist ein ständig wechselndes Spannungsverhältnis.

Zwischen Clinton und der (amerikanischen) Presse ging es von Beginn an frostig zu. Das hatte mehrere Gründe. Zu lebendig war noch die Erinnerung an den umgänglichen Herrn Bush und den unverwüstlichen Marlin Fitzwater, den Pressesprecher von Reagan und Bush; dessen Souveränität, Gelassenheit, Witz und Zugänglichkeit hatten Maßstäbe gesetzt, die ihn fast zu einer Figur mit weltpolitischem Rang erhoben. »Marlin« war eine Washingtoner Institution, ein beliebter Mann. Seine rundliche Erscheinungsform betonte das Menschliche.

Seine Nachfolge wurde sowohl von der Konstruktion des Amtes als auch von der Person her ganz neu geregelt. Jetzt gab es mit George Stephanopoulos einen Kommunikationsdirektor, der 32 Jahre alt war, und in Dee Dee Myers eine Pressesprecherin, die noch ein Jahr jünger war. Niemand wußte so recht, woran beziehungsweise an wem man nun war. Stephanopoulos, von hoher Intelligenz, die leicht wie Arroganz wirkte, mit einem kühlen Blick aus bebrillten Augen, machte sich durch eine wesentliche Kleinigkeit die Presse zum Feind: Er schloß die Tür zwischen Presseraum und seinen Büros, die traditionell immer geöffnet war. Das wurde symbolisch gesehen. Stephanopoulos wurde seinen Ruf als gescheiter, aber unerfahrener Querkopf nicht mehr los. Die Zustände wurden chaotisch und schadeten dem Präsidenten. Dennoch schlug es wie eine echte Washingtoner Bombe ein, als Bill Clinton die Notbremse zog. Er nahm den ihm sehr nahestehenden George Stephanopoulos aus der Schußlinie und machte ihn zu einem persönlichen Berater. Sein Amt übernahm Marc Gearan. So weit, so gut.

Die eigentliche Sensation war die Ernennung von David Gergen zum Chefberater des Präsidenten, unter dessen Fittiche auch das Pressebüro gestellt wurde. Gergen hatte sehr erfolgreich an der Politik der Präsidenten Richard Nixon und Ronald Reagan mitgewirkt und kannte alle Schliche in Washington und im Weißen Haus. Allerdings hatte er unter Nixon und Reagan eine Politik vertreten, die in bestimmten Punkten (Steuern) jener Bill Clintons diametral entgegengesetzt war. Bei den Demokraten sorgte das für größte Verwirrung, aber Clinton und Gergen interpretierten die ungewöhnliche Entscheidung auf patriotische Weise: Gergen diene dem Land und dem Präsidenten, gleichgültig von welcher Partei er auch sei.

Viel besser als mit Stephanopoulos kamen die Journalisten mit der frischen Dee Dee Myers zurecht, die sich so gab wie ihr lustiger Vorname war. Sie war die erste Pressesprecherin des Weißen Hauses, aber durch Stephanopoulos in gewisser Weise mit viel weniger Autorität versehen als die Pressesprecher früher.

Bill Clinton hatte noch aus der Frühphase seines Wahlkampfes, als die Presse sehr harsch mit ihm umging, großes Mißtrauen ihr gegenüber. Kein Präsident seit Eisenhower hatte in seinen ersten zwölf Wochen so wenige Pressekonferenzen gegeben wie er: eine einzige.

Das hatte mehrere Gründe: Erstens kommt Clinton in offenen Gesprächen mit Bürgern viel besser an als im Meinungsaustausch mit Reportern; zweitens hatte er gesehen, daß George Bush seine Nettigkeit nicht viel genützt hatte; drittens gab es in der Kommunikationsstruktur eine Veränderung. Den traditionellen Medien, wie Radio, Zeitungen, Zeitschriften, Fernsehen und Agenturen, standen neue gegenüber – Kabelfernsehen, Bürgertreffen mit elektronischer Verbindung zu anderen Zuschauern, politische Treffen, an denen man telefonisch teilnehmen kann. Ihnen fehlen allerdings die menschlichen Vermittler. Und auf die ist ein Präsident in bestimmten schwierigen Situationen angewiesen. Gerade in Amerika, wo die Presse zumindest halboffiziell als vierte Gewalt angesehen wird, ist es kein glückliches Konzept, sie umgehen zu wollen.

So kommen also aus dem Weißen Haus der Clintons sehr gemischte Signale. Clintons nachdenkliche Bemerkung, er müsse erst lernen, wie diese Stadt funktioniere, bezeugt die Einsicht, daß er sich in mancher Beziehung verrechnet hat.

Zunächst mußte er erkennen, daß der Geist der Wahlkampagne endgültig tot ist. Damals konnten er und sein einfallsreicher Stab tun, was sie wollten. In der Regierung ist das anders. So simple Dinge wie die strengen Sicherheitsmaßnahmen verhindern es, daß Clinton noch so zugänglich sein kann, wie er möchte und wie er es braucht. »Umfragen kommen und gehen. Man kann aber das Leben der Menschen, ihre Sprache, ihre Weltsicht nur ermessen, wenn man mit ihnen direkt umgehen kann. Das ist sehr schwierig geworden.« So Clintons Erkenntnis.

Die bittere Niederlage im Kongreß, als es um sein Ankurbelungsprogramm für die Wirtschaft ging, hat ihn gelehrt, die Zustimmung auch der Opposition zu suchen. Für die bedeutete Clintons Plan, der zum Beispiel Sommerjobs für Jugendliche oder Straßenbauarbeiten finanzieren sollte, reine Geldverschwenderei. Sie würgte ihn mit Geschäftsordnungstricks ab.

Zudem mußte Clinton zusehen, wie die Öffentlichkeit ihn immer weniger verstand und unterstützte. Sein Wirtschaftsprogramm etwa war viel zu kompliziert. So machte er sich wieder daran, die Menschen anzusprechen wie im Wahlkampf und für seine Maßnahmen direkt beim Bürger zu werben. Im Weißen Haus wurde ein stellvertretender Stabschef berufen, der für eine striktere Linie im Programm des Präsidenten sorgen soll; eines Präsidenten, der Washington in einem optimistischen Sturm erobert hatte und dann eine Lehrzeit im Weißen Haus absolvieren mußte.

Die ersten hundert Tage

Seit Franklin D. Roosevelt 1933 in den ersten hundert Tagen seiner Präsidentschaft ebenso viele Gesetzesvorlagen durch den Kongreß brachte, ohne daß viel an ihnen geändert wurde, sind diese hundert Tage zu einer magischen Zahl der amerikanischen Politik geworden. Aber Roosevelt hatte eine wirtschaftliche Katastrophe geerbt, und alles, was er anpackte, wurde zu einem Rettungsanker. Mit ihm als Demokrat war allerdings zugleich ein Kongreß gewählt worden, in dem seine Partei sowohl im Senat als auch im Repräsentantenhaus eine überlegene Mehrheit besaß. Als er dann auch noch mit seinen Maßnahmen des »New Deal« durchschlagenden Erfolg hatte, meinte man später selbst unter gänzlich anderen Verhältnissen die Meßlatte der hundert Tage anlegen zu können.

Obwohl dieser Zeitraum zwar ein hübsches Symbol, jedoch völlig willkürlich ist und sich Geschichte nicht in Hundert-Tage-Scheibchen messen läßt, wird mit ihm zunehmend als Bewertungsgrundlage gearbeitet. Er wird dann zwar rasch vergessen, um vier Jahre später allerdings wieder hervorgekramt zu werden.

Es hat sich ein wahres Hundert-Tage-Gewerbe etabliert. Aus allen Richtungen laufen die Urteile in den Pressebüros auf. Das Transportmittel ist das Fax. Ungefragt schicken Experten ihre Meinungen. Presseclubs veranstalten Diskussionsrunden, die sogenannten »think tanks«, politische Institute, veröffentlichen Dossiers. Die Universitäten bringen Untersuchungen heraus. Radio und Fernsehen bieten Überblicke. In Zeitungen und politischen Magazinen stehen seitenlange Abhandlungen. Vor allem aber ist es die Stunde der Meinungsforscher.

Bill Clinton hatte viel dazu beigetragen, daß man ihn dem hochnotpeinlichen Hundert-Tage-Test unterzog. Im Wahlkampf hatte er selber die Erwartungen hochgeschraubt und deren Überprüfung geradezu provoziert: »Wenn ich gewählt werde, dann habe ich die Gesetze am Tag danach fertig. Ich werde sie zum Kongreß schicken, und wir werden eine erfolgreiche Hundert-Tage-Periode haben.« Nach seinen eigenen Worten sollte es »die produktivste in der modernen Geschichte« werden. Daran mußte er sich am Stichtag messen lassen.

Das Ergebnis entspricht nicht den Erwartungen, die man an ihn knüpfte. Da klaffte eine Lücke zwischen dem Elan des Wahlkampfes mit seinen Versprechungen und dem, was in der kurzen Zeit durchgesetzt werden konnte. Die neue Erziehungs- und Umweltpolitik zum Beispiel steckt noch in den Anfängen, was als normal angesehen werden würde, hätte er nicht den Eindruck erweckt, er könne das alles viel rascher bewerkstelligen.

Wenn man die Umfragen zugrunde legt, hatte er den Mund zu voll genommen. 55 Prozent der Bevölkerung waren der Meinung, er habe seinen »Job als Präsident« gut gemacht. Wenn man das mit seinen Vorgängern vergleicht, so ergibt sich kein Jubelbild:

Dwight D. Eisenhower	73 %
John F. Kennedy	83 %
Lyndon B. Johnson	79 %
Richard Nixon	62 %
Gerald Ford	48 %
Jimmy Carter	63 %
Ronald Reagan	68 %
George Bush	56 %

So ermittelte das Gallup-Institut. Aber auch Umfragen mit freundlicherem Ergebnis sahen ihn am untersten Ende der Zustimmungs-Tabelle.

Wenn danach gefragt wurde, ob der neue Präsident viel oder wenig erreicht habe, sagten 63 Prozent, er habe wenig oder nichts erreicht. Auf der anderen Seite billigten ihm 65 Prozent zu, daß er versuche, einen Wandel zu vollziehen.

Wenn man Umfragen aus den ersten Tagen seiner Präsidentschaft mit denen nach hundert Tagen vergleicht, so ergibt sich eine generelle Enttäuschung, mit einer Ausnahme: Man glaubt, daß Bill Clinton die Ethik des Regierens verbessere.

Seine Wirtschaftspläne, so sagt die überwältigende Mehrheit, gingen nicht weit genug, mit seinen Steuerforderungen an den Durchschnittsbürger allerdings ginge er nun wieder zu weit.

Läßt man Tag eins bis Tag hundert der Clinton-Präsidentschaft an sich vorüberziehen, so ergibt sich das Bild hektischer Aktivität. Es begann mit dem Ansturm von dreitausend Amerikanern, die den Clintons und Gores ihre Aufwartung im Weißen Haus machen wollten. Dieses sympathische Chaos war so etwas wie eine Vorausdeutung auf das, was kommen sollte.

Die Besetzung des Justizministeriums wurde zu einem Fiasko, an dem sich die Presse wochenlang genüßlich weidete und das den Präsidenten über Gebühr beanspruchte. Bill Clinton hatte sich in den Kopf gesetzt, eine Frau mit dem Justizressort zu betrauen. Seine erste Wahl war Zoe Baird, eine Überraschungskandidatin, die vorher nie erwähnt worden war. Als erfolgreiche Vizepräsidentin eines Versicherungskonzerns erinnerte sie in gewisser Weise an die Juristin Hillary Clinton.

Zoe Baird stolperte darüber, daß sie in ihrem Privathaushalt illegale Einwanderer zur Kinderbetreuung beschäftigt hatte, ohne Versicherungsbeiträge für sie abzuführen. Das hätte mit einer Nachzahlung aus der Welt geschafft werden können, aber nicht ausgerechnet bei der Justizministerin. Mit seiner zweiten Kandidatin, der Richterin Kimba Wood, erging es ihm ähnlich: Auch sie hatte für die Angestellten keine Beiträge abgeführt, wenn auch zu einer Zeit, als das gesetzlich nicht erforderlich war. Dennoch, auch sie ließ sich nicht halten.

Diese unschöne Episode war auch in anderer Hinsicht peinlich für die Clintons, die das Prinzip der Gleichheit von Mann und Frau im Beruf vorlebten: Keiner der männlichen Kandidaten für ein Ministeramt wurde gefragt, ob er ähnliche Vergehen gegen Gesetze oder Wertvorstellungen zu beichten habe.

Schließlich endete die Suche dort, wo bissige Kommentare es vorausgesagt hatten - bei einer Ledigen: Janet Reno, einer hohen Beamtin im Justizdienst Floridas. Diese Wahl fand weitgehend Beifall. Aber auch Janet Reno wurde vom Pech verfolgt. Kaum im Amt und mit der Neuordnung ihres Ministeriums belastet, geschah das, was in aller Welt unter dem Stichwort »Waco« für entsetzte Aufmerksamkeit sorgte. Der Führer der Davidianer-Sekte, David Koresh, hatte sich mit etwa achtzig seiner Anhänger und deren Kindern in einer großen Farm verbarrikadiert. Er hatte ein unvorstellbares Waffenarsenal und Vorräte für mehr als ein Jahr zusammengetragen. Am 28. Februar gingen Bundesbeamte gegen ihn vor. Sie wurden mit Salven aus Maschinengewehren empfangen, die vier von ihnen töteten und sechzehn verletzten. Auch einige Sektenmitglieder wurden getötet. An diesen blutigen und erfolglosen Ansturm schloß sich eine Belagerung an, die 51 Tage dauerte und von der nationalen und internationalen Presse hautnah verfolgt wurde. Am 19. April, nach endlosen Verhandlungen, war die Geduld Washingtons erschöpft. Im Schutz gepanzerter Fahrzeuge sollte so viel Tränengas in die Gebäude geblasen werden, daß die Sekte zum Aufgeben gezwungen wäre. Plötzlich stand das ganze Anwesen in Flammen. Wie eine unabhängige Kommission feststellte, hatten Koreshs Anhänger es selber an mehreren Stellen angezündet. Als die Feuerwehren nach einer dreiviertel Stunde eintrafen, gab es nichts mehr zu löschen. Über achtzig Menschen verbrannten, niemand entkam dem Inferno, das – wenn auch aus gebührender Ferne – live übertragen wurde. Eine sichtlich erschütterte Janet Reno übernahm sofort die Verantwortung, und Präsident Clinton stellte sich demonstrativ hinter sie. Es gab Rücktrittsforderungen, aber Bill Clinton wies sie als völlig unverständlich zurück. Politisch hatte er nichts zu fürchten. Wie Umfragen erwiesen, stand die Bevölkerung auch nach der Katastrophe mit großer Mehrheit hinter der Maßnahme. Ihrer Meinung nach hätte sie bereits viel früher ergriffen werden müssen. David Koresh hatte den Staat wochenlang zum Narren gehalten und herausgefordert. Dennoch, das grausige Fiasko lastete auf Bill Clintons junger Präsidentschaft. Entsetzen herrschte über den Tod der Kinder, die im Feuersturm umkamen. Hätte mehr Geduld sie retten können? Das war die zentrale Frage, die bei allem Verständnis für die Staatsraison drohend im Raum stand. Schließlich wußte man, daß es sich bei David Koresh um einen geistig verwirrten Mann handelte.

Direkt nach seinem Amtsantritt machte sich Bill Clinton daran, ein Wahlversprechen einzulösen, ohne zu ahnen, welch eine Kontroverse er damit auslösen würde. Es ging um die Aufnahme Homosexueller in die Armee. Während des Wahlkampfes hatte er erfolgreich damit geworben, er werde das Verbot aufheben, das 1982 unter Ronald Reagan noch einmal verschärft worden war. Damit hatte er die sehr aktive Minderheit auf seine Seite gezogen, die sich im Wahlkampf für ihn einsetzte und ihn auch wählte.

Clinton mußte jedoch sogleich zur Kenntnis nehmen, daß er zwar den Dienst Homosexueller in den Streitkräften als Bürgerrecht ansah – damit jedoch ziemlich allein dastand. Generalstabschef Colin Powell meldete trotz all seiner Loyalität entschiedenen Widerstand an. Sein Parteifreund Sam Nunn, Vorsitzender des mächtigen Verteidigungsausschusses im Senat, bremste ebenfalls. Aus der eigenen demokratischen Fraktion wurde ihm signalisiert, daß er mit keiner Mehrheit rechnen könne. Die Republikaner gingen ohnehin auf die Barrikaden. Vor allem jedoch hatte Clinton auch in der Bevölkerung keinen Rückhalt in dieser Frage. Er hatte sich an allen Fronten verschätzt und blies zum taktischen Rückzug. Nach langen Beratungen erließ er keine Anordnung, sondern beauftragte seinen Verteidigungsminister und den Generalstab, in einem halben Jahr mit einem Lösungsvorschlag zu kommen.

Ziemlich einhellig herrscht die Meinung, Clinton habe sich mit diesem Wahlversprechen unnötig in einen Zugzwang versetzt; noch dazu auf dem Gebiet des Militärs, wo ihm jede Fachkenntnis abgesprochen wird. Es kommt aber noch hinzu, daß Clinton wie ein Fremdkörper unter Soldaten wirkt und objektiv auch einer ist. Als er sich als Gast auf dem Flugzeugträger »Theodore Roosevelt« einfand, war da nichts von der Wärme zu spüren, die seinem Vorgänger und selbst Ronald Reagan entgegengebracht wurde, wenn sie sich unters Militär begaben.

Ein breit verzweigtes, beharrendes Establishment hatte ihm die Zähne gezeigt und eine Schwäche ausgenutzt. Mag der von der Bürgerrechtsbewegung beeinflußte Bill Clinton auch noch so wenig verstehen, daß einer Minderheit ein Grundrecht verwehrt wird, so hat er die gesellschaftlichen Realitäten gründlich verkannt – und niemand hatte ihn gewarnt. So hat er zunächst das Problem verschoben. Aber wie er sich auch entscheidet, er wird verlieren: Läßt er die Homosexuellen fallen, so hat er sein Wort gebrochen; hält er sein Wort, so wird er sich auf einen langen Kampf gegen Militär und Kongreß einlassen, noch dazu gegen eine Grundstimmung im Volk. Genau so ist es gekommen.

Die Affäre um die Besetzung des Justizministeriums, die Auseinandersetzung über die Homosexuellen, das Waco-Desaster, das alles waren Ereignisse, die in die glanzvollen ersten hundert Tage nicht eingeplant waren. Sie lehrten Bill Clinton jedoch auf drastische Art, wie wenig selbst der Präsident den Lauf der Dinge lenken kann. Damit aber nicht genug: Auch die Außenpolitik verlangte plötzlich die volle Aufmerksamkeit und die wertvolle Zeit eines noch unerfahrenen Präsidenten.

Das Schlimmste aber war, daß Bill Clinton von dem abgelenkt wurde, was er eigentlich tun wollte. Immer wieder hatte er im Wahlkampf gesagt, er werde all seine Kraft und Energie »wie einen Laserstrahl« auf die Wirtschaft richten. In seinem Hauptquartier hing ein Spruch in großen Buchstaben: »The economy – stupid«, was so viel heißt wie: »Die Wirtschaft, du Dummkopf«, und war die Antwort auf die Frage, welches das wichtigste Thema dieser Wahl sei. Aber die verschiedenen Ereignisse und eigene Unzulänglichkeiten verdarben dem neuen Mann in Washington das Konzept.

Und die Wirtschaft?

Es sah so aus, als sollte nach der Rezession eine Erholung gerade zur rechten Zeit kommen, um Bill Clinton das Leben zu erleichtern und scharfe Maßnahmen überflüssig zu machen. Aber es war zunächst nicht mehr als ein Aufflackern, motiviert auch durch den Schwung, den die neue Regierung mitbrachte. Clinton selber sah keine durchschlagende Besserung und brachte ein Ankurbelungsprogramm vor den Kongreß, das einen Umfang von 16 Milliarden Dollar haben sollte. Es ging ihm in erster Linie darum, »Jobs zu schaffen«.

Für die Republikaner aber war dieses Programm nichts anderes als die alte Methode »liberaler« Demokraten, mit Ausgaben Politik zu machen. Ihnen reichten die Einsparungen auf anderen Gebieten bei weitem nicht. Unter der Führung des Senators und alten Haudegens Bob Dole wandten sie die Technik der Dauerdebatte an und ließen den Präsidenten auflaufen. Auch sein Angebot, das Programm zu kürzen, wollten sie nicht gelten lassen. Am 92. Tag seiner Präsidentschaft gab Bill Clinton zu, verloren zu haben. Die Konsequenz hieß für ihn allerdings nicht Aufgabe, sondern ein neuer Anlauf; dieses Mal unter Einbeziehung seiner Gegner.

Auch beim Umweltschutz, bei dem die Regierung in Vizepräsident Al Gore über einen für amerikanische Verhältnisse ungewöhnlichen Kopf verfügt, mußte Bill Clinton erkennen, daß er noch gegen den Strom schwimmt. Die Erkenntnis, daß man auch im Umweltschutz gute Geschäfte machen kann, hat sich noch kaum durchgesetzt. Die amerikanische Gesellschaft ist noch nicht so weit, auf ungehemmten Verbrauch zu verzichten. Höhere Energiesteuern, geringerer Benzinkonsum, Massenverkehrsmittel, bessere Isolierungen beim Bau – alles nicht gerade das, womit Al Gore seine Mitbürger begeistern könnte.

Immerhin hat Bill Clinton mit einer programmatischen Rede auf dem sogenannten »Waldgipfel« Akzente für die Umweltpolitik gesetzt, die auch die Naturschutzorganisationen als eine eindeutige Abkehr von der Reagan/Bush-Ära betrachten, bei der die Wirtschaft erklärtermaßen Vorrang vor der Umwelt hatte und dies auch nicht verschwiegen wurde.

Schließlich fällt in die ersten hundert Tage auch das wohl schwierigste Unterfangen der neuen Regierung: alle Amerikaner mit einer Krankenversicherung zu versorgen. Die Aufgabe, einen Plan hierfür zu entwerfen und innerhalb von vier Monaten vorzulegen, bekam Hillary Clinton zugewiesen. Sie übernahm den Vorsitz einer hochrangigen Kommission und begann mit umfangreichen Konsultationen – so wie sie es schon in Arkansas auf dem Bildungssektor getan hatte. Der First Lady wird ein hohes Maß an Kompetenz zugebilligt, und die Zweifel, daß dieses Jahrhundertwerk, das die amerikanische Gesellschaft tiefgreifend verändern würde, gelingen könnte, richten sich nicht gegen sie. Wieder einmal lautet die Grundfrage: wer soll's bezahlen?

Bill Clintons erste hundert Tage enttäuschen vor allem deshalb, weil sie im starken Kontrast zu seinem optimistisch-schwungvollen Wahlkampf gesehen werden. Viele seiner Wahlversprechen konnte er nicht einlösen. Am schwersten wiegt da für den Wähler sicherlich, daß er der Mittelklasse Steuererleichterungen zugesagt hat, die er nicht gewähren kann. Clinton geht mit seinem Aktivismus ein großes Risiko ein. Im Gegensatz zu Ronald Reagan, der mit einer klar umrissenen Ideologie antrat, bietet Bill Clinton eine Überfülle von Programmen. Am liebsten möchte er sie alle auf einmal und sehr schnell verwirklichen; dabei stieß er auf die beharrenden Kräfte Washingtons. Nachdenklich gab er zu, daß er noch lernen müsse, wie diese Stadt funktioniere, aber zugleich sagte er trotzig, in Anspielung auf seine Busreisen im Wahlkampf: »Alle Leute hier in Washington müssen mit auf den Bus.«

Was bei der raschen Hundert-Tage-Analyse leicht übersehen wird - und daran trägt Bill Clinton selbst viel Schuld - ist die Tatsache, daß viele der Vorhaben nur langfristig realisiert werden können. Das Versprechen, aus Amerika ein neues Land zu machen, kann nur in mühevoller Geduldsarbeit eingelöst werden. Die Amerikaner jedoch haben eine Vorliebe für das Kurzfristige. Bill Clinton trifft auf eine Grundstimmung, die schon George Bush schwer zu schaffen machte: Amerika, so heißt es, befinde sich »on the wrong track« - auf dem falschen Gleis. Dagegen hat es auch ein energiegeladener Bill Clinton nicht leicht.

Aber auch wenn er eine Reihe schlechter Noten erhielt, eines wurde ihm zugute gehalten: der Wille, in diesem Land Änderungen zum Guten durchzusetzen und der Krise des Geistes und der Zuversicht entgegenzutreten.

Eines mochte im übrigen auch Bill Clinton zum Trost gereichen: der Kongreß, in dessen Interesse es fast nie gelegen hat, einen Präsidenten zu stark werden zu lassen, bekam von der Bevölkerung noch weit schlechtere Noten. Daran hat sich auch nach dem Einzug vieler Neulinge nichts geändert.

Wie aber beurteilte Bill Clinton selber seine ersten hundert Tage, nachdem er die Erwartungen so hoch gesteckt hatte? Als seinen größten Erfolg sah er es an, daß der Haushalt so schnell verabschiedet wurde. In ihm seien viele seiner Ziele erreicht worden: höhere Steuern für die Reichen, Abbau des Defizits, neue Investitionen. »Das entspricht nicht nur dem, was ich im Wahlkampf versprochen habe, das bringt auch das Land auf einen neuen Kurs. Ich denke, wir sind erfolgreich und gehen in die richtige Richtung. Ich habe ein gutes Gefühl.«

Aber vielleicht verschwieg er die Erkenntnis, daß er die Mächte des Widerstands unterschätzt und die Durchsetzungskraft seines Amtes überschätzt hatte.

Die Welt als Klotz am Bein

Für Bill Clinton galt die gleiche Devise wie für John F. Kennedy: Nur wenn die Vereinigten Staaten im Inneren stark sind, können sie in der Welt eine führende Rolle spielen. Daraus ergab sich für ihn die schlüssige Konsequenz: sich ganz auf die wirtschaftliche Gesundung zu konzentrieren. Die Amerikaner mochten das und wählten ihn.

Von Außenpolitik hörte man während des Wahlkampfes kaum ein Wort – übrigens auch nicht von George Bush.

Es gab allerdings zwei Versprechen, die Clinton später nicht einhalten konnte: Er wollte die Politik seines Vorgängers gegenüber Haiti umkehren und Flüchtlinge aufnehmen, womit er auf dieser Insel des Elends große Hoffnungen weckte; angesichts der Grausamkeiten in Bosnien plädierte er für eine aktivere Rolle der USA.

Aber sonst gab es nur eines: Amerika!

Kaum in Amt und Würden, mußte er erkennen, daß die Welt das anders sah.

Gleich in den ersten hundert Tagen empfing er eine stattliche Reihe von Staats- und Regierungschefs im Weißen Haus. Traditionell eröffnete Brian Mulroney aus Kanada den Reigen; es folgte der türkische Präsident Özal, was eher zufällig geschah und keine Aufwertung sein sollte; der britische Premierminister John Major wäre bei der Verbundenheit beider Länder eigentlich als zweiter dran gewesen; das Treffen mit François Mitterrand offenbarte zum erstenmal, daß es auch in der Außenpolitik einen Generationssprung gab; der frühe Besuch Yitzhak Rabins entsprach Clintons Ziel, das amerikanisch-israelische Verhältnis aus seinem Tief in der Bush/Baker-Ära herauszuführen; Helmut Kohl als gewichtigster europäischer Partner kam sicher nicht zufällig wenige Tage vor dem Gipfeltreffen mit Boris Jelzin im kanadischen Vancouver; die Hervorhebung Israels glich darauf Ägyptens Hosni Mubarak aus; der letzte innerhalb dieser Frist war auch der schwierigste, nämlich Kiichi Miyazawa, Japans dreiundsiebzigjähriger Ministerpräsident, der – wie Mitterrand – leicht Bill Clintons Vater hätte sein können.

Neben diesen offiziellen Treffen nahm der neue Präsident die Gewohnheit des alten wieder auf und telefonierte um die Welt. Und wie George Bush, so hielten auch Bill Clinton die Krisen in Atem. Schon in der Frühphase dieser Präsidentschaft lamentierten die Berater im Weißen Haus darüber, daß die Außenpolitik an vielen Tagen ihrem Chef ein Drittel seiner Zeit raubt. In der Phase der Vorbereitung auf den Gipfel mit Jelzin sogar noch mehr. Wenn man einbezieht, daß Clinton ohnehin dazu neigt, möglichst viele Dinge zugleich anzugehen, dann wundert es nicht, daß er sich verzettelte.

Was fand Clinton vor, und in welcher Lage befand er sich? Nicht nur war er der erste Präsident, der nach dem Zweiten Weltkrieg geboren wurde, sondern auch der erste, der nach dem Ende des Kalten Krieges in Washington Einzug hielt. Diese neue Ära ist nur deshalb weniger gefährlich, weil es nicht mehr das Gegeneinander der Supermächte gibt. Dafür multiplizieren sich die anderen Gefahren. Als Folge des Zusammenbruchs der ideologischen Konfrontation gewinnen regionale Umwälzungen internationale Bedeutung. Das Aufbrechen immer neuer Konflikte erfolgt so schnell, daß die Politik nicht folgen kann. Die »neue Weltordnung«, von der George Bush so gerne sprach, hat sich zunächst in der Tat eher als Weltunordnung erwiesen.

Das bezieht sich nicht nur auf die aktuellen Krisenentwicklungen auf der Welt; aus dem Schatten des Ost-West-Konfliktes hat sich eine wahre Teufelsbrut an weiteren Gefahren erhoben, die hochbrisant sind, auch wenn sie nicht (sofort) in Kriege oder Bürgerkriege übergehen. Sie rücken jetzt mehr ins Bewußtsein.

- Die massive Verbreitung von Waffen, vor allem in den Ländern der Dritten Welt. Aus unkontrollierbaren Arsenalen fließen gewinnbringend nicht mehr benötigte Waffen ab. In einer Zeit, da im Westen Abrüstung angesagt ist, geschieht in einem großen Teil der Welt das Gegenteil. Allerdings muß sich der größte Waffenhändler, die USA, fragen lassen, was er selber gegen diese Flut unternimmt.
- Umweltkatastrophen lauern wie Zeitbomben. Zum Beispiel bei den unsicheren Atomkraftwerken im früheren Ostblock, aber auch in so mancher Endlagerstätte im Westen. Niemand weiß, was mit den Unmengen von Material geschehen soll, das bei der Entsorgung biologischer und chemischer Waffen entsteht.
- Armut und Hunger. Wobei zu fragen ist, ob die Militäraktion in Somalia das richtungweisende Mittel zu ihrer Bekämpfung darstellt. In den USA wurde sie als Erfolg gewertet. Aber sie hat doppelt so viel gekostet, wie Clinton für zusätzliche Sicherheitskräfte in Amerikas Innenstädten ausgeben will. Wie oft wollen und können sich die USA dergleichen leisten?
- Die zunehmenden Separationsbewegungen, wobei der Blick in erster Linie auf die ehemalige Sowjetunion fällt und sich die Amerikaner fragen, ob sie irgendein Recht oder eine Verpflichtung haben, sich dort einzumischen.
- Unkontrolliertes Bevölkerungswachstum.
- Die Ausbreitung von Seuchen und Krankheiten wie AIDS.

Dieses ist keine vollständige Liste, nur wirft sie ein bezeichnendes Licht auf die erweiterten Herausforderungen, denen sich auch ein Präsident Clinton gegenübersieht.

Was die Regionalkonflikte betrifft, so hat er von der Bush-Regierung den Bürgerkrieg im ehemaligen Jugoslawien geerbt. Was sich im Wahlkampf noch ziemlich leicht fordern ließ, nämlich ein entschiedenes Eingreifen, erwies sich realpolitisch als undurchführbar. Die junge Regierung war in der Frage eines Militäreinsatzes zutiefst gespalten. Ein Brief der UNO-Botschafterin, Madeleine Albright, an Präsident Clinton, in dem sie dies forderte, wurde gezielt der Presse zugespielt. Das gleiche geschah mit einer Note ähnlichen Inhalts von zwölf hohen Beamten im Außenministerium an ihren Chef, Warren Christopher. Das machte deutlich, wie in den endlosen Sitzungen um eine Lösung gerungen wurde, die Clintons Wahlversprechen berücksichtigen könnte. Schließlich schwenkte Clinton auf den alten Bush-Kurs ein. Er sagte amerikanische Truppen zu, um einen Friedensvertrag zu sichern. Er sprach sich gegen ein alleiniges Vorgehen der Amerikaner aus, für das er auch nur wenig Unterstützung fand. Das »Nein!« kam vor allem vom Militär. Außerdem stellten sich 62 Prozent der Bevölkerung gegen Luftangriffe. Das konnte Bill Clinton bei aller Empörung gegenüber den Menschenrechtsverletzungen und Grausamkeiten nicht ignorieren. Zudem hielten die Europäer nichts von militärischem Eingreifen, was ihnen in den USA oft als Feigheit vorgeworfen wurde. Der Historiker Arthur Schlesinger jedoch gab zu bedenken, daß die Europäer eine bessere, historisch begründete Einsicht hätten. Er zog die Parallele zu Vietnam. 1967 versuchte Präsident Johnson, die Verbündeten des SEATO-Paktes davon zu überzeugen, sich militärisch in Vietnam zu engagieren, und erhielt eine klare Absage. Die südostasiatischen Staaten, der Szene und der Gefahr viel näher, schätzten den Krieg anders ein. Auch damals ging es um ähnliche Motive: um kollektive Sicherheit, um die Dominotheorie, um die Bestrafung eines Aggressors, um die Verteidigung der Weltordnung. Wenn Clinton die USA Schritt für Schritt in einen Krieg führe, so argumentierte der Historiker, dann werde Bosnien bei ihm die gleiche Rolle spielen wie Vietnam bei Lyndon Johnson. Wenn sich die USA aber in Bosnien aktiv engagierten, wie stünde es dann mit Angola, Armenien, Kambodscha oder Tibet? Wo höre der Kreuzzug auf? »Wenn vitale Interessen der Vereinigten Staaten direkt bedroht sind, müssen wir natürlich bereit sein zu kämpfen. Aber in vielen Fällen müssen wir die traurige Notwendigkeit akzeptieren, mit Tragödien zu leben, die unsere Macht nicht kontrollieren und unsere Weisheit nicht heilen können.«

Und die Worte John F. Kennedys aus dem Jahre 1961 haben heute mehr Geltung als damals: »Wir müssen erkennen, daß die Vereinigten Staaten nicht allmächtig und nicht allwissend sind; daß wir nur 6 Prozent der Weltbevölkerung ausmachen und unseren Willen nicht den anderen 94 Prozent aufzwingen können; daß wir nicht aus falsch richtig machen, nicht jede Feindschaft beenden können. Und so kann es keine amerikanische Lösung für jedes Weltproblem geben.«

Als es sich abzeichnete, daß Clinton Präsident werden könnte, gab es in so mancher Hauptstadt die Befürchtung, er werde die USA in die Isolation führen. Um so erstaunlicher dann, mit welcher Vehemenz sich die neue Regierung auf die Außenpolitik warf.

In der Bosnienfrage spielten Gefühl und Empörung eine große Rolle. Bill Clinton konnte den Bürgerkrieg nicht als abstrakte ethnische Auseinandersetzung sehen, sondern – so wie seine Landsleute auch – nur als grausames Wüten, dem aus Gründen der Mitmenschlichkeit ein Ende gemacht werden müsse. Unter welch einem Druck er stand, offenbarte sich während der beeindruckenden Zeremonie zur Eröffnung des Holocaust-Museums in Washington. Der wortgewaltige Friedens-Nobelpreisträger Elie Wiesel wandte sich mitten in seiner Rede zum Präsidenten um und bat ihn mit bebender Stimme, in Bosnien etwas zu tun, um das Blutvergießen zu beenden. Diese Worte gingen um die Welt. Und Bill Clinton sah seine Hände gebunden.

Er schickte Außenminister Christopher nach Europa, um dafür zu werben, Lufteinsätze zu fliegen und das Waffenembargo gegen die Bosnier aufzuheben. Aber der kehrte mit fast leeren Händen zurück. Clinton verfolgte jedoch weiter seine Politik, die über bloße Diplomatie hinausging. Für die Bewaffnung der bosnischen Moslems gab es ein erfolgreiches, wenn auch entferntes Vorbild in Afghanistan. Allerdings hatte auch dort die Bewaffnung der Rebellen zu jahrelangem Blutvergießen geführt, genau zu dem, was die Europäer auch in Bosnien befürchteten.

Der Krieg im früheren Jugoslawien ist ein Musterbeispiel für die schwer berechenbaren Herausforderungen, denen sich die Vereinigten Staaten gegenübersehen (im Gegensatz zur berechenbaren Ost-West-Konfrontation). Es ist auch fraglich, ob sich am Ende der Entwicklung des Konflikts klare Richtlinien für die Zukunft ergeben. Im Falle des Einsatzes von Truppen zur Bekämpfung der Hungersnot in Somalia handelte es sich in erster Linie um eine humanitäre Intervention. Aber Bosnien? Die Clinton-Regierung hat sich immer bemüht, ein mögliches Eingreifen auch als strategische Intervention zu interpretieren – wegen der Gefahr eines Balkankrieges. Aber ein klarer Fall war es nicht.

Absoluten außenpolitischen Vorrang hatte für Bill Clinton von Beginn an Rußland. Ihm war die Politik der Bush-Regierung längst nicht entschieden genug. Zwar hatte sein Vorgänger in einem beeindruckenden Endspurt noch den START-II-Vertrag mit Boris Jelzin unter Dach und Fach gebracht, aber der schwierigere Teil, nämlich die Ratifizierung und Durchführung, wartet auf Bill Clinton. Dabei muß Rußland noch nicht einmal die härtere Nuß sein, die es zu knacken gilt. Es wird außerordentlicher Mühen und einer positiven Entwicklung in Rußland bedürfen, um die Ukraine dazu zu bewegen, den START-II-Vertrag zu ratifizieren und auf die Atomwaffen zu verzichten, die noch aus sowjetischer Zeit auf ihrem Boden stehen (nach amerikanischen Angaben 1600 Langstreckenwaffen). Davon wiederum machen die Russen ihre Ratifizierung von START I und II abhängig.

Zunächst einmal ging es Clinton jedoch um Boris Jelzin. Er entschied sich, auf die Jelzin-Karte zu setzen, und gewann, auch wenn es genügend warnende Stimmen gegeben hatte, er solle sich nicht zu sehr auf die Person Jelzins festlegen. Auf dem Gipfeltreffen in Vancouver jedoch ahmte er den sehr persönlichen Stil nach, mit dem George Bush Diplomatie betrieben hatte. Es gelang. Niemand wußte so genau, woher er sie hatte, aber er versprach Jelzin noch in Vancouver 1,6 Milliarden Dollar, die er nicht vom Kongreß genehmigen lassen mußte.

Clintons Bestreben, Rußland zu helfen, war nicht selbstlos. Um sein ehrgeiziges innenpolitisches Programm durchzusetzen, mußte er im Verteidigungshaushalt sparen. Das war aber nur möglich, wenn der Entspannungs- und Demokratisierungsprozeß in Rußland voranschritt. Den einzigen Garanten dafür sah Clinton in Jelzin.

Auch auf einem anderen dornenvollen Weg schritt er unerwartet und unverzüglich voran: Sein Außenminister brachte die stockenden Nahost-Verhandlungen wieder in Gang. In den verstrichenen zwölf Jahren der republikanischen Herrschaft im Weißen Haus hatte sich auf diesem Gebiet nicht viel ereignet. Zwar hatte George Bush zusammen mit Michail Gorbatschow den Prozeß initiiert, aber danach kam es nicht zu irgendwelchen Fortschritten. Die größte nahöstliche Friedenstat hatte der letzte demokratische Präsident Jimmy Carter vollbracht, als er mit Anwar-as Sadat und Menachem Begin Frieden zwischen Ägypten und Israel schloß. Sicherlich würde es Bill Clinton außerordentlich passen, wenn er, der er auf außenpolitischem Gebiet als Neuling gilt, einen ähnlichen Erfolg verbuchen könnte.

Eine ganz andere Gangart als George Bush schlug er gegenüber Japan an. Man kann sich größere Gegensätze als George Bush und Bill Clinton in diesem Zusammenhang kaum denken. Der Bomberpilot aus dem Zweiten Weltkrieg war Angriffe auf die Japaner geflogen, als Bill Clinton noch nicht einmal auf der Welt war. Der kannte Japan vor allem als aggressive Invasionsmacht auf dem gehobenen amerikanischen Konsummarkt. Bereits beim ersten Treffen in Washington im April machte er dem japanischen Ministerpräsidenten klar, daß er nicht bereit sei, das riesige Defizit in der Handelsbilanz hinzunehmen. Wie schwierig es ist, daran etwas zu ändern, zeigte sich zur gleichen Zeit: Der Dollar befand sich im Nachkriegstief, die japanische Wirtschaft war schwach, dennoch blieb es beim Ungleichgewicht im Handel. Das amerikanisch-japanische Verhältnis wird aber zusätzlich komplizierter, da sich Japan in der veränderten Weltlage darauf zu besinnen beginnt, daß es einmal eine große Militärmacht war. Korea und China vor Augen, könnte Japan in die alte Rolle zurückfallen, die bislang überhaupt nicht von Bedeutung war.

Zwei weitere sehr verzwickte Fälle warten auf ihn: China und Iran. Sein Vorgänger hatte in der Chinapolitik seinen eigenen Kopf gehabt und sich nicht reinreden lassen. Auch nach der blutigen Niederschlagung der Studentenunruhen in Peking war ihm daran gelegen, die Verbindung aufrechtzuerhalten. Gut möglich, daß Bill Clinton in der Menschenrechtsfrage einen härteren Kurs einschlägt als Bush. Aber die zunehmende Liberalisierung der Wirtschaft und der bevorstehende Generationswechsel werfen ein neues Licht auf China. So wird Clinton also Vorsicht walten lassen, was sich schon bald zeigte, als er die Meistbegünstigungsklausel im Handel verlängerte.

Die Golfregion wird die Amerikaner weiter in Atem halten. Bill Clinton hat gleich nach Amtsantritt einen klugen Schritt getan, als er den Konflikt mit Saddam Hussein sozusagen »entpersonalisierte«. George Bush hatte es zugelassen, daß es in der Auseinandersetzung mit Saddam Hussein zu einem Kampf des Guten (Bush) gegen das Böse (Saddam) und damit zu einer gewissen Gleichwertigkeit kam. Bill Clinton kann sich eine derartige Fixierung gar nicht mehr leisten, weil sich die Gewichte seit dem Golfkrieg verschoben haben. Der Irak ist geschwächt – der Iran befindet sich auf dem Weg zur Vormachtstellung in der Golfregion. Obwohl wirtschaftlich auf schwachen Beinen, baut er kräftig an seiner militärischen Schlagkraft. Zudem nimmt er großen und aktiven Anteil an der Verbreitung des islamischen Fundamentalismus. Und da sind auch elementare Interessen der Amerikaner betroffen, vor allem in Ägypten und den von Israel besetzten Gebieten.

Bill Clinton hat die Außenpolitik in die Hände von Warren Christopher gelegt, einem siebenundsechzigjährigen Juristen, der ideologiefrei und pragmatisch Politik macht. Er sei kein Visionär, heißt es. Man hat ihn die Sphinx genannt, weil er ruhig und ohne viel Aufhebens agiert. Der Nationale Sicherheitsberater ist Anthony Lake, der bereits in den siebziger Jahren mit Henry Kissinger zusammengearbeitet hat. Er gilt als der intellektuelle Motor. So hat Bill Clinton die Verantwortung für die Außenpolitik nicht jungen Feuerköpfen übergeben.

Wie zwei seiner Vorgänger, nämlich Ronald Reagan und Jimmy Carter, ist er ein auf die Innenpolitik fixierter Gouverneur. Es kann aber gut sein, daß er - durch die Welt gezwungen oder aber freiwillig - Gefallen an der Außenpolitik findet. In ihr hatten sowohl Reagan als auch Carter ihre größten Erfolge. Und keiner kann dem Präsidenten auf diesem Feld so leicht reinreden.

FIRST LADIES

Alles schon mal dagewesen

Im Jahre 1860 tauchte der Titel »First Lady« zum ersten Mal auf. Davor hatte es aber bereits fünfzehn Präsidentengattinnen gegeben, fünfzehnmal die Frage, welche Rolle sie vor oder hinter den Kulissen gespielt haben mögen. Die drei letzten, Nancy Reagan, Barbara Bush und Hillary Clinton, faszinieren durch ihre völlig verschiedene Art: die Drahtzieherin aus dem Hintergrund, die Großmutter der Nation, die Partnerin in der Politik. Für jede hat es irgendwann, in irgendeiner Form ein Vorbild gegeben. Die Geschichte der First Ladies ist interessanter als die ihrer Männer, weil sie geheimnisvoller ist.

Ehrgeiz – das wird ihnen nur zu gerne zugeschrieben. Aber es gab auch das pure Gegenteil. So seufzte Anna Harrison, nachdem ihr Mann 1840 gewählt worden war: »Ich wünschte, seine politischen Freunde hätten ihn dort gelassen, wo er war – glücklich und zufrieden im Ruhestand.« Nicht viel anders 150 Jahre später, als Barbara Bush keinen Hehl daraus machte, daß sie nichts dagegen hätte, wenn sie nicht noch einmal vier Jahre im Weißen Haus zubringen müßte, sondern sich statt dessen mit Kindern und Enkeln im Ruhestand vergnügen könnte.

Zu den Ehrgeizigsten gehörte, zumindest im vorigen Jahrhundert, Mary Lincoln. Sie plagte geradezu die Sucht, die Wahl zu gewinnen. »Ich weiß nicht, wie ich eine Niederlage überstehen soll. Ich hoffe, das bleibt mir erspart.« Als ihr Mann erfuhr, daß er gewonnen hatte, rief er seiner Mary zu: »Wir sind gewählt.«

Mary Lincoln war auch bereits beim Wahlkampf dabei. Ein Grund, unbedingt ins Weiße Haus zu wollen, waren wohl auch ihre

Schulden. Sie kaufte zu gern ein und stand mit der für damalige Verhältnisse stolzen Summe von 7000 Dollar in der Kreide. In der Tat wurde über das Geld später nie mehr gesprochen. Sie geriet aber auch ins Gerede, weil sie das Weiße Haus umdekorieren und mit neuem Porzellan versehen ließ. Für das gleiche »Vergehen« mußte genau 120 Jahre später Nancy Reagan böse Kritik einstecken.

Die zweite Präsidentengattin, Abigail Adams, war eine sehr kenntnisreiche Beraterin ihres Mannes, dem sie in Hunderten von Briefen Ratschläge für seine Wahlkämpfe 1796 und 1800 gab. Sie war übrigens sowohl die Frau als auch die Mutter eines Präsidenten.

Bis auf einige Ausnahmen hielten sich bis zum Beginn des 20. Jahrhunderts die Frauen der Präsidenten sehr zurück und erregten wenig Aufmerksamkeit. Es gibt Autobiographien und Biographien von Präsidenten, in denen die Frau und die Familie gar nicht erwähnt werden. Sehr viele First Ladies des vorigen Jahrhunderts waren unsichtbare Frauen.

Eine Wende stellt das Jahr 1920 dar. Zum ersten Mal durften die Frauen an der Präsidentenwahl teilnehmen. Und Florence Harding, die Gattin des damaligen Kandidaten und späteren Siegers Warren Harding, gelang der Durchbruch zur Öffentlichkeit. Von da an wurde über die First Ladies mehr und mehr geschrieben, ihre Bilder erschienen in den Zeitungen. Es stimmt also nicht ganz, daß die First Ladies vor 1933, als die Roosevelts kamen, Presse und Öffentlichkeit nicht faszinierten.

Dennoch war Eleanor Roosevelt die überragende Erscheinung unter allen First Ladies. Natürlich lag das auch daran, daß ihr Mann, Franklin D. Roosevelt, zwölf Jahre im Weißen Haus residierte, was es vorher nie gegeben hatte und nachher nie wieder gab. Die große Wirtschaftsdepression und der Zweite Weltkrieg fielen in ihre Zeit und stellten ungewöhnliche Anforderungen, denen sie zunächst nur zögernd nachkam. Eleanor Roosevelt arbeitete als erfolgreiche Journalistin, bevor sie ins Weiße Haus einzog, und sie nahm diesen Beruf nach dem Tode ihres Mannes 1945 wieder auf. Damit nahm sie vorweg, was heute Hillary Clinton auszeichnet. Auch die Angriffe, denen sie ausgesetzt war, glichen jenen gegen Hillary Clinton. Daß sie ihr eigenes Geld verdiente und für Rassengleichheit eintrat, warfen ihr die republikanischen Gegner vor. 1940 war sie die erste First Lady, die auf dem Nominierungsparteitag eine Rede halten durfte. 1992 schickten die Republikaner Barbara Bush ebenfalls auf einer solchen Veranstaltung ins Feuer.

An Eleanor Roosevelts Nachfolgerin, Bess Truman, biß sich die Presse die Zähne aus. Sie hüllte sich in politischen Fragen in eisiges Schweigen und umschrieb ihre Rolle so: »Der Platz der Frau ist neben dem Mann, sie soll den Mund halten und aufpassen, daß ihr Hut gerade sitzt.« Gemessen an ihrem Einfluß war das purer Sarkasmus. Sie ließ sich von ihrem Mann über alles informieren und redete mit [illegible] aber nie öffentlich. Die überaus beliebte Mamie Eisenhower hingegen plauderte gerne, war aber eher wegen ihrer unnachahmlichen Art, mit Menschen umzugehen, die wohl beste Frau für Wahlkämpfe. Wenn man 1992 meinte, daß mit Hillary Clinton besonders übel umgesprungen wurde, mußte man nur einen Blick in die Vergangenheit werfen, um eines Besseren belehrt zu werden. Die Attacken früherer Jahre, wenn nicht Jahrhunderte, ließen an persönlicher Infamie nichts zu wünschen übrig: Frances Folsom war mit einundzwanzig Jahren die jüngste und eine der schönsten First Ladies, zudem außerordentlich beliebt. Als ihr Mann, Präsident Grover Cleveland, 1888 im Wahlkampf stand, setzte die Opposition das Gerücht in die Welt, er schlage seine junge Frau regelmäßig. Es wurde gar in einer anonymen Schrift verbreitet. Der Schuß ging nach hinten los: Die schöne Frances wurde auf dem Parteitag gefeiert.

Ein weiterer Meilenstein in der Entwicklung ihrer Rolle war für die First Ladies die Einführung des Fernsehens im Wahlkampf. Das war 1952. Von da an konnte eine First Lady nicht mehr dem Rampenlicht entwischen, selbst wenn sie es wollte.

Die Erscheinung spielte eine immer wichtigere Rolle. Aber selbst Nancy Reagan mit ihrer engen Verbindung zu den Modemachern hatte in Louisa Adams eine Vorgängerin, die in den zwanziger Jahren des 19. Jahrhunderts von den Couturiers umworben wurde. Jacqueline Kennedy verleitete dieses Starren auf das Äußerliche zu der bissigen Bemerkung: »Was hat meine Frisur mit den Fähigkeiten meines Mannes als Präsident zu tun?« Nichts natürlich, aber als First Lady kann man sich derlei logische Fragen nicht stellen. Es wird darauf geschaut, und es spielt eine Rolle. Das erfuhr auch Hillary Clinton, als sich alle Welt über ihr Haarband aufregte und sie es folglich wegließ.

Zwischen dem Trivialen und Erhabenen bewegt sich die First Lady, die nicht nur die Frau des höchsten Politikers des Landes ist, sondern zugleich eine Art Ersatz-Königin. Es ist eine Doppelrolle, die zu einer inoffiziellen Institution geworden ist. Sie erfüllt die Funktion eines Vorbildes für Millionen Menschen. Ihre Mischung aus Öffentlichem und Privatem ist irritierend. Der Einfluß der First Lady ist unbestreitbar, ihre damit verbundene Macht sehr abhängig vom jeweiligen Selbstverständnis.

Wenn man die Erscheinungen der First Ladies an sich vorüberziehen läßt, bleibt unwillkürlich die Frage, warum es zweiundvierzig Präsidenten in den USA gegeben hat, darunter schlechte, und keine Präsidentin. Ann Richards, Gouverneurin des Bundesstaates Texas und eine der resolutesten amerikanischen Politikerinnen, meinte, so eine Frau sei noch nicht herangewachsen. Aber warum sollte eine Hillary Clinton oder eine Eleanor Roosevelt den Ansprüchen nicht genügen?

Womöglich dauert es doch nicht mehr allzu lange, bis man sich darüber den Kopf zerbricht, wieviel Einfluß wohl der »First Gentleman« auf die Präsidentin habe.

Nancy

Am 4. Mai 1987 hatte sich im schicken »Waldorf Astoria«-Hotel in New York die Gesellschaft amerikanischer Zeitungsherausgeber zu ihrem Jahrestreffen eingefunden. Als prominente Sprecherin hatten sie Nancy Davis Reagan gewonnen. Ihr Thema: die Macht der First Ladies. Sachkundiger hätte die ehrenwerte Versammlung nicht unterrichtet werden können, wenn die »Frau des Bosses« – wie sie sich nannte – alles erzählt hätte. Es war das erste Mal, daß sie in einer Rede zu dieser allzeit aktuellen Frage Stellung nahm. »Obwohl ich mich nicht in die Politik einmische, wäre es töricht zu glauben, daß meine Meinung bei einem Mann kein Gewicht haben sollte, mit dem ich seit fünfunddreißig Jahren verheiratet bin. Und, meine Damen und Herren, machen Sie sich nichts vor: So war es, seit es Präsidentengattinnen gibt.« Damit sprach sie gelassen eine Wahrheit aus, die allerdings von First Lady zu First Lady längst nicht das gleiche Gewicht besaß. Unbestritten gehört sie selber zu jenen, denen man ungewöhnlich großen Einfluß im Weißen Haus zuschreibt. Da wird sie im gleichen Atemzug mit so machtvollen Vorgängerinnen wie Edith Wilson und Eleanor Roosevelt genannt. Edith Wilson, deren Mann Woodrow von 1913 bis 1921 Präsident war, hatte die Geschäfte im Weißen Haus in die Hand genommen, nachdem er einen zweiten Herzanfall erlitten hatte. Eleanor Roosevelt, First Lady von 1933 bis 1945, war in den entscheidenden Phasen dieses Jahrhunderts, der großen Wirtschaftsdepression und dem Zweiten Weltkrieg, zu einer bewunderten nationalen Größe emporgestiegen.

Nancy Reagan wies in ihrer Rede auf den wesentlichen Punkt hin, nämlich die persönlichen Bande zwischen den Partnern. Sie ging dabei zwar von ihrer eigenen, besonders glücklichen Ehe aus, entwarf aber dennoch, in plastischer Weise, ein allgemeingültiges Bild: »Für mich ist die First Lady ein anderes Mittel, den Präsidenten vor der Isolierung zu bewahren. Ich rede mit den Leuten, sie erzählen mir etwas, haben Ideen. Natürlich gebe ich sie an meinen Mann weiter. Und wenn sich etwas zu einem Problem entwickelt oder unter den Teppich gekehrt wird, dann rufe ich schon mal jemand aus dem Stab an und frage nach.« Es gebe Berater für alles – Wirtschaft, Außenpolitik, Verteidigung und vieles mehr – aber nicht für das Menschliche. »Keiner unter all diesen Experten kümmert sich um ihn als Individuum aus Fleisch und Blut, das mit dem Druck fertigwerden muß, das mächtigste Amt auf der Erde innezuhaben.«

Die Beschützerin ihres Mannes zu sein, war *eine* Sache – die Beschützerin des Präsidenten eine andere. Aber von einer Frau, deren Ehrgeiz großen Anteil daran hatte, daß er überhaupt Präsident geworden war, konnten diese beiden Rollen nicht auseinandergehalten werden. Das Attentat auf Ronald Reagan im März 1981 bestärkte sie entscheidend darin, Einfluß auf den Lauf der Dinge im Weißen Haus zu nehmen. Der Schock bewirkte nur eine noch größere Besorgnis um das Wohl des Präsidenten.

In dieser Anfangsphase der Reagan-Regierung hatte die Öffentlichkeit keine sonderlich freundliche Meinung von der First Lady. Ganze 44 Prozent sprachen sich positiv aus. Man hielt sie für extravagant und sozial uninteressiert. Im Vergleich zu Pat Nixon oder Rosalynn Carter schnitt sie doch recht armselig ab. Das lag daran, daß sie sich mit viel Energie daranmachte, das Weiße Haus aus der Kleinbürgerlichkeit der Carter-Ära zu befreien und wieder zu neuem Glanz zu führen. Das trug ihr den Spitznamen »Queen Nancy« und hämische Kommentare ein. Sie gab später selber zu, daß sie auf die Art, wie in Washington jeder Schritt genauestens verfolgt wurde, nicht vorbereitet gewesen sei. Immerhin kam sie aus Kalifornien, wo die Sitten anders sind.

Schließlich war mit Ronald Reagan nicht nur der erste Schauspieler ins Weiße Haus eingezogen, sondern mit Nancy Reagan auch die erste Schauspielerin. Auch ihre Welt war von Hollywood geprägt, und das ließ die beiden erst recht zu einer Seelengemeinschaft werden, zu der so leicht niemand Zugang gewann. Zwar hatte Nancy Davis keinen großen Erfolg in ihrer Filmkarriere zu verzeichnen, dennoch lernte sie all die Kniffe der Schauspielerei und wandte sie ebenso an wie ihr Mann. Das berühmteste Beispiel ist die Art, wie sie ihn mit leicht geneigtem Kopf von unten anhimmelt, etwas, das sie bis zur Perfektion in den Studios geübt hat. Dabei kam ihr allerdings etwas zugute, das nicht erlernbar war: ihre schönen, recht weit auseinander liegenden Augen, die sich nach dem Urteil der Fachleute besonders gut für die Pose eigneten.

Dieser Nancy-Blick gehörte im übrigen zu den wenigen Dingen, die Hillary Clinton von ihrer Vorgängerin übernahm. Als sie allerdings mitten im Wahlkampf mit dieser für sie untypischen Pose auftrat, nahm ihr das keiner so recht ab.

Ebenfalls in die Hollywood-Rubrik gehört Nancy Reagans inniges Verhältnis zur amerikanischen Modeindustrie. Die machte auch keinen Hehl daraus, in ihr eine große Propagandistin zu sehen. Modeschöpfer gehörten zu den häufigen Gästen der Galas im Weißen Haus. Sie sahen es als eine Ehre an, die First Lady mit Hunderten von Leihkleidern zu versorgen. Formal wurden ihr diese Gewänder zu bestimmten Anlässen geliehen, gehörten ihr jedoch danach. Die Preise reichten von 1500 bis 25000 Dollar. Trotz der Empfehlung ihres Steuerberaters tauchten diese Werte nie auf, wenn die Reagans ihre Finanzen offenlegten. Die Modeindustrie kam ihr mit Großanzeigen zu Hilfe: Die First Lady müsse das Recht haben, sich edle Kleider zu leihen, um das Land so effektiv wie nur möglich zu repräsentieren. Zu Nancy Reagans unverkennbarem Markenzeichen wurde die Farbe Rot.

Nicht nur bei der jährlichen Oscar-Verleihung gibt es einen Preis für lebenslange Verdienste, sondern auch beim Verband amerikanischer Modeschöpfer. Nach acht Jahren enger Verbindung wurde Nancy Reagan diese Auszeichnung 1989 bei einer Gala-Veranstaltung im New Yorker Metropolitan Museum verliehen.

Man kann sich vorstellen, mit welch gemischten Gefühlen Amerikas Modeschöpfer Barbara Bush entgegensahen, die sich aus edler Kleidung überhaupt nichts machte, sondern lieber so aussehen wollte wie eine Durchschnittsamerikanerin. Sie werde sich schon ändern, hieß es, aber da hatte man sich in Barbara Bush getäuscht.

Aber nicht die der Mode und höheren Gesellschaft zugewandte Präsidentengattin, zu deren ausgemachten Lieblingen Frank Sinatra gehörte, erregte die Gemüter, sondern ihre politische Machtposition. Ihre Charakterisierung hörte sich wahrlich nicht schön an: Da war von einer nicht gewählten, machthungrigen politischen Manipulantin mit außerordentlicher Rachsucht die Rede, die man nicht zur Verantwortung ziehen könne. Sie habe sich im Ostflügel des Weißen Hauses ein eigenes Machtzentrum geschaffen, von dem aus sie ihre Fäden ziehe.

Ihr Ruf änderte sich erst, als sie sich 1982 auf dem sozialen Feld zu engagieren begann und dem Kampf gegen Drogensucht widmete. Sie folgte dabei nicht dem klassischen amerikanischen Ansatz, Drogenmißbrauch mit Strafverfolgung zu bekämpfen, sondern setzte auf Veränderung des Verhaltens in der Gesellschaft. Sie nannte ihre Kampagne »Just Say No« (Sag einfach nein). Anfangs wurde sie deshalb belächelt, weil es so harmlos klang, dennoch wurde es zu einem geflügelten Wort, das auch nach ihrem Abschied vom Weißen Haus Bestand hatte. Was es allerdings im Kampf gegen Drogen genützt hat, darüber gibt es keine meßbaren Werte.

Ein weiteres Programm, das sie förderte, sollte Alte und Junge zusammenbringen. Die Idee war, daß ältere Menschen (»Pflege-Großeltern«), die durch Beruf und Familie nicht mehr gefordert waren, sich um junge Menschen mit Problemen kümmern sollten.

Beide Aktionen wirkten ein wenig wie Feigenblätter des guten Willens. Ihre wahre Rolle spielte Nancy Reagan hinter den Kulissen des Weißen Hauses.

Seit ihrer Heirat hat sie die Richtung, in die Ronald Reagan ging, mitbestimmt. Seine ideologische Kehrtwendung vom Liberalen, der er in den ersten Jahren in Hollywood war, zu einem Konservativen erfolgte unter dem Einfluß von Nancy und ihrem stockkonservativen Stiefvater, Loyal Davis. Später im Weißen Haus wandte sie sich von den Konservativen ab und hielt sie auf Distanz, als es um die Beendigung des Kalten Krieges und die Annäherung an Michail Gorbatschow ging. Sie hatte immer eines fest im Blick: die historische Position des Präsidenten Reagan. Nur zu gern hätte sie ihn als Träger des Friedensnobelpreises gesehen. Er selber meinte dazu einmal: »Nancy hat sich in den Kopf gesetzt, daß ich als der Präsident des Friedens in die Geschichte eingehen solle.« Sie erkannte die historische Chance, die mit dem Aufstieg Michail Gorbatschows verbunden war. Ihr Vertrauter im Weißen Haus, der stellvertretende Stabschef Michael Deaver, erinnerte sich später: »Es war Nancy, die jeden zum Gipfeltreffen nach Genf drängte.« Als Ronald Reagan die Sowjetunion mit dem unsterblichen Wort »Reich des Bösen« brandmarkte, kritisierte ihn seine Frau, und er benutzte es danach nie wieder. »Nancy überzeugte mich, die Temperatur meiner Äußerungen zu verringern«, so Ronald Reagan später.

Sie konnte sich auch nicht dafür begeistern, daß auf Kosten der Sozialprogramme aufgerüstet wurde. Und sie war gegen Ronald Reagans umstrittenen Besuch in Bitburg. Ihre Vorstellungen davon, was ihm nützte oder schadete, waren realistisch. Daß unter der Präsidentschaft Reagans der Kalte Krieg beendet wurde, daran hat auch sie ihren Anteil.

Nancy Reagan war härter, geriebener und gerissener als ihr Mann. Das nutzte sie vor allem dann aus, wenn er in Schwierigkeiten kam. Er erlebte seine schwerste Krise, als um die Jahreswende 1986/87 der Iran-Contra-Skandal aufbrach und seine Präsidentschaft zu zerstören drohte. Sofort baute Nancy Reagan einen Schutzwall um ihn. Als Stabschef Don Regan die Meinung vertrat, jetzt müsse der Präsident erst recht an die Öffentlichkeit treten, widersprach ihm Nancy Reagan. Es kam zu den heftigen Telefongesprächen, bei denen sie wechselseitig die Hörer auflegten. Nancy Reagan setzte auch durch, daß bei den Fototerminen keine Fragen mehr an ihn gestellt werden durften, damit er sich nicht noch mehr in Widersprüche verwickelte.

Sie begründete ihren Einsatz zum Schutz ihres Mannes in einem Interview mit der »Los Angeles Times« sehr offen: »Ich hatte nicht das Gefühl, daß seine Leute gut für ihn arbeiteten.« Sie hielt ihr Eingreifen für notwendig. »Ich merke schneller, wenn jemand ihn in die Enge treibt oder seine eigenen Pläne verfolgt. Mir fällt das eher auf als ihm. Er kann es sich einfach nicht vorstellen, daß jemand so etwas mit ihm macht.« Sie war der Meinung, Don Regan hätte bei der Handhabung des Iran-Contra-Skandals versagt und dem Präsidenten schwer geschadet. Also mußte er weg.

Ronald Reagan brachte es nicht fertig, es seinem Stabschef selbst zu sagen, sondern schob es vor sich hin. Dennoch war es kein Geheimnis in Washington, daß Don Regans Stuhl wackelte. Nancy Reagan ließ bei einem Fototermin die neue Regel durchbrechen, daß keine Fragen gestellt werden dürften. Sie rechnete damit, daß die Journalisten sogleich auf das Thema Don Regan kommen würden –

und sie behielt recht. Etwas betreten antwortete der Präsident, daß Regan es selber entscheiden könne. Was hieß, daß er darauf wartete, von ihm die Bitte um Entlassung zu erhalten. Nancy Reagan und ihre Verbündeten wollten den Abgang aber nicht in die Länge ziehen. Man kann davon ausgehen, daß sie den Namen des vorgesehenen Nachfolgers an die Presse weitergaben, von der dann sowohl der Betroffene als auch der Präsident überrascht wurden. Auf jeden Fall ging Regan.

Nancy Reagan hatte zwar das Spiel gewonnen, aber es war nicht ohne Schaden für den Präsidenten abgegangen. Der wurde bei nächster Gelegenheit von einem Journalisten gefragt: »Wie sehr ist Frau Reagan an der Regierung beteiligt?« Zum ersten Mal reagierte Ronald Reagan wütend. »Nicht so, wie es in der Presse herumerzählt wird. Das ist abscheuliche Phantasie, derer man sich schämen sollte. Daß sie an Entscheidungen der Regierung beteiligt und so etwas wie ein Drachen sein soll, daran ist nichts. Und keiner, der sie kennt, würde das glauben.«

Diese Versicherung Ronald Reagans nahm wohl niemand ernst, ganz besonders nicht der Betroffene. Don Regan rächte sich mit einem Buch, das einigen Aufschluß darüber gab, wie der Präsident regierte, vor allem aber mit einer Enthüllung für gewaltigen Aufruhr sorgte: Nancy Reagan manipuliere die Politik des Weißen Hauses mit Hilfe einer Wahrsagerin. Das war wieder die unerschöpfliche Quelle, aus der die Geschichten um die Reagans sprudelten. Agierten im Weißen Haus zwei Schauspieler, so wurde es zur Bühne des Lebens. Natürlich wußte man, daß Nancy Reagan die Geschäfte ihres Mannes beeinflußte, aber nicht, daß sie die Astrologie zu Hilfe nahm. Damit hatte der tief getroffene Verstoßene eine gesellschaftspolitische Bombe gezündet. Und Washington hatte wieder einmal ein Thema für Polittratsch. Joan Quigley hieß die Wahrsagerin aus San Francisco, auf deren Rat Nancy Reagan so viel gab; ganz besonders seit dem Attentat auf ihren Mann. Das Weiße Haus beeilte sich abzuwiegeln. Die Astrologie habe nie eine Rolle gespielt, wenn es um Politik ging, allenfalls bei Terminen (so zum Beispiel bei der Festlegung des Datums für ein Gipfeltreffen mit Gorbatschow).

Reagans Dementis jedenfalls wurden ihm nicht abgenommen. Herrschte auch große Aufregung im Blätterwald und in den politischen Zirkeln, so hatten offensichtlich viele Amerikaner volles Verständnis für die First Lady. Das Weiße Haus wurde mit Anrufen überhäuft, nicht von Kritikern, sondern von Leuten, die wissen wollten, wie Nancy es mache. Es stellte sich heraus, daß 40 Prozent aller Amerikaner an Voraussagen dieser Art glauben. So ging auch dieser Sturm vorüber.

In seinem Buch schildert Don Regan unter anderem eine Szene, die sich nach dem Aufbrechen des Iran-Contra-Skandals abgespielt hatte. »An jenem Abend erhielt ich einen Anruf der First Lady. Der Präsident hatte sie darüber informiert, was herausgekommen war, und sie hatte viele Fragen, viele Ratschläge, wie die Krise zu bewältigen sei. Sie war wütend und eine Botschaft war klar: Es werden Köpfe rollen. Ich hatte den Eindruck, daß meiner sehr gut darunter sein könnte.« Diese Ahnung hatte ihn nicht getäuscht.

Nancy Reagan besaß ein gutes Gespür für Menschen. Sie erkannte, wer dem Präsidenten schadete, und drängte auf dessen Verschwinden. James Baker wußte als Stabschef sehr genau, wie er Nancy Reagan zu nehmen hatte, Don Regan nicht. Reagans erster Pressesprecher, Larry Speakes, schrieb: »Jeder weiß, daß er Nancy Reagan nicht umgehen kann, wenn er vorhat, weiter für ihren Mann zu arbeiten.« Sie hat enormen Einfluß in Washington erlangt. Sie hatte ihre Lieblingsberater, mit deren Hilfe sie ihren Mann zu beeinflussen suchte; sie hatte ihre Lieblingsjournalisten. Aber alle Mittel, die sie benutzte, setzte sie konsequent für das Wohl der Präsidentschaft ihres Mannes ein, so wie sie es sah. Und sie hat es nur zu oft klarer gesehen als er.

Gegen Ende der acht Jahre im Weißen Haus hatte sich auch das Bild zum Positiven gewandelt, das die Amerikaner von ihr hatten. Aber 40 Prozent meinten, sie habe zu viel Macht.

Ronald und Nancy Reagan waren aufeinander angewiesen. Er hatte sehr viele Bekannte und Verehrer, sehr viele Leute, die er mochte, aber nur einen Freund, seine Frau. So das einhellige Urteil jener, die ihnen nahestanden. Michael Deaver, der den beiden im

Weißen Haus womöglich am nächsten kam, schrieb: »Ich habe nichts erlebt, was der Tiefe an Vertrauen und Zuneigung zwischen Ronald und Nancy Reagan gleicht.«

Beide haben die Jahre im Weißen Haus über alle Maßen genossen. Sie hatten das Talent, die Bürde leicht zu nehmen. Es heißt, die First Lady habe das Weiße Haus nur sehr widerwillig verlassen, jene Frau, die man Queen Nancy nannte und die eigentlich Anne Frances hieß.

Barbara

»Ich wäre sehr gerne so wie Frau Reagan, aber ich bin es nun einmal nicht. Ich komme an sie nicht ran. Vielleicht, wenn ich auf der Waage besser aussähe, aber ich werde ihr nie gleich sein.« Diese doppeldeutige Wahrheit verkündete Barbara Bush wenige Tage vor der Amtsübernahme ihres Mannes im Januar 1989. Die Beschränkung des Vergleichs auf Gewicht und Umfang machte auf feinsinnige Weise klar, daß die beiden sich in keiner Weise ähnelten. In der Tat ist es schwer, sich zwei gegensätzlichere Frauen vorzustellen. So sahen das auch die Amerikaner. Sie mochten ihre Barbara und schwankten nie im Urteil. »Wenn Barbara Bush jetzt als Präsidentschaftskandidatin im Wahlkampf stünde, würde sie gewinnen. Aber es ist zu spät.« Das sagte ihr Mann am 6. Oktober 1992, also einen Monat vor dem Wahltag. Mit dieser Äußerung wurde er wieder und wieder zitiert. Man interpretierte sie als resigniertes Eingeständnis, daß er die Hoffnung aufgegeben habe, wiedergewählt zu werden. Das war sicher falsch, denn er war der letzte, den Glauben zu verlieren. Aber es war das Zugeständnis, daß ihm zu diesem wichtigen Zeitpunkt die Beliebtheit seiner Frau fehlte.

Deshalb setzten seine Strategen sie auch ein, wo sie nur konnten. Barbara Bush machte das anstrengende Spiel mit, wenn auch mit halbem Herzen und in erster Linie für ihren Mann. Sie reiste im Land umher, hielt Reden »für George«, den guten Mann. Sie posierte so, wie die Leute sie sehen wollten – als gütige Landesmutter. Sie trat mit einer Standardrede auf, in der sie verkündete, daß sich die Wirtschaft erholen werde und George der beste Mann für das Präsidentenamt sei. Eines war klar: Ihr könnte niemand die Schuld zuschieben, sollte ihr Mann die Wahl verlieren; sie hätte aber großen Anteil daran, sollte er gewinnen. Auf dem Wahlparteitag in Houston hielt sie an jenem Tag die Hauptrede, der den sogenannten Familienwerten gewidmet war. Die Familie spielte im Wahlkampf 1992 die gleiche Rolle wie der Patriotismus vier Jahre zuvor. Die Bushs schienen zu glauben, daß ihr gutes Beispiel als Eltern und Großeltern genausoviel für die amerikanische Familie erreichen könne wie ein Regierungsprogramm. Die Amerikaner sahen das womöglich ähnlich, interessierten sich jedoch für andere Dinge viel mehr, zum Beispiel für ihr wirtschaftliches Wohlergehen.

Schon kurz nach der Wahlniederlage machte sich Barbara Bush auf den Weg nach Texas, um ein Haus zu suchen. Sie hielt nichts mehr in Washington. Mit sich nahm sie einen gewissen Groll auf einige enge Berater ihres Mannes, denen sie zumindest einen Teil der Schuld am Niedergang des Präsidenten gab. Sie freute sich auf das Privatleben, in dem nicht mehr jede Bewegung oder Äußerung registriert wird. »Gleich nach der Wahl«, so klagte sie einmal, »mußte ich erfahren: Du kannst nichts mehr tun, sagen oder sogar denken, was nicht ungeheuer wichtig erscheint.« Nun konnte sie das wieder.

Barbara Pierce war 1925 im Städtchen Rye im Bundesstaat New York geboren worden und wuchs in guten Verhältnissen auf. Sie besuchte Schule und College, kam aber nicht dazu, einen Beruf zu erlernen. Als sie sechzehn war, begegnete ihr auf einem Weihnachtsball der Marineflieger George Walker Bush. Es sei Liebe auf den ersten Blick gewesen. 1945 feierten sie Hochzeit. Barbara Bush bekannte freimütig: »Ich heiratete den ersten Mann, den ich küßte.« Sie zog mit ihm nach Texas, wo er sich im Ölgeschäft betätigte, sodann kreuz und quer durch Amerika und die Welt. In ihren achtundvierzig Ehejahren zählte sie neunundzwanzig Umzüge. Sie bekam sechs Kinder, vier Söhne und zwei Töchter. 1953 starb ihre Tochter Robin im Alter von drei Jahren an Leukämie. Immer wieder kamen die Bushs später auf die Tragik dieses Verlustes zu sprechen, der Barbara Bush mit dazu veranlaßte, sich um das Schicksal benachteiligter Kinder zu kümmern. Ihr Lebensziel sah sie darin, verläßliche Partnerin ihres Mannes, Ehefrau und Mutter zu sein.

Daß sie diese selbstgesetzte Aufgabe mit ihrer zur Fülligkeit neigenden Figur bewältigte, spricht für ihre Selbstsicherheit. Es stellte sich allerdings rasch heraus, daß sich die Amerikaner mit dieser Erscheinung als Anti-Nancy sehr wohl fühlten. Da spielte es auch keine Rolle, daß sie in der gewandelten amerikanischen Gesellschaft, in der mittlerweile 75 Prozent der Frauen berufstätig sind, eine Art Anachronismus war. In ihrer Bodenständigkeit, Warmherzigkeit und Offenheit stellte sie das größte Vertrauenspotential im Weißen Haus dar, verehrt als die Frau mit den echten Falten und den falschen Perlen. Nie wäre ihr eine Schönheitsoperation in den Sinn gekommen, wie sie für die Hollywood-Dame Nancy Reagan durchaus nichts Außergewöhnliches war. Liebevoll wurde sie »Silberfuchs« genannt, in Anspielung auf ihre weiße Haarpracht, die unzählige Amerikaner für eine Perücke hielten. Sie war indessen keine Alterserscheinung, sondern schon sehr früh, nach dem Tod ihres Kindes, entstanden. Ihr Lächeln wirkte immer gütig und beruhigend, manchmal auch ironisch – aber nie so krampfhaft gekünstelt wie oft bei ihrem Mann, der es auch in Situationen aufsetzte, in denen es wahrhaft nicht angebracht war. So vergaß er bei einer Gedenkfeier am Babi-Jar-Mahnmal für die Opfer des Faschismus in Kiew den tragischen Anlaß und lachte in ein paar Kameras. Kameras bedeuten automatisch: Lächeln.

Die Amerikaner dankten Barbara Bush damit, daß sie sich als First Lady gleichbleibender Beliebtheit erfreute. Die Umfragen hielten sich immer bei 80 Prozent, was für einen Präsidenten eine Traumnote bedeuten würde. Als Folge davon wurde sie auch nie von der Presse aufs Korn genommen. Sie blieb als Frau und als First Lady unangreifbar.

Ihr Selbstverständnis in ihrer Rolle im Weißen Haus war klar: »Ich nehme offiziell keine politischen Standpunkte ein, weil ich mich als Ehepartner eines gewählten Regierungsvertreters genauso fühle wie der Vizepräsident gegenüber dem Präsidenten. Man schuldet dieser Person – diesem gewählten Vertreter – in der Öffentlichkeit Unterstützung. Hinter verschlossenen Türen kann man allerdings seine eigene Meinung vertreten.« Das tat sie ganz offensichtlich auch. Anders als Nancy Reagan, die ihre Vertrauten zur Beeinflussung des Präsidenten einsetzte, wandte sie sich direkt an ihren Mann. Viel sickerte nicht heraus, aber es gab Meinungsverschiedenheiten, und in vielen Dingen war Barbara Bush liberaler als ihr Mann. Sie hat die Kehrtwendung in der Abtreibungsfrage nicht mitgemacht, die George Bush vollzog, um sich der Reagan-Position anzunähern.

Und für George Bushs Mitgliedschaft in der »National Rifle Association« konnte sie sich offensichtlich auch nicht erwärmen. Dieser militante Verband setzt sich für die ungehinderte Verbreitung von Waffen aller Art ein, mit der Begründung, dieses Recht des Waffenbesitzes sei allen Bürgern durch die Verfassung verbrieft.

Das Bild der mütterlichen Barbara Bush mit dem sanften Lächeln leidet allerdings auch an Einseitigkeit. Sie konnte durchaus scharfzüngig sein und hat auf subtile Weise dazu beigetragen, daß ihre Auffassungen beachtet wurden. Mit Sicherheit wird davon ausgegangen, daß sie daran mitgewirkt hat, den umstrittenen Stabschef John Sununu aus dem Weißen Haus zu drängen. Gemessen jedoch an dem, was sie öffentlich tat, dürfen solche Abstriche an der Makellosigkeit nicht allzu schwer gewertet werden.

Sie ist Mitglied in zahllosen sozialen, medizinischen, erzieherischen Organisationen. Sie führte einen Kreuzzug gegen den in Amerika weit verbreiteten Analphabetismus. Die Erfahrungen mit den Leseschwierigkeiten ihres Sohnes Neil bildeten hierbei einen wesentlichen Antrieb. Die Obdachlosen, deren Zahl in Amerikas Städten ständig zunimmt, hatten in ihr eine Fürsprecherin – schon zu der Zeit, als sie noch die Frau des Vizepräsidenten war. Höchste Glaubwürdigkeit gewinnt sie jedoch beim Umgang mit Kindern.

Ihre Freundin Susan Baker, die Frau des Außenministers im Kabinett Bush, verglich sie mit Eleanor Roosevelt und deren sozialem Einsatz. »Sie sieht die Not. Sie nimmt Anteil. Sie gibt anderen

Kraft und Mut, sich zu engagieren.« Mit dieser Aussage konnte sie sich noch identifizieren, dem Vergleich mit der liberalen Demokratin Eleanor Roosevelt mochte sie aber nicht zustimmen. »Nicht ausgerechnet Eleanor Roosevelt, denn ich wuchs in einem Haus auf, in dem sie verabscheut wurde. Sie hat meine Mutter irritiert. Reden wir von jemand anderem.« Bei allem sozialen Einsatz durfte man eben nicht vergessen, daß Barbara Bush eine waschechte Konservative ist.

Ihrem Humor verlieh sie mit zwei sehr erfolgreichen literarischen Werken Ausdruck. Das eine schilderte das politische Leben Washingtons aus der Sicht eines Hundes, im anderen ging es um den braunweißen Spaniel »Millie«, den Familienhund der Bushs. Die Erlöse aus den Buchverkäufen kamen wohltätigen Zwecken zugute.

Barbara Bush hatte bei der Amtsübernahme ihres Mannes als eines ihrer Ziele erklärt, sie wolle ihn auch in Zukunft unter Menschen bringen. Das hat sie nicht erreicht. Das Leben im Weißen Haus sperrt sich gegen solche Volkstümlichkeit. Der Ausweg der Bushs war die Familie. »Es ist komisch, aber wenn du in eine Lage kommst, die dich von Menschen isoliert, dann baust du mehr auf deine Kinder und Freunde.« So bleiben von dem Präsidentenpaar Bush jene Bilder in Erinnerung, die sie im Weißen Haus oder vor ihrer Sommervilla in Kennebunkport zeigen – inmitten ihrer Familie: zweiundzwanzig Bushs. Die Eltern, zehn Kinder und Schwiegerkinder, zehn Enkel.

Hillary

Frage: »Was passiert, wenn Hillary Clinton etwas zustößt?« Antwort: »Dann wird Bill Clinton Präsident.«

Dieser Witz umschrieb in aller Kürze das Dilemma der neuen Partnerschaft im Weißen Haus, wobei die beiden Betroffenen es womöglich am wenigsten begriffen. Sie waren es nicht anders gewohnt, als politisch zusammenzuarbeiten. Aber Washington war irritiert. Auf einem Treffen der Republikaner wurde ein Auto-Aufkleber verteilt: »Wer hat sie gewählt?« Niemand, aber die Frage hatte Hillary Clinton im Wahlkampf längst auf freche und klare Weise beantwortet: Wenn ihr Bill wählt, bekommt ihr mich dazu.

Aber der Witz zielte ja weniger auf die Partnerschaft als auf die dominierende Rolle der First Lady. Sie galt als diejenige, die das Heft kurz entschlossen in die Hand nahm und sagte, wo es lang ging. Ihr Mann hingegen erschien eher als der unorganisierte nette Kerl, der sich das Handeln vorschreiben läßt. Die Außenwelt konnte sich von der traditionellen Denkweise noch nicht trennen. Danach nimmt eine starke First Lady ungerechtfertigten Einfluß auf die Politik des Landes, indem sie Macht über ihren Mann ausübt – meist getrieben von unersättlichem Ehrgeiz. Die Clintons betrachteten sich hingegen als ein Team, das doppelte Kompetenz einbrachte.

Es war schwierig, Hillary Clinton an Vorbildern zu messen. Da kam den Leuten Präsident Carters Frau Rosalynn in den Sinn, die für Empörung gesorgt hatte, weil sie an Kabinettssitzungen teilgenommen hatte. Als Bill Clinton vor seiner Amtsübernahme gefragt wurde, ob er sich das gleiche auch bei seiner Frau vorstellen könnte, schien er fast überrascht zu sein: »Ich hoffe sehr, denn sie versteht von vielen Dingen mehr als wir alle.« Nicht Einfluß, sondern Sachkenntnis war das Entscheidende. Aber ob dieser Unterschied allmählich in das Bewußtsein der Amerikaner dringt, wird erst der Ablauf der Präsidentschaft zeigen. Selbst dann kann sich erweisen, daß es ein Fehlversuch war, der das Amt des Präsidenten beeinträchtigte. Ebenso kann es sich als einmaliger Glücksfall herausstellen.

War der Weg ins Weiße Haus für Bill Clinton schon steinig genug gewesen, so gestaltete er sich für Hillary noch viel schwieriger. Zwar war sie als brillante Juristin zweimal unter die hundert besten der USA gewählt worden und hatte als »Landesmutter« im Bundesstaat Arkansas einen sehr guten Ruf, trotzdem erschien sie als Unbekannte mit großem Anspruch auf der nationalen Bühne. Wer war dieses vorlaute Wesen?

Hillary Clinton hatte in Little Rock eine sehr erfolgreiche Doppelrolle gespielt. Sie arbeitete in einer bekannten Anwaltskanzlei, wobei sie weit mehr zum Familieneinkommen beitrug als ihr Mann, der Gouverneur. Das trug ihr bei den Amerikanern, die ihre Welt ja gerne nach dem Dollar ordnen, Anerkennung ein. Nichts wurde in der Presse so oft erwähnt wie die Tatsache, daß sie ihren Mann finanziell in die Tasche steckte. Daneben aber verdankt der Staat ihr einen entscheidenden Anteil an der Erziehungsreform, die Bill Clinton in der amerikanischen Fachwelt zu einem Vorbild werden ließ. Sie bereiste unermüdlich alle fünfundsiebzig Distrikte des Landes, um die Menschen von der Notwendigkeit einer besseren Erziehung zu überzeugen, was bei der traditionellen Rückständigkeit dieses Bundesstaates einer wahren Sisyphusarbeit gleichkam. Als sie dann 1983 nach großen Mühen ihren abschließenden Bericht vor dem Parlament vortrug, eine Stunde frei und ohne jede Aufzeichnung redete, sprangen die Abgeordneten auf und spendeten ihr demonstrativ Beifall.

Seit 1973 gehörte sie außerdem dem »Children's Defense Fund« an, einer privaten Kinderschutzorganisation, deren Vorsitz sie schließlich fünf Jahre lang innehatte. So spielte sie in Arkansas längst und ganz selbstverständlich die anerkannte Rolle einer berufstätigen Mutter und politisch aktiven Gouverneursfrau. Was sollte in Washington anders sein, außer daß es sich in weit größerem Stil abspielte? Jedenfalls übertrug Hillary Clinton diese eigene Einschätzung sogleich auf die Bundespolitik und stieß auf Unverständnis. Im Wahlkampf führte sie ihren Mann auf den Veranstaltungen mit schwungvollen Reden ein, die keine Belanglosigkeiten und Floskeln enthielten, sondern schon ein Programm darstellten. Wenn sie dann noch das Wörtchen »wir« benutzte, fragte sich so mancher Beobachter, wer denn hier Präsident werden wolle. Es dauerte nicht lange, und es wurde böse über sie hergezogen. Aus dieser Zeit stammt das bissige Wort »Billary«.

Es blieb ihr nichts anderes übrig, als sich anzupassen. So ganz neu war das für sie nicht. Allerdings hatte sie es sehr gut verstanden, Anpassung und Bewahrung der Eigenständigkeit auszugleichen. Dennoch muß ihr die Anpassung aus wahltaktischen Gründen so manches Mal lächerlich vorgekommen sein.

Was für ein Theater wurde nicht um ihren Namen veranstaltet! Sie wurde Hillary Diane Rodham getauft, und so wollte sie auch gerne heißen. Auch nach ihrer Hochzeit. Als ihr Mann 1980 die Wiederwahl zum Gouverneur anstrebte, stießen sich die konservativen Wähler angeblich an dem eigenen Namen seiner Frau. Also gab sie nach und hieß fortan Hillary Clinton. So begann sie auch den Wahlkampf um die Präsidentschaft. Aber hin und wieder war bereits die Version »Rodham Clinton« im Spiel. In den meisten Wahlkampfveröffentlichungen der Demokraten blieb es bei Hillary Clinton. Erstaunt horchte man erst wieder auf, als der Präsident seine Frau »Hillary Rodham Clinton« mit der Aufgabe betraute, eine Gesundheitsreform auszuarbeiten. Die First Lady heißt nunmehr offiziell so, Hillary Rodham Clinton. Unter den Amerikanern möchte aber eine überwältigende Mehrheit, daß sie es bei Clinton beließe, ganze sechs Prozent tolerieren den Doppelnamen.

Auch ihr Haarband, das sie gerne trug, um ihren Schopf zu bändigen, erregte die Gemüter. Von einem Tag auf den anderen verschwand es, weil es angeblich ein unvorteilhaftes Image verbreitete. Trotzig verwendete sie es aber nach der Wahl ein paarmal, nur um es dann endgültig verschwinden zu lassen. Ihre Haare blieben aber im Gespräch, weil der belgische Modefriseur Christophe aus Beverly Hills sie mehrfach umstilisierte.

Erstaunt war man auch, als Hillary es plötzlich fertigbrachte, ihren Bill anzuhimmeln. Da man es ihr aber nicht so recht abnehmen wollte, wurde das Anhimmeln gegen den »Hillary nod« ausgetauscht. Während er sprach, nickte sie energisch und zustimmend zu seinen Worten, was sie in dieser Weise vorher auch nicht getan hatte. Es gab den Aussagen wohl die Weihe der verständigen Frau.

Ob sie es wollte oder nicht, das Dekorative spielt nun einmal eine wesentliche Rolle – ebenso wie sie die klassischen Aufgaben der First Lady im Weißen Haus, Gastgeberin und Repräsentantin, erfüllen muß. Prompt ließ man sie vor dem ersten Staatsessen im Abendkleid dabei fotografieren, wie sie die Anordnung der Gedecke auf den Tischen überprüft. Das Bild ging durch alle Medien, und für so manchen besorgten Zeitgenossen war die Welt kurzfristig wieder in Ordnung. Natürlich weiß sie, was von ihr im traditionellen Sinne erwartet wird. Und so hat sie sich – wie es ihre Art ist – sorgfältig informiert und die Biographien ihrer dreiundvierzig Vorgängerinnen studiert.

Als sie mit ihrem Mann zusammen die nationale politische Bühne betrat, hatte sie mit einem ausgeprägten Negativbild, das von ihr gezeichnet wurde, zu kämpfen. Vor Verleumdungen wurde nicht zurückgeschreckt. Das änderte sich aber allmählich.

Ihr Bild in der Öffentlichkeit wandelte sich, nachdem sie mit ihrem Mann in dem populären politischen Fernseh-Magazin »60 Minutes« erschienen war. Dort hatte sie mit Würde und klugen Worten ihre Position vertreten, als es um Vorwürfe der Untreue gegen Bill Clinton ging. Sie zog eine scharfe Linie, wie weit sie zu gehen bereit war, wenn ihr privates Leben betroffen war. Das wurde offensichtlich anerkannt und respektiert.

Einen weiteren Ruck gab es zu ihren Gunsten, als auf dem Parteitag der Republikaner schweres Geschütz gegen sie aufgefahren wurde. Das ging auch so manchem Konservativen zu weit. Die Republikaner merkten selber rasch, daß mit der Verteufelung Hillary Clintons die Wähler eher verschreckt als gewonnen wurden. Die Angriffe wurden eingestellt. Nunmehr wartet man lieber darauf, daß sie sich selber ein Bein stellt.

Die Anzahl der Amerikaner, die sie als Persönlichkeit positiv bewerteten, nahm rasch zu. Waren es im Dezember noch 46 Prozent, so sprachen sich nach der Amtsübernahme bereits 57 Prozent für sie aus. Drei Viertel aller Befragten sahen in ihr ein Vorbild für die amerikanischen Frauen, mehr als die Hälfte sprachen sich dagegen aus, daß sie die politische Beraterin des Präsidenten spielt. Die Achtung vor der Frau ist also erheblich gewachsen, ihre Rolle hingegen muß sie noch vielen verdeutlichen. Schon in ihren ersten hundert Tagen als First Lady hatte sie deren Bild radikal verändert und erweitert. Das muß keinerlei Konsequenzen für zukünftige First Ladies haben, weil es zu sehr auf diese Person und dieses Paar zugeschnitten ist. Jedenfalls konnte sie ihre Zeit im Weißen Haus mit unerwartet großer Unterstützung beginnen.

Ihre Gegner zeichnen von ihr das Bild einer militanten Feministin. Das ist eine fundamentale Fehleinschätzung. Nie hat sie sich als kämpferische Frauenrechtlerin gegeben. Sie ist eine glänzend ausgebildete und überdurchschnittlich tüchtige Juristin, die das Recht für sich in Anspruch nimmt, aus diesen Fähigkeiten dasselbe zu machen wie ein Mann. Zudem hat sich erwiesen, daß sie ein großes politisches Talent hat. Schließlich gilt sie allen, die sie näher kennen, als sehr besorgte Mutter.

Selbstverständlich hat sie ein Auge auf die Frauen, denn naturgemäß wird sie zu einem Vorbild von Millionen Frauen werden. So besuchte sie kurz nach dem Einzug ins Weiße Haus die Frauenvereinigung des Kongresses, der, mit sechs Ausnahmen, alle zweiundvierzig weiblichen Mitglieder von Senat und Repräsentantenhaus angehören. Sie erzielen sonst keine gesonderte Aufmerksamkeit, erinnern sich an einen quälenden Besuch Nancy Reagans und an eine Einladung an Präsident Bush, die dieser nie beantwortete. Für sie ist mit Hillary Clinton eine andere Zeit angebrochen. Sie werden mit ihren politischen Anliegen aus der geduldeten Frauenecke mehr in den Vordergrund rücken, in dem Maße, in dem auch im Weißen Haus und im Kabinett die Frauenstimmen deutlicher zu hören sind.

Daß Hillary Clinton keine radikale Feministin ist, läßt sich auch aus ihrer Herkunft ableiten. Am 26. Oktober 1947 wurde sie in Park Ridge geboren, einem gediegenen Vorort von Chicago. Sie wuchs in einer konservativen Familie mit zwei jüngeren Brüdern auf, in steriger Harmonie, mit starker Bindung an den Vater. Als er im April 1993 starb, wenige Wochen nachdem die Tochter ihren schwierigen Regierungsauftrag übernommen hatte, brauchte sie – nach eigenen Worten – eine geraume Zeit, um wieder zu sich zu finden.

Alles, was sie tat, trug konservative Züge: Sie besuchte das renommierte Wellesley College, wo sie Präsidentin der jungen Republikaner wurde, sich aber auch gegen den Vietnamkrieg wandte. Sie arbeitete für den Staat von Arkansas, in der amerikanischen Anwaltsvereinigung und im Aufsichtsrat einer großen Handelsfirma – alle über jeden Verdacht erhaben, »links« zu stehen. Und sie selber macht keinen Hehl daraus, woher sie kommt. »Sicher bin ich konservativ. Ich würde die Art und Weise, wie ich aufgezogen wurde und wie ich bin, als konservativ im wahren Sinne des Wortes bezeichnen; nicht in dem radikalen, ideologischen, destruktiven Sinn, wie dieses Wort oft benutzt wird. Ich wurde zu Selbstvertrauen erzogen, aber auch dazu, mir dennoch darüber im klaren zu sein, daß ich einer Gemeinschaft angehöre, der gegenüber ich Verantwortung trage.« Diese Erziehung war die eine Säule ihrer Entwicklung, die Kirche die andere. Sie war zeit ihres Lebens praktizierende Methodistin. Der Methodismus war im 18. Jahrhundert als protestantische Religion aus England in die USA gekommen. Ihre sozialen Merkmale wie Sparsamkeit und einfaches Leben haben Hillary Clinton früh geprägt. Schon mit elf Jahren sammelte sie Geld für arme Kinder. Beide Clintons sind regelmäßige Kirchgänger, wenngleich sie sich vor den Türen trennen und jeder in seine Kirche geht; Tochter Chelsea folgt der Mutter. Gott, Kirche, Gemeinde – das sind im übrigen für so manchen alten Liberalen irritierende Begriffe. Noch irritierender jedoch muß die Inanspruchnahme dieser traditionsbeladenen Werte durch die Clintons für die Konservativen sein, die sich darauf ein gewisses Monopol vorbehalten haben. Aus ihrer Erziehungstradition heraus ist Hillary unideologisch; wie ihr Mann ist sie idealistisch – und sehr pragmatisch. So erklärt sich auch ihr Einsatz für Kinderrrechte und eine nationale Gesundheitsreform.

Fast noch mehr als Bill Clinton hat sie sich dem Wandel verschrieben. »In den achtziger Jahren ging es ums Erwerben – Erwerben von Reichtum, von Macht und Prestige. Das Ich-Jahrzehnt muß dem Wir-Jahrzehnt Platz machen.« Der übertriebene Individualismus und der Materialismus müßten der Selbstlosigkeit weichen. Ein anderes Amerika ist das Ziel. Aber dieses neue Ethos werde nicht anerkannt, klagt sie: »Keiner fragt mal nach oder versucht herauszufinden, welchen neuen Sinn Bill und viele von uns der Politik geben wollen.« Gleich seien sie wieder mit den alten Rechts-Links-Etiketten belegt worden. Der Idealismus stieß schnell an die Grenzen der praktischen Durchsetzbarkeit.

Als Bill Clinton seine Frau mit der (unbezahlten) Leitung jener Kommission betraute, die Amerika mit einer neuen Gesundheitsvorsorge versehen soll, lud sie sich wohl die schwerste Last auf, die die junge Regierung zu verteilen hatte. Siebenunddreißig Millionen Amerikaner leben ohne Krankenversicherung. Sie allen Bürgern mit erschwinglichem Aufwand zu sichern, das war eines der großen Versprechen aus dem Wahlkampf. Dabei hatte Bill Clinton immer wieder auf das deutsche Beispiel verwiesen, ohne offensichtlich zu wissen, in welche Schwierigkeiten auch das deutsche System geraten ist. Die Amerikaner jedoch begeben sich auf ein unbekanntes Gebiet.

Mit der ihr eigenen Konzentration ging Hillary Clinton an die Arbeit. Ihr Stab, dem auch mehrere Minister angehören, umfaßt 500 Mitarbeiter. Bereits in den ersten drei Monaten hatte sie fünfzig Treffen im Kongreß hinter sich gebracht. Sie beriet gerne hinter verschlossenen Türen und ohne Öffentlichkeit, weil ihr das die größte Effektivität zu garantieren schien und ihrer Arbeitsweise entgegenkam. Als darüber geklagt wurde, verfügte ein Richter, daß zumindest ein Teil der Beratungen öffentlich sein müsse, da sie kein offizielles Regierungsamt bekleide. Ein anderes Gewicht hob das wieder auf. Sie versuchte sofort, auch die Republikaner einzubeziehen. Nach dem Vorbild ihrer Erziehungsreform in Arkansas zog sie durch das Land und hörte allen Gruppen zu. »Wie ein Laserstrahl« wollte Bill Clinton sich auf die Wirtschaft konzentrieren und kam nicht dazu – statt dessen richtete Hillary Clinton ihre Energien wie einen Laserstrahl auf die Gesundheitsreform. Sie erwies sich sofort als ungeheuer komplex – und schier unbezahlbar. Widerstände erhoben sich in allen nur denkbaren Bereichen. Was sich im Wahlkampf so griffig sagen ließ, das erwies sich nunmehr als überaus verzwickte Materie. »Ich habe noch nie etwas so Kompliziertes gesehen. Jetzt verstehe ich, warum man fünfzig Jahre lang nur auf Zehenspitzen um dieses Problem herumgegangen ist, sich dann abgewendet hat und weggelaufen ist.«

Hillary Clinton ließ sich, durchaus aus eigenem Willen, eng mit dem Erfolg oder Mißerfolg der Präsidentschaft verbinden.

Wenn sie versagen sollte, hätte das auch verheerende Folgen für den Präsidenten.

Das Denken der beiden Clintons verläuft parallel. Beide sind auch Meister des Details, wissen viel. Dabei ist ihr Stil konzentrierter als seiner. Sie ist der Mensch, dem er am meisten traut, sein bester Freund, sein härtester Kritiker, sein heftigster Fürsprecher. Sein Stab hat längst gemerkt, daß es das beste ist, bei einem Problem gleich Hillary dazuzuholen.

Wenn sie einmal von ihrem Mann spricht, dann himmelt sie ihn mit Worten an: »Mein Mann besitzt die ungewöhnlichste Charakterstärke, die mir bei irgend jemandem begegnet ist oder über die ich auch nur je gelesen hätte. Aber er ist auch verletzlich, und das macht ihn zu einem so großen Mann. Deshalb kann er Menschen in die Augen sehen, ihren Schmerz erkennen, mitfühlen und helfen, wenn es ihm möglich ist.« Oder: »Als ich ihn kennenlernte, war er ein sehr attraktiver Mann, und ich wußte nichts von ihm. Ich merkte aber schnell, daß er anders war als jeder, den ich bislang getroffen hatte; so ist es noch heute. Er verbindet einen außerordentlichen Verstand mit einem großen Herzen.«

Auf dieser Grundlage gehen beide ein großes Wagnis ein. Sie wissen, daß ihre Feinde auf der Lauer liegen und auf Hillarys Fehler warten. Einen Vorgeschmack dessen, was ihnen blühen kann, haben sie im Wahlkampf erhalten.

Bei aller Achtung vor ihren Fähigkeiten, die sie zunächst ziemlich unangreifbar machte, entsteht der Verdacht, daß sie zu einer Art innenpolitischer Premierministerin werden könnte, die nur ihrem Mann gegenüber verantwortlich ist. Die Möglichkeit, sie mit einem Ministeramt zu betrauen, existiert allerdings seit 1967 nicht mehr. Damals wurde ein Gesetz erlassen, das es verbietet, Angehörigen einen Kabinettsposten zu geben. Es war eine Reaktion darauf, daß John F. Kennedy seinen Bruder Robert als Justizminister einsetzte. Und so hilft auch die witzige Empfehlung an Bill Clinton nicht weiter, die in Washington die Runde machte: Gib Barbara Bush einen Vierjahresvertrag als First Lady und mach Hillary zur Justizministerin.

WOHIN, AMERIKA?

Das andere Weisse Haus

Obwohl auf dem schönen Stadtplan die breite Pennsylvania Avenue eine direkte Verbindung darstellt, kann man das Kapitol vom Weißen Haus aus nicht sehen. Das wird einem Präsidenten so manches Mal durchaus recht sein. Das traditionelle Spannungsverhältnis dieser beiden »Zweige der Regierung« bereitet nur zu oft Ärger und Frust. Auf beiden Seiten.

Ein ausgleichendes Element sind die Bürger Amerikas, die ihre Hauptstadt zu Millionen besuchen. Sie verteilen ihre Liebe gleichmäßig auf das monumentale weiße Haus auf dem Kapitol und das bescheidenere Weiße Haus des Präsidenten. In endlosen Strömen ziehen sie durch beide und geben ihre Achtung zumindest nicht in der Kleidung Ausdruck. Die beiden Prachtbauten gehören schließlich ihnen. Die sie hineingewählt haben, können sie auch wieder herauswählen.

Als Bill Clinton die zwölfjährige Herrschaft der Republikaner im Weißen Haus ablöste, etablierte sich auch ein ganz neuer Kongreß. Seit fünfundvierzig Jahren hatte es nicht mehr einen solch hohen Anteil von Erstlingen gegeben. Die Wähler hatten gründlich ausgefegt. Allein ins Repräsentantenhaus, dessen 435 Abgeordnete alle zwei Jahre zur Wahl stehen, schickten die Demokraten 64 und die Republikaner 46 Neue.

Der Kongreß befand sich seit Anfang 1991 gleichsam im freien Fall. Zwar ist seine Wertschätzung beim Bürger traditionell geringer als die des Präsidenten, aber das Jahr 1992 brachte ein absolutes Tief. Nicht einmal 20 Prozent der Amerikaner meinten, daß der Kongreß seine Aufgaben vernünftig erfülle. Das lag nicht nur an der Politik, sondern an einer Reihe von Skandalen, die beide Parteien betrafen. Da waren einige Senatoren zu sehr in die Nähe des größten Finanzbetrugs der amerikanischen Geschichte geraten; eine große Anzahl Abgeordneter hatte über Jahre ungedeckte Schecks der hauseigenen Bank ausgestellt und damit vor allem im Restaurant des Kapitols »bezahlt«. Das alles hatte beim Wähler einen gewissen Zynismus zur Folge, den der selbsternannte Saubermann Ross Perot noch schürte. Die Abrechnung erfolgte zum Wahltag.

Der neue Kongreß sah in der Tat anders aus. Im Repräsentantenhaus gab es jetzt 47 Frauen (vorher 28); 38 Schwarze (vorher 25); 17 Abgeordnete lateinamerikanischer Herkunft (vorher 11). Im Senat allerdings ist der Wandel weniger spürbar, was daran liegt, daß Senatoren für sechs (und nicht für zwei) Jahre gewählt werden und damit der Prozeß des Wandels langsamer verläuft. Auch wenn sich der Anteil der Frauen verdreifachte, so verlieren sich sie sechs Damen (früher waren es zwei) nach wie vor unter den hundert Mitgliedern des Senats. Immerhin sitzt nunmehr der erste Indianer im Senat. Was sich nicht geändert hat: In der Führungsspitze der Fraktionen und Ausschüsse herrscht die alte Garde.

In beiden Häusern des Kongresses haben die Demokraten die Mehrheit. Das war schon unter George Bush so und hatte ihn zu einer Dauerfehde veranlaßt. »Gridlock« – so hieß das magische Wort: eine verfahrene Lage, in der sich nichts bewegt. Nichts könne er gegen den störrischen Kongreß durchsetzen, weil die Mehrheit der Opposition alles blocke. Er rächte sich auf seine Weise und legte sechsundvierzigmal sein Veto gegen Gesetze ein – das war eine Rekordzahl. Aber mit Vetos ging schließlich auch nichts voran. George Bush argumentierte wieder und wieder, nur ein Kongreß mit einer Mehrheit seiner Partei könne funktionieren. Das wäre jedoch nur logisch, wenn der Kongreß strikt nach Parteilinien abstimmte. Das tut er aber nur, wenn es auch den einzelnen paßt. Sie sehen sich keineswegs als treue Erfüllungsgehilfen des Präsidenten, auch wenn er der eigenen Partei angehört. Erst einmal kommt das Wohl des eigenen Wahlkreises und dann lange nichts.

Es gibt im übrigen keinen Nachweis dafür, daß Regieren in

Amerika leichter vonstatten geht, wenn im Weißen Haus und im Kongreß die gleiche Partei herrscht. Seit Ende des Zweiten Weltkrieges hat es keine entscheidende Rolle bei der Gesetzgebung gespielt. Allerdings war die Stimmung zwischen Kongreß und Präsident Bush zeitweilig geradezu bitter. Dennoch – auch George Bush hat gegen einen »feindlichen« Kongreß einiges durchgesetzt, von Ronald Reagan ganz zu schweigen. Jimmy Carter hingegen hatte mit seiner eigenen Mehrheit seine liebe Mühe.

Das Prinzip, daß der Wähler die Herrschaft im Weißen Haus der einen, im Kongreß der anderen Partei überläßt, ist relativ neu in der amerikanischen Geschichte. Von 1796 bis 1952 wurden neununddreißigmal Präsidenten gewählt, sechsunddreißigmal erhielten sie auch die Mehrheit im Kongreß. Danach erst wandelte sich das Bild. Und Bill Clinton?

Es hat den Anschein, als hätte er gehofft, mit dem gleichen Schwung wie im Wahlkampf auch in der Regierung wirken zu können. Der Jubel über einen demokratischen Präsidenten und eine demokratische Mehrheit im Kongreß war verfrüht. Es blieb dem neuen Mann nichts anderes übrig, als die Wege zu gehen, die Washington vorschreibt. Die unerfahrene Clinton-Mannschaft war sich ihrer Mehrheit zu sicher.

Als Bill Clinton am 17. Februar 1993 seine erste Rede zur Lage der Nation vor beiden Häusern des Kongresses hielt, schlug ihm tosender Beifall entgegen. So ist das immer, denn an diesem Tag wird der Präsident aller Amerikaner gefeiert, gleichgültig wie man zu seiner Politik steht. Es gehört zum Zauber dieses Amtes, daß es seinen Inhaber zu gewissen Anlässen über die Tagespolitik erhebt, nicht nur im Kongreß, sondern überall im Land. Dann steht eben nicht der Regierungschef vor den Menschen, sondern »unser aller Präsident«. Nur darf man nicht den Fehler begehen, dieses Wohlwollen als Zustimmung zu einer Regierungspolitik zu deuten.

Bill Clinton traf auf eine republikanische Partei, die den Schlag ziemlich rasch weggesteckt hatte, die Präsidentschaft verloren zu haben. Geistig hat sie sich noch lange nicht orientiert. Man darf darauf gespannt sein, welche Richtung sie einschlagen wird. Da hocken die rechten Scharfmacher bereits in den Startlöchern, die dem letzten Parteitag einen Dreh gegeben hatten, der zur Wahlniederlage beitrug. Aber da baut auch eine weniger bigotte intellektuelle Bewegung an einem »Reagan-Programm« für die neunziger Jahre. Sie hat sich in einer lockeren Organisation zusammengetan, die die Macht Amerikas sichern möchte. Ihr gehören die früheren Minister der Bush-Regierung Jack Kemp und William Bennet an sowie die damalige UNO-Botschafterin Jeane Kirkpatrick. Alle sind sich wohl einig, daß George Bush nicht der gültige Repräsentant der Republikaner war. Eine Einigungsfigur wie Ronald Reagan haben sie nicht. Dafür steht ein womöglich ungebetener Gast vor ihrer ideologischen Tür und bittet um Einlaß: der berüchtigte Oberstleutnant Oliver North aus Reagans Nationalem Sicherheitsrat, Drahtzieher im Iran-Contra-Skandal, den nur Verfahrensfehler vor der Verurteilung gerettet haben. Er bewirbt sich als strammer Nationalist mit sehr viel materieller Unterstützung um einen Sitz im Senat.

Die Spannweite ideeller Kräfte zeigt deutlich: die Republikaner stehen vor einer Zerreißprobe. Und das alles unter der bedrohlichen Wolke Ross Perot, der ihnen die Anhänger abspenstig machen kann, weil er in seiner Bewegung die einzige und eindeutige Führerpersönlichkeit ist.

Im Kongreß jedoch hat die Partei unter der Führung Bob Doles zu einer erstaunlichen Geschlossenheit gefunden. Bestes Beispiel ihrer Taktik: Sie brachte das ehrgeizige Sechzehn-Milliarden-Dollar-Paket Bill Clintons zu Fall, das die Wirtschaft ankurbeln und neue Arbeitsplätze schaffen sollte. Sie benutzte das Mittel der Dauerdebatte. Die Demokraten brachten tagelang keine Mehrheit zustande, um die Debatte zu beenden. Schließlich gab Bill Clinton auf und steckte seine erste schwere Niederlage ein. Er hatte nicht einmal versucht, liberale Republikaner für sein Programm zu gewinnen.

Dennoch ist die Lage für die Republikaner keineswegs günstig: Zum einen dürfen sie das Mittel der Dauerdebatte nicht bei jeder Gesetzesvorlage anwenden; zum anderen müssen sie sich fragen, ob sich eine Politik der Dauerkritik und Verneinung nicht am Ende gegen sie selbst wendet.

Die Demokraten selber befinden sich auch in einer Zwickmühle. Der einzelne Abgeordnete fühlt sich zwar in erster Linie seinen Wählern gegenüber verantwortlich und dann erst dem Präsidenten; aber er kann seine Eigenständigkeit nicht überstrapazieren, weil er dann den Präsidenten gefährdet. Nachdem die Demokraten nach langer Durststrecke endlich das Weiße Haus wiedererobert haben, wollen sie es auch nicht gleich wieder abgeben. Schließlich endete die letzte demokratische Präsidentschaft, die Jimmy Carters, mit einem Fiasko nach vier Jahren, die vorletzte mit Lyndon B. Johnson scheiterte an Vietnam, John F. Kennedy fiel einem Mörder zum Opfer. Höchstes Ziel müßte also sein, eine lange stabile Epoche der Demokraten im Weißen Haus zu sichern. Aber was das andere weiße Haus oben auf dem Hügel über Washington betrifft, so folgt es seinen eigenen Regeln. Sorry, Bill!

Der Schatten des Milliardärs

Plötzlich – als niemand etwas Böses aus Texas erwartete und Washington heftig mit sich selber beschäftigt war – tauchte er wieder auf: Ross Perot, der Milliardär und Störenfried aus Dallas.

Mit seiner üblichen Mischung aus Paukenschlägen und Giftpfeilen stand er wieder mitten auf der politischen Bühne Amerikas und sammelte Punkte. Er benutzte die gleichen Mittel wie bei seinem sprunghaften Präsidentschafts-Wahlkampf 1992: Talk-Shows, bezahlte Fernsehauftritte, elektronische Bürgertreffen, Anzeigen, wirtschaftliche Schulstunden für die Amerikaner in Fernsehspots, ein Buch mit seinem Programm. Es begann wieder mit einem Auftritt in einer der beliebten Talk-Shows vor Mitternacht, nur dieses Mal bei einem anderen Sender. Dann kaufte er sich zweimal eine halbe Stunde beim Fernsehsender NBC – zur besten Sendezeit am frühen Abend. Die erste kostete 382000, die zweite 340000 Dollar – aus eigener Tasche beglichen. NBC war der einzige Sender, der sich auf dieses ertragreiche Spiel einließ und die Regel durchbrach, politische Werbesendungen nur im Wahlkampf zuzulassen. Aber wer kann schon auf umgerechnet 1,1 Millionen Mark verzichten? Da muß die Moral hintanstehen, was dadurch erleichtert wurde, daß man Ross Perot guten Gewissens als Unterhaltung anbieten konnte. Sein Vortrag allerdings, den er der Nation hielt, war so karg wie immer. Er saß an seinem Schreibtisch, kramte eine Grafik nach der anderen hervor und belegte mit ihrer Hilfe den Niedergang Amerikas. Einem anderen würde wahrscheinlich kaum jemand zuhören, aber Ross Perots bittere Wahrheiten, noch dazu in witziger, bissiger Form präsentiert, haben ihre Anhänger. Er nannte sie »informercials«, eine Wortschöpfung, die sich aus »information« und »commercial« (Werbespot) zusammensetzt. Er wollte also mit Daten werben. Aber wofür? Oder wogegen?

Er selber rückte damit nicht heraus, aber man konnte leicht eigene Schlüsse ziehen: Erstens schoß er sich auf Bill Clinton ein, und zweitens meldete er seinen Anspruch auf die Präsidentschaft 1996 an. Letzteres bestritt er zwar, aber seine Botschaft war deutlich: Wenn andere es nicht schaffen, Amerika wieder auf den richtigen Weg zu bringen, wer dann? Aber selbst wenn er nicht regieren wird, kann er anderen das Leben schwermachen. Daß er so früh begann, sollte wohl den Eindruck von Wankelmut auslöschen, den er im Wahljahr 1992 hinterlassen hatte. Im Februar kündigte er seine Kandidatur an, im Juli zog er sie zurück, im Oktober stand er wieder im Ring. Trotz dieses Zick-Zack-Kurses wählten ihn knapp 20 Millionen. Da muß doch mehr zu holen sein!

Außer den langen Sendungen erwartete die Amerikaner eine Flut von kurzen Werbespots, die Ross Perot alle selber geschrieben hat, die er ebenfalls von seinem Schreibtisch aus vorliest und die jeweils eine Minute lang sind. Zwar hat sich herausgestellt, daß nicht mehr so viele zuschauen wie ein Jahr zuvor, aber die Wirkung hält an. Er blieb ein Meister der »sound bites«, kurzer, griffiger Äußerungen, oft voller Witz und Sarkasmus. Und nach wie vor war er für überraschende Einfälle gut. Am Ende seines Fernsehauftrittes forderte er die Zuschauer auf, die Scheinwerfer ihrer Autos einzuschalten, wenn sie mit seiner Meinung einverstanden seien.

Seine Botschaft war indessen nicht neu: Amerika hat zu viele

Schulden und zu wenige Jobs. Daraus folgt, daß es seine Konkurrenzfähigkeit verliert. Die Gegenmaßnahmen: Abbau der Defizite im Handel und Haushalt; Abtragen des Schuldenberges; mehr sparen; weniger Einfluß des Geldes auf die Politik; weniger (insbesondere ausländische) Lobbyisten. Das hört sich gut und schlüssig an. Aber seine Kritiker werfen ihm immer wieder vor, daß er zwar den Finger auf die Wunde legt, dann jedoch nie genau damit herausrückt, was er konkret dagegen tun will. Er verdammt zwar den Einfluß des Geldes auf die Politik, pulvert aber selbst Millionen über Millionen in seine politische Kampagne.

Sein neues Buch trägt den Titel »Für keinen Preis zu verkaufen« – womit er Amerika meint. In ihm tritt er für massive Steuererhöhungen ein, um den Schuldenberg abzutragen. Schon im Wahlkampf hatte er vorgeschlagen, den Benzinpreis in den folgenden fünf Jahren um 50 Cents pro Gallone (3,8 Liter) zu erhöhen, also 10 Cents pro Jahr. Das würde nach den heutigen Bedingungen bedeuten, daß ein Liter Superbenzin nicht mehr 54 Pfennige kosten würde, sondern 75. Für Europa unvorstellbare Größen, in Amerika aber politischer Sprengstoff. Bei den übrigen Einsparungen, die Perot verordnen möchte, fragen Fachleute, ob Amerikas Wirtschaft das ertragen würde. In vielem bleibt er unpräzise und undurchschaubar, gibt er sich damit zufrieden, daß es sich gut anhört.

Er macht sich zu einem vehementen Gegner des Nordamerikanischen Freihandelsabkommens (NAFTA) zwischen den USA, Kanada und Mexiko. Drei Millionen Arbeitsplätze, so Perot, würden den Vereinigten Staaten verlorengehen, weil sie in das Billiglohnland Mexiko abzögen. Damit wendet er sich gleich gegen beide Parteien, denn das Abkommen wurde von Präsident Bush ausgehandelt und galt als ein Gegengewicht zur Europäischen Gemeinschaft und zu Japan. Plötzlich fand sich Ross Perot im gleichen Lager mit den Gewerkschaften und Umweltverbänden (die gegen die laxen Vorschriften in Mexiko wetterten). Das gefiel keinem der drei, und sie betonten einhellig, daß es sich um eine pure Notgemeinschaft handle.

Genauso verbissen wie gegen NAFTA kämpfte Perot auch gegen

finanzielle Hilfe für Rußland. Erst einmal müsse Amerika geholfen werden.

Verglichen mit seinem wirtschaftlichen Programm nimmt sich alles andere nebensächlich aus. Aber auch da ergibt sich manches, womit man nicht gerechnet hat. So sind Perot und seine Gefolgschaft nicht etwa gegen die Abtreibung, was bei der konservativen Grundausrichtung verständlich wäre. Er wendet sich energisch gegen die Verbreitung von Waffen in den amerikanischen Innenstädten, spricht sich aber nicht für eine Waffenkontrolle aus. In der Bosnienfrage, die Amerika aufwühlt, hat er ein Rezept. Er ist für militärische Einsätze, aber nur mit Marschflugkörpern, die saubere und präzise Schläge ausführen könnten. So hat der Exzentriker aus Dallas immer eine Überraschung parat.

Einen wahren Kreuzzug führt er gegen »Washington«. Damit meint er das ganze eingefahrene System, das er revolutionieren möchte. »Im Krieg gibt es Regeln. Sogar Schlammkämpfe haben Regeln. Nur die Politik hat keine Regeln.« Das war typisch Perot. Vor allem auf die Lobbyisten hat er es abgesehen, die alle Politiker im Griff hätten (was Bill Clinton übrigens nicht viel anders sieht). Welch eine Macht jedoch das Establishment von Washington hat, mußte Bill Clinton schon sehr früh schmerzhaft erfahren.

Trotz vieler Ungereimtheiten verfügt Ross Perot über eine erstaunlich solide politische Basis. Als im Mai Umfragen wissen wollten, wen die Bürger zu diesem Zeitpunkt wählen würden, lagen Ross Perot und Bill Clinton mit je 35 Prozent Kopf an Kopf. Dennoch haben die Amerikaner ihre Schwierigkeiten mit diesem Wunderheiler, den sie vor allem wegen seines Werdeganges verehren; hatte er sich doch als typischer Selfmademan ganz von unten heraufgearbeitet, im Dienstleistungsgewerbe ein ungeheures Vermögen verdient und sich – nach seinen eigenen Worten – den amerikanischen Traum erfüllt. Drei Viertel der Leute nehmen ihm schon ab, daß er dem Lande ernsthaft helfen will. Aber über die Hälfte argwöhnt, daß er »ein bißchen viel von einem Diktator« habe, daß er »ein wenig unheimlich« sei. Und noch mehr zweifeln, ob er ein guter Präsident wäre. Er herrscht über sein geschäftliches Imperium und ist es gewohnt, daß alles nach seinem Willen geht; ein Prinzip, das sich in der demokratischen Politik nicht auf gleiche Weise durchsetzen läßt.

Seine Organisation trägt den programmatischen Namen »Amerika steht vereint«. Sie ist in allen fünfzig Bundesstaaten vertreten und soll mittlerweile zwei Millionen Mitglieder angeworben haben. So genau weiß das keiner. Die Zahlen werden in der Zentrale unter Verschluß gehalten, wie der ganzen Unternehmung überhaupt viel Geheimnistuerei anhaftet. Auch wieviel Geld sie inzwischen besitzt, ist nicht bekannt.

Schon kurz nach der Amtsübernahme Bill Clintons erschienen in den amerikanischen Zeitungen große Anzeigen mit der Aufforderung, der Perot-Organisation beizutreten. Die patriotischen Parolen lauteten: »Mach mit. Du kannst die Zukunft dieses Landes ändern.« Oder: »Zusammen können wir unsere Rolle als Besitzer Amerikas zurückgewinnen.«. Und Perots Grundthema: »Laßt uns den amerikanischen Traum an unsere Kinder weiterreichen.« Schon im Wahlkampf hatte Ross Perot immer wieder argumentiert, die Amerikaner lebten auf Kosten ihrer Kinder und Enkel. Zwanzig Prozent aller amerikanischen Kinder lebten unter der Armutsgrenze. Zu gerne posierte er mit kleinen Mädchen oder Jungen auf dem Arm und unterschied sich dabei in keiner Weise von allen anderen Kandidaten.

Jeder, der Perots Bewegung beitreten wollte, mußte einen Scheck über 15 Dollar Jahresgebühr einschicken. Natürlich konnte man es auch von vier verschiedenen Kreditkarten abbuchen lassen. Da es sich um eine patriotische Vereinigung handelt, braucht sie keine Steuern zu zahlen. Perot legt großen Wert darauf, daß es keine Partei ist.

Organisiert wird sie von einem Heer von Freiwilligen; es gibt aber auch eine Reihe von Funktionären, die er selber bezahlt. Die Anhänger Perots aus der Wahlkampfzeit haben sich wieder um ihn geschart, weil sie der Meinung sind, daß sich in Washington trotz der neuen Regierung und trotz vieler neuer Abgeordneter im Kongreß nicht viel geändert hat. Einundachtzig Prozent von ihnen sind der festen Überzeugung, daß in der Hauptstadt die Lobbyisten am Werk sind.

Perot findet seine größte Gegnerschaft bei den Schwarzen und jenen, die einen höheren Schulabschluß besitzen. Da Ross Perot fast ein Viertel der Wählerschaft vertritt, versuchen beide Parteien, ihn und sie zu umwerben. Aber sie haben kein Rezept gefunden, wie mit der widerspenstigen Gruppe umzugehen wäre. Ein Nachrichtenmagazin verglich sie mit einer Flugverbotszone, in die beide Parteien nicht eindringen können. Bill Clinton hat alles versucht, zunächst spielte er mit dem ebenso unrealistischen wie selbstmörderischen Gedanken, Ross Perot mit einem Ministeramt zu betrauen und dadurch einzubinden. Der Gedanke gedieh nie weit. Er behandelte ihn daraufhin wie ein rohes Ei, was Perot aber nicht daran hinderte, ihn schonungslos anzugreifen. Das Clinton-Lager gab die Idee auf, ihn für sich zu gewinnen.

Ross Perot hält Präsident Clinton für schwach, behauptet aber, er sei dessen Politik wohlgesonnen und wünsche ihm Erfolg. Dem widersprechen jedoch die Nadelstiche, die er sich nicht verkneifen kann. So behauptet er, Clinton wolle in Bosnien einen »kleinen Krieg« anzetteln, um von seinen Problemen abzulenken. Eine Perfidie, wenn man dagegenhält, welch zermürbende Diskussionen im Weißen Haus über die Balkankrise geführt werden.

Genüßlich walzt Ross Perot eine Geschichte aus, nach der eine junge Frau aus Clintons Stab einem hochdekorierten General auf dessen Gruß erwidert hat, sie rede mit keinem Soldaten. Für Perot war dieses Ereignis der beste Beweis für Bill Clintons schlimmes Verhältnis zum Militär. Perot, selber Absolvent der renommierten Marine-Akademie in Annapolis, macht keinen Hehl daraus, daß er den Präsidenten, der sich um den Einsatz in Vietnam gedrückt habe, nicht schätzen kann. Bei der Achtung, die dem Militär wieder zunehmend entgegengebracht wird, hat Clinton keinen leichten Stand.

Clintons Bemühen, eine nationale Gesundheitsvorsorge aufzubauen, kommentiert Perot mit der Bemerkung: »Wir brauchen keine nationale Gesundheits-Katastrophe.«

Bei näherem Hinschauen machen Perots Angriffe jedoch politischen Sinn. Auch er muß sich nämlich bemühen, seine Schäfchen beieinander zu halten. Das wird in dem Maße schwieriger, in dem Clinton eine Politik macht, die Perot einleuchtet. In der Tat gibt es eine erstaunliche Ähnlichkeit, etwa bei der Steuerpolitik. Beide wollen Steuern erheben, nur daß Perots Vorstellungen erheblich drastischer sind. Clinton gibt Reformen den Vorrang, die auch Perot will. Da hat dieser in mancher Beziehung Mühe, sich in der Sache abzusetzen. Und so schießt er seine Pfeile lieber in eine Richtung ab, die auf eine gewisse Stimmungsmache zielt. Im Clinton-Team seien zu viele Intellektuelle versammelt, die von der Wirtschaft nichts verstünden. Clintons Energie-Experten seien »Poeten, Philosophen und Bienenzüchter, von denen kein einziger je einen Betrieb geleitet und einen Arbeitsplatz geschaffen hat, soviel ich weiß.«

Wenn Bill Clinton jedoch wenigstens mit einigen Reformen Erfolg hat, dann kann er leicht Perot-Anhänger in sein Lager ziehen; was er bei dem geringen Prozentsatz an Wählern, die für ihn gestimmt haben, auch nötig hat.

Schwieriger wird es für die Republikaner werden, denn deren Wähler laufen leichter zu Perot über als die der Demokraten. Bob Dole, Fraktionsführer im Senat und in der ersten Phase der Clinton-Präsidentschaft mächtigster Republikaner, versucht Ross Perot zu hofieren. Vielleicht wird er die Erfahrung Bill Clintons machen, nämlich daß man Ross Perot nicht hofieren kann.

Dieser eigenwillige Texaner ist eine faszinierende Persönlichkeit mit autokratischen Zügen; eine politische Erscheinung, die das System herausfordert. Als selbsternannter Wachhund der Nation hat er das Verdienst, die Krise des Landes schonungslos benannt, das Schuldenmachen auf Kosten der kommenden Generation angeprangert zu haben. Er ist ein Demagoge, aber seine Hauptrolle ist die des Patrioten. Zunächst einmal ist er angetreten, den Etablierten das Leben schwerzumachen. Es ist nicht zu vermuten, daß er sich damit zufriedengeben wird. Also doch der Traum vom Präsidenten.

1996

Man will es kaum glauben - aber noch ist der neue Präsident nicht richtig im Amt, da wird bereits von 1996 geredet. Die amerikanische Vorliebe für das Kurzfristige, die Unfähigkeit, in längeren Entwicklungen zu denken, sind am Werk. So lautet die zentrale Frage der politischen Auguren: Kann Bill Clinton wiedergewählt werden? Hat er schon verloren? Wer wird der Neue? Kommen die Republikaner wieder? Wenn ja, welcher?

Bemüht werden vor allem Umfragen. Bill Clinton steht nach den ersten Monaten seiner Amtszeit alles andere als glänzend da - auf jeden Fall schlechter als all seine Vorgänger. Und nach der Theorie, daß ein Präsident in dieser Zeit am erfolgreichsten ist, hat er bereits verspielt. Welchen Sinn machen diese Gedankenspiele zu diesem Zeitpunkt?

Außer daß es immer faszinierend ist, mit Personen zu jonglieren, sind sie nur in einer Hinsicht interessant: insofern sie die Frage aufwerfen, ob es nach einer langen konservativen Ära eine ebenso lange und prägende »fortschrittliche« Ära geben wird. Und wird das dann eine Zeit sein, in der Amerika eher nach innen als nach außen gewandt ist? Der Historiker Arthur Schlesinger hat aus der Entwicklung der Vereinigten Staaten eine zyklische Bewegung hergeleitet, die sich im 20. Jahrhundert im Rhythmus von dreißig Jahren vollziehen soll. 1986 schrieb er: »Irgendwann in der Zeit kurz vor oder kurz nach 1990 sollte es einen scharfen Wandel in der nationalen Stimmung und Richtung geben - einen Wandel, der den Schüben von Neuerung und Reform gleichkommt, die es 1901 mit Theodore Roosevelt gab, 1933 mit Franklin Roosevelt und 1961 mit John F. Kennedy. Die neunziger Jahre sollten einen Generationswechsel bringen zugunsten der jungen Frauen und Männer, die in den Kennedy-Jahren erwachsen wurden.« Beide Voraussagen sind exakt eingetroffen. Es hat 1992, sowohl mit den Clintons und den Gores, diesen Generationswechsel gegeben als auch den Schub in Richtung grundsätzlicher sozialer Reformen. Und in diesem Zusammenhang ist es entscheidend, ob diese Tendenz so lange dauern wird, daß sie

22 First Lady Nancy Reagan und Ronald auf der Parade am Tage der Amtseinführung im Januar 1981.

Barbara Bush
August 19 1992

23 *(linke Seite)* First Lady Barbara Bush – sie galt vielen als die perfekte Landesmutter. Hier mit einer Zeichnung, die sie mit kranken Kindern angefertigt hat, im August 1992.

24 *(oben)* Am 20. Januar 1993 legt Bill Clinton in einer bombastischen Zeremonie vor dem Kapitol den Amtseid als neuer Präsident ab.

25 *(unten)* Hillary Rodham Clinton, die erste First Lady mit einem Regierungsauftrag: Sie soll ein umfassendes Gesundheitssystem für das ganze Land schaffen.

26 Ross Perot, nationalistischer Milliardär aus Texas und unberechenbarer Präsidentschaftskandidat von 1992. Mit »Uncle Sam« und einer Darstellerin von Betsy Ross, die angeblich die erste amerikanische Flagge gestickt hat.

anhaltende Wirkung hat. Dafür wäre eine Wiederwahl Bill Clintons und Al Gores unerläßlich.

Das amerikanische System sichert Bill Clinton seine vier Jahre. Keine noch so schlechte Regierungsleistung kann ihn per Abstimmung (etwa mit Hilfe eines Mißtrauensantrags) aus dem Amt verjagen. Wie wenig eine besonders hohe Einschätzung während einer Amtszeit die Wiederwahl garantiert, hat das Beispiel George Bushs gezeigt. Ihm nützten seine 90 Prozent Zustimmung nach dem Golfkrieg überhaupt nichts. Umgekehrt kann Bill Clinton nach weiteren drei Jahren mit einer Reformleistung, die auch nur annähernd den Erwartungen entspricht, glatt wiedergewählt werden. Eine unbekannte Größe ist seine Frau, deren Erfolg oder Mißerfolg eine große Rolle bei der Wahl spielen kann. Das gleiche gilt für die anderen Frauen in der Clinton-Regierung – allen voran die hochangesehene Justizministerin Janet Reno. Selbst wenn Hillary Clinton nicht alles durchsetzen kann, was sie möchte, so wird ihr Beispiel die Frauen motivieren.

Für Bill Clinton spricht im Moment auch, daß bei den Republikanern keine starke, dominierende Figur das politische Feld beherrscht, die sich sofort als Kandidat anböte.

Zwar haben die Republikaner in der Opposition überraschend schnell zu einer geschlossenen Haltung gefunden; aber es sieht so aus, als sei bei ihnen der falsche Mann stark, nämlich der Fraktionsführer im Senat, Bob Dole, der sozusagen seinen zweiten politischen Frühling erlebt. Er hat seinen Erzrivalen in der eigenen Partei, George Bush, als Gegner verloren und muß nicht mehr aus der Minderheit heraus einen ungeliebten Präsidenten stützen. Jetzt kann er ungehemmt Opposition betreiben, und er zieht alle Register gegen den unerfahrenen neuen Präsidenten. Er hat ihm bereits einige schlimme Hiebe verpaßt. Bob Dole, der schon in den achtziger Jahren Präsidentschaftsaspirationen gezeigt hatte, kämpft mit einer ganzen Reihe von Nachteilen. Zunächst einmal wäre er 1996 mit 73 Jahren noch drei Jahre älter als der bisher älteste Präsident, Ronald Reagan. Zudem hat sich erwiesen, daß der Senat kein gutes Sprungbrett für den Satz ins höchste Amt des Staates ist. Und schließlich wird ihm, wenn er so weitermacht und sich nur auf wenig Zusammenarbeit mit dem Präsidenten einläßt, der Ruf des ewigen Neinsagers und Verhinderers anhängen. Zu Beginn der Clinton-Präsidentschaft jedoch galt er den Amerikanern mit weitem Abstand als wichtigster Republikaner. Noch ein paar weitere Kandidaten stehen auf der Liste; ihnen werden keine Chancen eingeräumt, was jedoch zu diesem Zeitpunkt nichts bedeutet. James Baker, Außenminister und Freund von George Bush, taucht gar nicht auf. Aber selbstverständlich können auch neue Namen hinzukommen. Wenn Generalstabschef Colin Powell, ein Schwarzer, in die Schulen geht und kleinen schwarzen Jungen und Mädchen predigt, daß sie auf sich stolz sein sollen, dann beendet er seinen Vortrag mit dem Satz: Denkt dran, Ihr könnt alles werden – selbst Präsident der Vereinigten Staaten. Und hatten es nicht die Jungen aus bescheidenen Verhältnissen, Ronald Reagan und Bill Clinton, geschafft?

Fragte man im Frühjahr 1993 die Amerikaner nach einem Mann namens Lamar Alexander, so würde die überwältigende Mehrheit antworten: Nie gehört! Dennoch steht er für diesen seltsamen amerikanischen Traum, Präsident zu werden. Lamar Alexander war Gouverneur des Südstaates Tennessee und danach Erziehungsminister im Kabinett von George Bush. Noch hatte Bill Clinton seinen Amtseid nicht geleistet, da machte er sich auf den langen Marsch zur Präsidentschaft 1996. Vier Jahre hat er vor sich, in denen er langsam, aber sicher seinen Landsleuten beibringen kann, was er alles geleistet hat. Und das kann sich sehen lassen, spielt aber auf nationaler Ebene keine Rolle. Genauso war es bei Bill Clinton. Ob die Republikanische Partei mitspielt bei Alexanders Kraftakt, weiß niemand. Da gibt es schließlich so bekannte Leute wie den ehemaligen Verteidigungsminister Dick Cheney, um nur einen zu nennen, der sehr viel mehr politisches Gewicht einbringt. Aber auch Bill Clinton hatte sich um die Meinung seiner Partei nicht sonderlich gekümmert, als er sich in den Kopf setzte, die Präsidentschaft anzustreben.

Spannend werden alle Spekulationen durch die völlig unberechenbare Größe Ross Perot. Im Grunde ist er es, der die Diskussion über 1996 anheizt, ohne sich in irgendeiner Weise konkret zu äußern - weder darüber, ob er überhaupt kandidieren will, noch darüber, ob er seine diffuse Anhängerschaft zu einer dritten Partei formieren möchte. Er läßt alles offen und bleibt im Gespräch. Schon jetzt kann man sagen, daß er die politische Landschaft der neunziger Jahre verändert hat. Sicher ist es verfrüht und falsch, vom Ende des Zweiparteiensystems zu sprechen, und zwar deshalb, weil die Perot-Bewegung zu sehr auf diese einmalige Person zugeschnitten ist und ohne sie gewiß nicht zu einer dritten etablierten Partei werden würde.

Perot reitet auch schon vier Jahre vor der nächsten Wahl seine bissigen Dauerattacken gegen Bill Clinton. Wenn der sich um einen Job in der Industrie bewerben würde, so Perot, »könnte man ihn für eine Position über dem mittleren Management nicht in Erwägung ziehen«. Im Juli 1992 hatte Perot während des Parteitags der Demokraten noch gesagt, sie hätten sich unter Bill Clinton regeneriert. Mittlerweile kann der Präsident auf keine Fürsprache mehr rechnen. Daraus kann ihm eine Chance erwachsen, nämlich daß Perot, der ja auch eine konservative Botschaft verkündet, den Republikanern so viele Stimmen wegnimmt, daß Bill Clinton am Ende wieder als der lachende Dritte dasteht.

Zunächst jedoch muß er sein Augenmerk auf 1994 richten. Da finden nämlich die sogenannten Zwischenwahlen statt, denen alle 435 Mitglieder des Repräsentantenhauses und ein Drittel der Senatoren sich stellen müssen. Bei den Zwischenwahlen in ihren ersten Amtsperioden haben bisher alle Präsidenten Verluste ihrer Partei im Kongreß hinnehmen müssen - mit Ausnahme der Jahre 1824 und 1934. Bill Clintons Demokraten haben die Mehrheit im Repräsentantenhaus und im Senat. Aber wie er in den ersten Monaten seiner Amtszeit schmerzvoll erfahren mußte, kann er sich nicht voll auf sie verlassen. Deshalb muß sein oberstes Ziel sein, die Verluste so gering wie möglich zu halten.

Ob er schon an 1996 denken will oder nicht - man wird ihn laufend daran erinnern.

Clintons Erbschaft

Schon wenige Monate nachdem er das Weiße Haus übernommen hatte, wurde Bill Clinton von seinen Kritikern vorgeworfen, er wolle zu viel auf einmal und mache den Fehler, sich nicht stur auf ein oder zwei Ziele zu konzentrieren. Wie ein erfolgreicher Präsident es anpacken müsse, das habe Ronald Reagan vorgemacht, der wenige, aber klare Vorstellungen durchgesetzt habe.

Das hört sich überzeugend an, läßt aber die praktischen Umstände außer acht. Während Ronald Reagan Schokolade verteilte, mußte Bill Clinton bittere Pillen verabreichen - und zwar auch deshalb, weil den Amerikanern die Schokolade auf Dauer nicht bekommen war.

Ronald Reagan erfreute die Amerikaner mit einer drastischen Steuersenkung, die die Wirtschaft ankurbelte, aber die Staatseinnahmen verringerte. Zugleich betrieb er unter dem Vorwand der nationalen Bedrohung ein gigantisches Rüstungsprogramm, das die Staatsausgaben in astronomische Höhen trieb. Die Verschuldung stieg von einer Billion Dollar auf vier Billionen am Ende der Bush-Zeit. Eine Zahl, die niemandem etwas sagt, weil sie unvorstellbar ist, selbst wenn man sie mit allen Ziffern ausschreibt: 4000000000000! Über 300 Milliarden kamen im letzten Jahr dazu. So hoch ist das Haushaltsdefizit. Eine böse Erbschaft. Bill Clintons politische Bewegungsfreiheit wird von einem Mann bestimmt und beschnitten, der seit fünf Jahren die kalifornische Sonne genießt: Ronald Reagan.

Zudem befand sich die Wirtschaft in einer Rezession, aus der sie sich nur mühsam befreite. Völlig richtig also, daß Bill Clinton im Wahlkampf versprach, sich um die Wirtschaft zu kümmern und um sonst nichts. Das ließ sich dann aber nicht einlösen, weil Bill Clintons Herz an zu vielen Dingen hing und weil Regieren eben nicht Wahlkampf ist. Und das eigentlich Schlimme ist auch nicht die Wirtschaft, sondern der soziale Zustand des Landes.

Das Gesundheitswesen ist kaum noch in den Griff zu bekommen. Zwar geben die Amerikaner pro Kopf mehr dafür aus als irgend jemand sonst auf der Welt - und dennoch sind 35 Millionen

Bürger der USA unversichert. Die Forderung nach einer erschwinglichen Krankenversicherung war also nicht mehr als recht und billig und stand bei den Amerikanern auch hoch oben auf der Wunschliste. Trotz hervorragender medizinischer Leistungen hinken die Amerikaner in vielerlei Hinsicht hoffnungslos hinter dem Standard vergleichbarer Nationen hinterher. So gibt es keinen vorgeschriebenen Schwangerschaftsurlaub, hat sich die Säuglingssterblichkeit seit 1960 drastisch erhöht, sind die USA in der Lebenserwartung ihrer Bürger zurückgefallen.

Aber selbst wenn sich ein Amerikaner versichert, kann er sich damit nicht sicher fühlen. Die meisten Versicherungen arbeiten nur nach dem Gewinn-, nicht nach dem Solidaritätsprinzip. Das hat zur Folge, daß auch langjährige Versicherte durch unbezahlbare Prämienerhöhungen aus dem Vertrag gedrängt werden. Die meisten Amerikaner sind unzulänglich versichert, so daß sie vor allem bei schweren oder langwierigen Erkrankungen schnell vor dem Ruin stehen. Über die Hälfte der Amerikaner hält es folgerichtig auch für wichtiger, den bestehenden Schutz zu garantieren, als allen eine Versicherung zu verschaffen.

Die Versicherungsmisere und die Kostenexplosion treffen die Amerikaner zur gleichen Zeit. Als Bill Clinton seine Frau mit der Ausarbeitung eines Gesundheitsplanes beauftragte, hat er sofort und mutig ein Problem angepackt, vor dem bislang alle zurückgeschreckt sind.

Dennoch heißt es: Was für Roosevelt die Depression, für Truman der Kalte Krieg, für Johnson Vietnam waren, das ist für Clinton das Gesundheitswesen. Er kann daran scheitern.

Bildungspolitik war das Steckenpferd der Clintons, als sie noch in Arkansas wirkten. Auf Bundesebene könnten sie sich dieser Aufgabe genauso intensiv widmen. Wenn man nur bedenkt, daß die Statistik 27 Millionen Analphabeten ausweist und weitere 40 Millionen, die Schwierigkeiten mit dem Lesen haben, dann kann man ermessen, wohin Amerika gekommen ist. Das Bildungssystem ist ungerecht und unzulänglich. Im Vergleich mit Schülern anderer Industrienationen schneiden amerikanische in der Regel kläglich ab.

Dabei leisten sich die Amerikaner den Luxus von nur 180 Schultagen im Jahr, während deutsche Kinder 210 und japanische Kinder 243 Tage die Schulbank drücken. Bei einer Umfrage in führenden Industrienationen standen die Amerikaner einsam an der Spitze mit ihrer Meinung, es sei nicht wichtig, eine Fremdsprache zu lernen. Und das in einem Land, in dem Millionen von Menschen nur Spanisch sprechen. Bill Clinton hat es sich auch zum Ziel gesetzt, eine Berufsausbildung einzuführen, wobei Deutschland sein Vorbild ist.

Allein diese Beispiele belegen, daß Bill Clinton Dinge allererst durchsetzen muß, die in vergleichbaren Ländern schon seit Jahrzehnten so selbstverständlich sind, daß über sie nicht mehr nachgedacht wird. Amerika ist rückständig.

Es gibt aber zudem Probleme, die entweder wegen ihres Ausmaßes oder ihrer Eigenart typisch amerikanisch sind und ebenfalls einer Lösung harren. Dazu gehören die epidemisch wachsende Kriminalität und Gewalt; die Ungleichheit der Rassen und ethnischen Gruppen; der Drogenkonsum; der Verfall der Zentren großer Städte; die immer tiefer werdende Kluft zwischen Arm und Reich; der Niedergang der amerikanischen Produktivität; die Energieverschwendung; das mangelnde Bewußtsein für Umweltschutz; das Entstehen einer Unterklasse; Rassenjustiz.

Keine vollständige Liste, aber sie genügt, die Krise der amerikanischen Gesellschaft zu illustrieren. Keiner dieser Entwicklungen ist in den letzten zehn Jahren Einhalt geboten worden. Engstirnige Gruppeninteressen verhindern gründliche Gegenmaßnahmen. Betrachtet man alles zusammen, dann kommt man zwangsläufig zu dem Ergebnis: nicht lösbar! Weder durch eine Regierung noch durch private Initiative. Auf jeden Fall nicht auf kurze Sicht – und das heißt aus der Perspektive Bill Clintons: nicht in seinen vier oder acht Jahren. Und so ist sein Stoßseufzer nur zu verständlich: »Ich halte unsere Orientierung auf das Kurzfristige für eine krankhafte Erscheinung unserer Gesellschaft; diese Unfähigkeit, auf lange Sicht zu planen, eine Vision zu haben, wohin wir wollen – und ihr dann zu folgen.«

Es gibt natürlich auch immer wieder Gegenbeispiele: Vor wenigen Jahren noch waren die Klagen über den Untergang der amerikanischen Autoindustrie unüberhörbar. Es wurde nach Schutzmaßnahmen gegen die Japaner gerufen. Ein japanisches Auto stand drei Jahre lang an der Spitze der Verkaufsstatistik. Es gab nichts Vergleichbares auf dem Gebiet der Industrie, das die Amerikaner in ihrer Ehre tiefer hätte treffen können. Aber kein Zweifel: Was die Japaner da bauten, war um Klassen besser als das amerikanische Produkt. Die Zeiten haben sich jedoch geändert, die Amerikaner sind dabei, sich selber beim Schopf aus dem Dreck zu ziehen. Noch ist die Krise der Autoindustrie nicht überwunden, aber der Markt wird zurückerobert.

Diese Entwicklung entspricht im übrigen der amerikanischen Überzeugung, daß sich die Dinge um so besser einrenken, je mehr sich die Regierung raushält (was die Manager der Autoindustrie aber nicht abgehalten hat, die Regierung zu Schutzmaßnahmen zu drängen). Nur ein Viertel der Amerikaner denkt zum Beispiel, daß es Sache des Staates sei, Einkommensunterschiede auszugleichen – in Italien sind es über 80 Prozent.

Auf dieses Amerika also traf Bill Clinton mit seinen Getreuen – ein Amerika, das zwölf Jahre lang eine eher passive Regierung erlebt hatte und sich in seiner Mehrheit nicht so gern an die Zeit davor mit Präsident Carter erinnerte. Bill und Hillary Clinton sind hingegen beide Anhänger einer aktiven Rolle der Regierung. Sie glauben an die Machbarkeit von richtiger Politik und erregen damit das Mißtrauen vieler ihrer Landsleute. Wenn sich die Clintons der Bewältigung der Reagan-Erbschaft annehmen, so werden sie gewiß nicht seiner Devise folgen, sich auf weniges zu beschränken. Waren die Verringerung des Defizits und die Gesundheitsreform schon riesige gesetzgeberische Brocken, so hatte sich Bill Clinton noch eine Menge mehr vorgenommen. Bei genauem Hinsehen sind dies alles Reparaturarbeiten an einem System, das aus der Bahn gelaufen ist.

Supermacht – Führungsmacht

Am 17. Oktober 1992 feierte Amerika das jährliche Halloween – ein fröhliches Herbstfest, das auf einen alten irischen Ursprung zurückgeht. Man verkleidet sich, zieht durch die Straßen, die Kinder sammeln Süßigkeiten ein, man feiert Parties. Auch der sechzehnjährige Austauschschüler Yoshihiro Hattori aus Japan war zu einer solchen Party mit jungen Leuten eingeladen. In ausgelassener Stimmung näherte er sich mit einem großen Halloween-Plakat einem Haus, in dem seiner Meinung nach das Fest stattfand. Von der Haustür scholl ihm der Ruf »Freeze!« entgegen, was heißt, er solle sofort stehenbleiben. Aber er verstand es nicht und ging weiter. Der Hausbesitzer erschoß ihn daraufhin mit seinem großen Revolver. Nur ein Schuß, direkt in die Brust, aus nächster Entfernung. Der Junge hatte sich um ein paar Häuser in der Straße geirrt, der Hausbesitzer, vielmehr dessen Frau, fühlte sich bedroht.

Der Vorfall hätte kein weiteres Aufsehen erregt, wenn er nicht in Japan zu einem Aufschrei der Empörung geführt hätte. Er beherrschte die Schlagzeilen nach der Tat und dann wieder während des Prozesses gegen den zweiunddreißigjährigen Rodney Peairs, den Todesschützen, den alle Welt nur als netten Kerl kannte. Am 23. Mai 1993 wurde er freigesprochen. Im Gerichtssaal gab es Beifall, im Beisein der Eltern des Getöteten. In Japan herrschte ungläubige Bestürzung. Man begriff den Freispruch nicht, wie andererseits die Amerikaner die japanische Aufregung nicht begriffen. Viele drückten gar ihr Unverständnis darüber aus, daß es überhaupt einen Prozeß gegeben hatte. Schließlich habe ein Amerikaner das Recht, eine Waffe zu tragen und sie auch zu benutzen, um sich zu wehren, zumal auf dem eigenen Grund und Boden. Man akzeptierte, daß sich der Todesschütze von dem Schüler bedroht fühlte. Volkes Stimme kannte keinen Zweifel. Zwar bedauerte jedermann den Vorfall, aber damit hatte es sein Bewenden. Tat- und Gerichtsort war die Hauptstadt des Südstaates Louisiana, Baton Rouge.

In Japan vermochte man auch nicht zu begreifen, daß sich der Schütze mit keinem Wort bei der Familie entschuldigt hatte. Was in

Japan selbstverständlich wäre, stieß nun wiederum bei den Amerikanern auf Unverständnis. Jedes Wort der Reue könne von guten Anwälten in ein Schuldbekenntnis umgemünzt werden. Das Schicksal Yoshihiro Hattoris blieb kein isolierter Fall. In der Zeit zwischen der Tat und dem Prozeß organisierte die Mutter des getöteten Jungen eine nationale japanische Kampagne für Waffenkontrolle in Amerika. Sie sammelte weit über eine Million Unterschriften. Am liebsten möchte sie sie dem amerikanischen Präsidenten am 22. November 1993 übergeben, dem 18. Geburtstag ihres Sohnes und 30. Todestag John F. Kennedys - beide erschossen.

»Wenn ein unschuldiges Kind versehentlich erschossen wird und der Schuldige straffrei davonkommt, kann ich nur daraus schließen, daß so eine Gesellschaft krank ist.« Das schrieb die Mutter des Getöteten in einem offenen Brief. In Japan wurde in dieser Zeit von Amerika als einer »Waffen-Gesellschaft« gesprochen. In Japan wurden 1992 siebenundachtzig Menschen durch Handfeuerwaffen getötet, in den USA über zehntausend.

Die Geschichte von Yoshihiro Hattori verdient es nicht nur wegen ihrer Ungeheuerlichkeit so ausführlich geschildert zu werden, sondern auch deshalb, weil sie den Zusammenprall zweier grundverschiedener Kulturen darstellt. Warum soll Japan dieses Amerika als moralische Führungsmacht der zivilisierten westlichen Welt anerkennen? Der Tod des Jungen hat wieder einmal für einen Moment den Schleier weggerissen, der so gerne über die Gegensätze gebreitet wird - von beiden Seiten. Denn schließlich handelt es sich ja um die zwei mächtigsten Wirtschaftsnationen.

Aber leider läßt sich das Verhältnis nicht auf die Streitigkeiten über Wirtschaftspolitik eingrenzen. Immer wieder brechen heftige Fehden aus, wobei das neugewachsene Selbstbewußtsein der Japaner meist der auslösende Faktor ist. Ein besonders krasses Beispiel war die Veröffentlichung des Buches »Wir sind die Weltmacht« (»No to ieru nihon«, wörtlich: Das Japan, das nein sagen kann), das 1989 in Amerika erschien - für das es gar nicht gedacht war. Es entstand aus Gedanken, die der prominente Autor, Shintaro Ishihara, mit dem Chef von »Sony«, Akio Morita, ausgetauscht hatte.

Dem Geschäftsmann Morita war das Thema aber zu heiß, und so stieg er aus der Diskussion wieder aus. Das Buch hatte also nur einen Autor, und der riet seinem Land, »das Japan zu sein, das nein sagen kann« – und zwar zu den Amerikanern. Die Aufsässigkeit, die hinter dem Titel steckte, hätten die Amerikaner noch geschluckt; anders war es mit der wenig verhüllten Erklärung, daß die Japaner den Amerikanern überlegen seien und sich auf dem Weg zur Nummer eins in der Welt befänden. Nichts kann die Amerikaner mehr treffen, als wenn man anzweifelt, daß sie die Nummer eins seien. (Darüber hat der Amerikaner Andrew L. Shapiro von der Dalton School ein bissiges, mit Horrorstatistiken gespicktes Buch geschrieben, das den Titel trägt: »We're Number One«. Darin führt er unzählige Felder auf, in denen die USA die Nummer eins sind, wobei das als Schande und nicht als Ehre zu werten ist – etwa: Die USA sind die Nummer ein in der Verringerung des Waldbestandes.)

Besonders hart getroffen hat die Amerikaner die Feststellung, daß ihr hochtechnisiertes Waffenarsenal ohne japanische Computer und Halbleiter-Technik gar nicht denkbar wäre. Die USA hätten zwar das Know-how, aber nicht die Möglichkeiten der Produktion.

Als die rassische Homogenität Japans im Vergleich zur Heterogenität in Amerika einmal zum Diskussionsgegenstand gemacht und als Grund für die überlegene Tüchtigkeit angeführt wurde, schlugen die Wellen der Empörung besonders hoch. Dieses Buschfeuer der geistigen Auseinandersetzung wurde zwar schnell ausgetreten, niemand jedoch kann verhindern, daß es sich dennoch in den Köpfen festsetzt.

Die Amerikaner hingegen sehen ihr Verhältnis zu Japan vordringlich aus handelspolitischer Perspektive. Ihr Ziel lautet: fairer Wettbewerb durch Abbau der Diskriminierungen und Verringerung des Handelsüberschusses. Während die Bush-Regierung die wirtschaftspolitischen Beziehungen mehr oder weniger laufen ließ, hat Bill Clinton härtere Töne angeschlagen. Das hat aber nicht verhindert, daß in den ersten Monaten seiner Präsidentschaft der Handelsüberschuß weiter zugunsten Japans zunahm.

Japan zögerte lange, ehe es der Politik George Bushs im Golfkonflikt folgte. Das spiegelt die Reserve Japans gegenüber der Weltmachtrolle der USA wider. Gewiß ist Japan das bedeutendste Beispiel, aber warum sollten andere nicht ähnlich denken?

Zu den japanischen Warenströmen in Richtung USA gibt es allerdings auch eine lebhafte Gegenbewegung: Die amerikanische Pop-Kultur und die alltäglichen Lebensgewohnheiten, also von der Musik über die moderne Kunst bis zu den Hamburgern, üben einen großen Einfluß auf die japanischen Jugendlichen aus. Wenn sie scharenweise in Amerikas Touristik-Hochburgen einfallen, dann unterscheiden sie sich in der Aufmachung nicht sonderlich von ihren amerikanischen Altersgenossen, denen sie nacheifern.

Eine der kuriosesten Erscheinungen des amerikanisch-japanischen »Kultur«-Austausches heißt Soshi Tabushi. Er ist ein japanischer Geigenvirtuose (allerdings seit Jahren amerikanischer Staatsbürger), der in der Hochburg der Country-music, dem Städtchen Branson in Missouri, jeden Tag zweimal den Riesensaal seines Theaters bis auf den letzten Platz füllt. Er begeistert seine bodenständigen Zuschauer mit einer patriotischen Show, wie sie ein geborener Amerikaner nicht besser gestalten könnte. Für ihn ist Amerika das Größte. Kein Wunder, erfüllten sich doch all jene Wünsche, die er hegte, als er auswanderte: Er wurde berühmt und reich. Auch wenn er es mit immensem Fleiß aus eigener Kraft erreichte, so steht für ihn fest, daß er so etwas nur in Amerika schaffen konnte. Seine Dankbarkeit kennt keine Grenzen.

Die Untersuchung, die die Vereinten Nationen 1993 über den Lebenswert von 173 Ländern veröffentlicht haben, wirft ein bezeichnendes Licht auf die beiden Länder: Japan steht in der Lebensqualität an erster Stelle, die USA folgen nach Kanada, Norwegen, der Schweiz und Schweden erst an sechster Stelle. Betrachtet man jedoch die amerikanischen Weißen gesondert, so nehmen die »weißen USA« den ersten Rang ein. Beschränkt man es auf die Schwarzen, so landeten die »schwarzen USA« auf einem beschämenden 31. Platz. Dieses krasse Mißverhältnis weist auf eine der Krankheiten im gesellschaftlichen System hin: Die Schwarzen waren und sind weiterhin nicht in der Lage, in gleichem Maße am Wohlstand teilzuhaben wie die Weißen. Die Klassengegensätze im Land werden eher größer als geringer. In Konkurrenz zu den Schwarzen stehen die Massen der legal und illegal aus Lateinamerika zuströmenden Menschen, die teilweise noch unter ihnen angesiedelt sind. Anders steht es mit den Asiaten, die sich mit ihrer Arbeitsmoral und ihrem Bienenfleiß rascher im amerikanischen System zurechtfinden; einem System, das sich in der Welt ungebrochener Anziehungskraft erfreut. Seit 1890 hat die Einwanderung einen Höchststand erreicht, aber die Menschen kommen nunmehr aus Mittel- und Südamerika und aus Asien, nicht mehr aus den klassischen Einwandererländern Italien, Irland oder Deutschland. Auch die Bereitschaft, sich völlig zu assimilieren und im Amerikanischen aufzugehen, ist nicht mehr so ausgeprägt. Und so nennt man Amerika immer weniger einen Schmelztiegel als vielmehr eine Salatschüssel, in der die einzelnen Zutaten sehr wohl erkennbar bleiben. Auch das ein Umbruch, mit dem das Land fertigwerden muß.

Nach dem Zweiten Weltkrieg verfügten die USA über zwei Drittel der Industriekapazität in der Welt. Noch vor 25 Jahren war die Verbraucherelektronik rein amerikanisch. Nur zwei Beispiele aus dem Bereich der Wirtschaft, die einen dramatischen Wandel beleuchten, den die Amerikaner immer noch zögern, zur Kenntnis zu nehmen. Denn heute beziehen sie ihre Elektronik aus Japan, gar aus Korea und Taiwan. Zwar sind die Amerikaner immer noch führend bei der Entwicklung, aber es hapert bei der industriellen Umsetzung. Also führt man die Endprodukte ein und leistet sich ein mächtiges Handelsdefizit. Natürlich kann man nicht von einem einseitigen Niedergang sprechen, sondern muß gleichzeitig einbeziehen, wie sehr die Europäer und Asiaten aufgeholt haben. Das Schlimme ist somit nicht, daß die Anteile an der Weltwirtschaft sich verändert haben, sondern daß die Amerikaner ihren Standard nicht gehalten, ihre Wettbewerbsfähigkeit auf vielen Gebieten verloren haben. Wie hatten doch einst amerikanische Marken den Weltmarkt beherrscht und für Qualität gebürgt. Vorbei. Die Amerikaner ruhten sich auf den Lorbeeren der fünfziger Jahre aus, die Ross Perot so gerne wiederbeleben will, und verloren den Anschluß. Um ihn zurückzugewinnen, reicht es nicht, sich auf die selbstregulierenden Kräfte der kapitalistischen Wirtschaft zu verlassen – das hat das vergangene Jahrzehnt gezeigt. Es zeichnete sich durch eine überzogene Konsumorientierung aus. Die Amerikaner kauften mehr ein, als sie bezahlen konnten. Zum zentralen wirtschaftlichen Begriff wurde: Schulden. Eigentlich sollte er »Sparen« heißen, aber davon halten die Amerikaner nach wie vor nicht sehr viel.

Auch für diese Fehlhaltung hatte Ross Perot wieder einmal das passende Wort parat: Als zu Weihnachten 1992 in der allgemeinen Aufschwungstimmung nach der Clinton-Wahl die Menschen in die Läden strömten und viel Geld ausgaben, sprach er von einer Kreditkarten-Weihnacht. In der Tat handelte es sich um ein Strohfeuer, einen Kaufrausch auf Pump. Der heißersehnte Aufschwung ließ auf sich warten.

In der Verschuldung sind die Amerikaner jetzt Nummer eins, wenn man die absolute Zahl zugrunde legt. Sieht man sie jedoch im Verhältnis zum Bruttosozialprodukt, das immer noch das weitaus größte auf der Welt ist, dann sieht es ein wenig besser aus. Selbst Japan steht dann unter den großen Industrienationen noch ein bißchen höher in der Kreide, von Kanada und dem Rekordsünder Italien ganz zu schweigen. Dennoch ist die Schuldenlast so riesig, daß sie der Bewegungsfreiheit der Regierung enge Grenzen zieht. Man ist sich einig: Es muß etwas geschehen, aber noch immer kann man sich nicht zu einer Radikalkur durchringen.

Das verheerendste Beispiel ist die Energieverschwendung, die die Amerikaner schlichtweg als ein Grundrecht ansehen. Seien es die Klimaanlagen, die bei noch so moderaten Außentemperaturen die Supermärkte in Kühlhäuser verwandeln; sei es die Manie, jedes Gartengerät mit einem Motor zu versehen; sei es die Angewohnheit, üppig Lampen brennen zu lassen; sei es vor allem die Ansicht, daß man einen Anspruch auf Benzin zu einem Schleuderpreis habe, der angesichts der Rohstofflage auf der Welt obszön ist. Von der damit verbundenen Umweltverschmutzung einmal ganz abgesehen, bei der die USA einsam an der Spitze stehen. Beim Erdöl sind sie von einem Selbstversorger zu einem Massenimporteur geworden.

Die Sicherung einer überdrehten Energieversorgung wird zwangsweise zu einem strategischen Ziel, das die Amerikaner noch vor nicht allzu langer Zeit nicht im Auge zu haben brauchten.

Nun ist es nicht so, daß diese bedrohlichen Entwicklungen in den USA nicht erkannt würden. Zu denjenigen, die am schärfsten mit ihnen abrechnen, gehören amerikanische Autoren – nur gewinnt man den Eindruck, daß erst von außen aufgezwungene Notlagen zu einer Änderung führen werden. Das traurigste Beispiel einer frühen Einsicht und eines ebenso frühen Scheiterns war Präsident Jimmy Carter, der seine Amerikaner im Pullover aufforderte, die Heizungsthermostate um einige Grad herunterzustellen. Viele Amerikaner sahen das schlichtweg als Einschränkung ihrer Freiheitsrechte an. Der Miesmacher Carter wurde abgewählt. Und diesem Schicksal möchte Bill Clinton entgehen.

Ihm fehlt es nicht an der Erkenntnis, was falsch ist an Amerika, und auch nicht am Willen, es zu ändern. Er vermied den Carterschen Fehler der Schwarzmalerei, für die Amerikaner überhaupt nichts übrig haben, und setzte statt dessen auf schwungvollen Optimismus und Vertrauen in die Einsicht seiner Landsleute, daß es ohne Opfer nicht abgehen werde. Womöglich hat er sich da verrechnet.

Als er sein Amt antrat, ließ er es an Deutlichkeit nicht fehlen: »Wir wissen, daß wir harten Wahrheiten ins Gesicht sehen und entschlossene Schritte unternehmen müssen. Bisher haben wir das noch nicht getan. Statt dessen haben wir uns treiben lassen, und dieses Dahintreiben hat unseren natürlichen Reichtum aufgezehrt, unsere Wirtschaft in die Brüche gehen lassen und unsere Zuversicht erschüttert.« Die Vision, die er in seiner Antrittsrede verkündete, war im Grunde gar keine. Sie beschränkte sich auf eine Revision, darauf, die amerikanische Welt wieder in Ordnung zu bringen. Das bis zur Unkenntlichkeit abgenutzte Wort vom »amerikanischen Traum« kam nicht ein einziges Mal über seine Lippen, obwohl er so manches Blumige formulierte – wie man es zu solchem Anlaß gerne hört. Dafür tauchte die Silbe »neu« in allen möglichen Variationen gleich zwanzigmal auf.

Was heißt dieses nun alles für uns, die wir die Vereinigten Staaten mit neugierigen Augen von außen anschauen?

Nach dem Ende des Kalten Krieges und dem Zusammenfall des Sowjetreiches fanden sich die USA als einzig verbliebene militärische Supermacht wieder. Es wäre zu viel verlangt gewesen, daß sie sogleich mit einem Konzept für die neue Rolle hätte antreten können. Der Außenpolitiker George Bush hantierte hoffnungsfroh mit dem Begriff der »neuen Weltordnung«, die sich nicht einstellen wollte. Bill Clinton verkündete, Amerika müsse weiter die Welt führen, die zwar freier, aber weniger stabil geworden sei. Er deutete aber bereits an, daß es mit Freunden und Verbündeten zu einer kollektiven Verantwortung kommen müsse. Während in der Bush-Ära der Militäreinsatz als Mittel der Politik wieder voll zu Ehren gekommen war, kann man bei Clinton nicht so sicher sein. Ihm in der Bosnien-Politik Wankelmut und Unentschlossenheit vorzuwerfen, ist einfach, wenn niemand anderem etwas einfällt. Im Grunde hat Clinton nur die Interessen seines Landes gewahrt. Und seine eigenen. Ronald Reagan konnte einen Libanon-Einsatz, bei dem 241 Marineinfanteristen den Tod fanden, noch relativ unbeschadet überstehen; Clinton mit seinem schwierigen Verhältnis zum Militär muß viel vorsichtiger sein.

Aufschluß über eine mögliche Clinton-Außenpolitik gab eine für Washingtoner Verhältnisse ungewöhnlich offene Veranstaltung wenige Monate nach Aufnahme der Regierungsgeschäfte. Ein hoher Beamter des Außenministeriums, der nicht genannt werden durfte, den aber jeder Eingeweihte kannte, verkündete die Grundzüge der zu erwartenden Außenpolitik. Wegen der schweren innenpolitischen und wirtschaftlichen Sorgen werde sich Amerika aus vielen Gebieten zurückziehen, die man sonst zur eigenen Einflußsphäre gerechnet hatte. Man werde sich danach richten, ob amerikanische Interessen auf dem Spiel stehen oder nicht. Also: Kuwait ja – Bosnien nein. Außerdem müsse sich die amerikanische Politik an den knappen Mitteln orientieren. Das wurde als ein Rückzug aus der weltpolitischen Führungsrolle und als Rückkehr zu der eher bescheidenen Carter-Politik ausgelegt.

Dieses Hintergrundgespräch führte zu einem kleinen Aufruhr in der Regierung, obwohl es nicht unbedingt Sensationelles zum Inhalt hatte. Außenminister Christopher dementierte jede Rückzugsabsicht und betonte die amerikanische Führungsrolle so intensiv, daß es schon wieder verdächtig erschien. Sicher möchte Clinton stark auf Partnerschaft und Konsens in der Außenpolitik bauen und sein Land nicht in der Rolle des Weltpolizisten sehen. Er selber denkt nicht in militärischen Kategorien und ist kein Scharfmacher. So wurde ihm sein vergeblicher Versuch, die Europäer in der Bosnien-Politik auf seine Linie zu bringen, als Schwäche ausgelegt. Ein militärischer Alleingang wäre von den gleichen Kritikern als Abenteuer eines Unerfahrenen bezeichnet worden. So gab der erste Testfall Aufschlüsse darüber, was man von Clinton zu erwarten habe. Er würde der alten Kennedy-Regel folgen: Nur wer im Inneren stark ist, kann es auch nach außen sein. Da Amerika jedoch im Inneren nicht stark ist, muß es sich nach außen hin Zurückhaltung auferlegen. Sie gilt nicht, wenn Amerikas (Wirtschafts-)Interessen gefährdet sind. Was darüber hinausgeht – da richten sich die Hoffnungen auf die neuen Funktionen der Vereinten Nationen und die internationale Solidarität. Das Fatale an Clintons Vorstellungen ist, daß auch Europa kein Bild der Stärke und Einigkeit bietet. Hochmut aus dieser Richtung wäre also nicht angebracht.

STATT EINES NACHWORTS: ERFAHRUNGEN – NACH ELF JAHREN AMERIKA

Als ich 1972 zum ersten Mal für drei Jahre nach Washington ging, litt Amerika unter seiner inneren Zerrissenheit. Der Vietnamkrieg tobte. Wir hörten die Protest-Konzerte von Joan Baez. Jane Fonda – wie auch Joan Baez – reiste nach Nordvietnam und wurde zugleich zu einer Verräterin und Heldin (heute ist sie mit dem CNN-Chef und Medienzar Ted Turner verheiratet und schreibt erfolgreiche Fitneß-Bücher). Wir filmten die Anti-Vietnam-Demonstrationen vor dem Kapitol oder im Lafayette-Park gegenüber dem Weißen Haus. In Scharen flüchteten junge Männer nach Kanada, um der Wehrerfassung zu entgehen (heute besitzen die USA ein Freiwilligen-Heer). Die zurückkehrenden Soldaten wurden nicht in Ehren in Empfang genommen, sondern eher als Ausgestoßene behandelt, denn der Krieg verlief nicht glücklich für die mächtigen USA. Wer es konnte – und so mancher Einflußreiche konnte –, drückte sich vor dem Einsatz. Die Linken in Europa liefen Sturm gegen die Vereinigten Staaten.

Als ich die USA 1975 – ungern – verließ, war es noch viel schlimmer: Der Vietnamkrieg war schmachvoll zu Ende gegangen. Henry Kissinger hatte einen »Frieden« ausgehandelt, den die Amerikaner nur als Niederlage empfinden konnten. Richard Nixon war in Schimpf und Schande aus dem Amt gejagt worden, weil er im sogenannten Watergate-Skandal das Präsidentenamt ins Kriminelle hatte abgleiten lassen. Sein letzter Vizepräsident, Gerald Ford, ein wackerer Mann, mühte sich als sein Nachfolger redlich und vergeblich, die Ehre der Nation wiederherzustellen. Als er Nixon begnadigte, beraubte er sich der Chance, durch eine Wiederwahl weiter im Amt bleiben zu können. Die Amerikaner setzten auf das Neue – auf Jimmy Carter. Ich ließ ein deprimiertes Land hinter mir zurück.

Als ich nach elf Jahren zurückkehrte, gaben sich die Amerikaner wieder als die Größten. Das hatten Ronald Reagan und die Zeit fertiggebracht. Vietnam war in Washington beileibe nicht vergessen. Die einundzwanzigjährige, aus China stammende Studentin Maya Lyn hatte den Wettbewerb für ein Mahnmal der Vietnam-Opfer gewonnen und ein beeindruckendes Monument aus schwarzem Marmor geschaffen. In ihn finden sich die Namen der über 50000 gefallenen und vermißten Frauen und Männer des Krieges gemeißelt. Die Gedenkstätte entwickelte sich zum meistbesuchten Platz der amerikanischen Hauptstadt. Zum Memorial Day 1993, dem Gedenktag für alle amerikanischen Soldaten, hielt Präsident Clinton dort die Ansprache. Das Protestmurren war mehr als deutlich – weil er sich als junger Mann vor dem Einsatz gedrückt hatte. »Vietnam« ist nicht vergessen – der Krieg erlebt sogar eine Art Rehabilitation. Der Niedergang des Kommunismus gilt als später Beweis für die Richtigkeit des amerikanischen Vietnam-Einsatzes. Die Soldaten seien dort nicht umsonst gefallen, so heißt es heute bereits wieder. Vietnam ist nicht überwunden. Nirgends wurde das so deutlich wie im Golfkrieg. Die Angst vor einer Niederlage führte zu dem übertriebenen Aufmarsch an Streitkräften. Und als es um den Einsatz amerikanischer Soldaten in Bosnien ging, war Vietnam allgegenwärtig. Achtzehn Jahre nach seinem Ende ist der Vietnam-Krieg in den Köpfen der Amerikaner kein abgeschlossenes Kapitel.

Auch etwas anderes traf ich nach den elf Jahren wohl und munter wieder: das amerikanische Beharrungsvermögen. Nur zu leicht läßt man sich von den hektischen Veränderungen im täglichen Erscheinungsbild irreleiten, von dem stetig sprudelnden Quell von Ideen, wie man das Leben verändern, erleichtern und damit gut verdienen kann. Es ist eine wahre Wolke von Eintagsfliegen, die morgen schon vergessen ist; es ist aber auch eine Flut von Einfällen, die ihren Weg um die Welt machen – oft von anderen umgesetzt. Aber darunter verbirgt sich ein konservativer Grund, dessen Festigkeit auch viel damit zu tun hat, daß die Amerikaner gern daran glauben, sie täten das Richtige. Besonders augenfällig wurde mir das an zwei Beispielen: Im Kongreß hatten noch dieselben Größen in den Parteien das Sagen wie bei meinem Abschied. Auch wenn einige dann in den folgenden Jahren gingen - wie der legendäre Fraktionsführer der Demokraten und verbissene Widersacher Ronald Reagans, Tip O'Neill -, so bürgten sie doch für ebenso verkrustete wie bewahrende Kontinuität. So wäre es auch sehr erstaunlich gewesen, wenn der Schwung aus dem Clinton-Wahlkampf ungebrochen in revolutionäre Änderungen übergegangen wäre. Dennoch ging, so schien es zumindest, ein Ruck nach der Wahl durch Amerika, eine kurzlebige Aufbruchstimmung verbreitete sich. Auch in den Medien waren verblüffenderweise die gleichen Gesichter wiederzuerkennen, die einem aus den angeblich vergangenen siebziger Jahren vertraut waren. Das betrifft nicht nur die Stars des Fernsehens, sondern auch diejenigen der schreibenden Presse und des Rundfunks. Die meisten haben ihren festen Platz in den endlosen politischen Talk-Shows der Hauptstadt. Einmal Washington - immer Washington.

Auch das ist geblieben:

Amerika ist ein reiches Land. Die Fahrten durch die Vorstädte der Metropolen sind endlose Reisen durch äußerlich gediegenen (leider nur zu oft mit Schulden erkauften) Wohlstand, ja, Reichtum. Was die Amerikaner sich an Bürgerpalästen zum einfachen Wohnen so leisten, verschlägt einem Europäer immer wieder den Atem, ebenso die konservative Architektur.

Amerika ist ein armes Land. Die Fahrten durch die verfallenen Innenstädte der Metropolen sind Reisen durch das Elend der Dritten Welt. Gegensätze, die sich einfach nicht zu einem schlüssigen Bild fügen wollen und Ratlosigkeit hervorrufen. Wie kann das sein?

Zumindest eine Erklärung findet sich in dem Ergebnis einer Umfrage, die vergleichend in mehreren Ländern gemacht wurde. Dürften sie zwischen Freiheit und Gleichheit wählen, so entschieden sich in den USA 20 Prozent für Gleichheit, aber 72 Prozent für Freiheit (in Deutschland hingegen wären 39 Prozent für Gleichheit und nur 37 Prozent für Freiheit). Die Akzeptanz von Arm und Reich als Gegensatz, an dem zuallererst der einzelne etwas ändern kann, ist sehr ausgeprägt. Folglich hat auch Bill Clinton mit allen sozialstaatlichen Vorstellungen seine Schwierigkeiten.

Erstaunt steht man auch immer wieder vor der aktiven Religiosität der Amerikaner mit ihren unglaublichen Auswüchsen. Siebenundfünfzig Prozent aller Bürger der USA sind Mitglieder einer Kirche oder Sekte. Am Sonntagmorgen sind die Parkplätze der Kirchen überfüllt, was selbst in den katholischen südeuropäischen Ländern längst nicht mehr der Fall ist. Zugleich registrieren die USA die merkwürdigsten, schrecklichsten und widerlichsten religiösen Auswüchse. Steinreiche Tele-Evangelisten nehmen in ihren Tempeln die Anhänger im Namen von Jesus aus. Ein Mann wie David Koresh ernennt sich selbst zu Jesus und geht mit seiner Sekte in den Tod. Alles im Namen der Freiheit.

Und schließlich die Gewalttätigkeit. Sie ist für den Nichtamerikaner am schwersten zu verstehen. Das Land befindet sich auf dem strammen Wege zu einem Zustand, in dem statistisch jeder seiner 250 Millionen Bürger eine Waffe besitzt. Sie auch zu benutzen, gilt als Grundrecht, das sich auf einen alten Verfassungsschutz stützt, der aus der Gründerzeit der USA stammt. Nach jetzigem Stand werden in einem Zeitraum von fünf Jahren so viele Amerikaner umgebracht, wie im Vietnamkrieg starben. Und das schöne Washington trägt schon zwei Jahre den furchtbaren Titel der Mordhauptstadt der USA. Dennoch ist an eine Umkehr nicht zu denken. Womöglich liegt es auch daran, daß sich in den Ghettos vor allem junge Schwarze gegenseitig umbringen, was den größten Teil der Bevölkerung ziemlich ungerührt läßt.

Zum Schluß noch einmal zum eigentlichen Gegenstand dieses Buches – dem Präsidentenamt. Die Amerikaner sind von ihrem Präsidenten geradezu besessen. Im guten wie im schlechten. Kein besseres Beispiel als George Bush: alle Verehrung auf ihn gehäuft, wenn ihm etwas Großes gelingt (Golfkrieg), allen Fluch, wenn ihm etwas mißlingt (Wirtschaftsmisere). Es ist geradezu »unmenschlich«, was ein Kandidat alles auf sich nehmen muß, ehe er das Amt gewonnen hat; Bill Clinton durfte das bis zur Neige auskosten. Der Präsident wird zum gläsernen Menschen, der sich, seine Familie, sein privates Leben auf den Opfertisch der Nation ausbreitet. Er tut das freiwillig, und doch ist jeder von ihnen wieder überrascht vom einengenden Druck des Amtes.

Das kurze Gedächtnis der Amerikaner, die Kurzlebigkeit der Güter schaffen ein Klima, in dem einem Präsidenten schnell verziehen wird, in dem er aber auch im richtigen Moment das erforderliche Glück haben muß. Bill Clinton leidet darunter, daß Urteile noch schneller gefällt werden als früher, ihm noch weniger Zeit gelassen wird als seinen Vorgängern. Man möchte ihm mehr Geduld seiner Landsleute wünschen. Zum Zeitpunkt, da dieses Buch beendet wird, im Juni 1993, kann er diesen Vorzug nicht genießen.

Im Ausland geht es ihm offenbar nicht besser. Immer wieder wurde ich gefragt, wann sich denn endlich in Amerika etwas ändere. Viele hatten das Buch »Wege zum Gleichgewicht« des allen so sympathischen Vizepräsidenten Al Gore gelesen und zeigten sich jetzt ungeduldig und enttäuscht. Das ist ungerecht und wird – betrachtet man die amerikanische Wirklichkeit – ungerecht bleiben.

Es ist wichtig, in diesem Land als Journalist zu arbeiten, weil so viel von ihm abhängt. Daran wird sich nichts ändern. Die USA sind leicht zu kritisieren, und das wird auch in einem Maße getan, das ihnen ein dickes Fell wachsen ließ. Sie sind auch deshalb leicht zu kritisieren, weil sie ihre schärfsten Kritiker selber hervorbringen. In der Presse, in Büchern, in den Texten der Pop-Musik, in der bildenden Kunst, in Filmen wird gnadenlos mit sich selber abgerechnet – aber ohne Selbsthaß.

Noch eine Zahl: 96 Prozent aller Amerikaner sind stolz auf ihr Land. Die scharfzüngigen, nachdenklichen, verzweifelten, ironischen Ankläger der eigenen Nation gehören mit Sicherheit auch zu ihnen.

ZEITTAFEL

1980

November	Ronald Reagan mit einem Erdrutsch-Sieg über Jimmy Carter zum 40. Präsidenten gewählt.

1981

Januar	Amtseinschwörung. Reagan gibt die Entlassung der 52 Amerikaner bekannt, die 444 Tage in Teheran als Geiseln gehalten wurden.
März	Reagan übersteht das Attentat des geistesgestörten John Hinckley.

1982

September	Beteiligung der USA an der internationalen Friedenstruppe im Libanon.

1983

März	Reagan nennt die Sowjetunion das »Reich des Bösen«; er kündigt die Strategische Verteidigungsinitiative (SDI) an, die den populären Namen »Krieg der Sterne« erhält.
Oktober	Invasion des Inselstaates Grenada.
	241 Marineinfanteristen sterben bei Terroranschlag auf ihre Unterkunft in Beirut.
November	Die Genfer Abrüstungsgespräche platzen.

1984

November	Wiederwahl Ronald Reagans mit einem Rekordsieg gegen den ehemaligen Vizepräsidenten Walter Mondale.

1985

März	Michail Gorbatschow im Amt.
November	Erster Reagan-Gorbatschow-Gipfel in Genf leitet die Wiederaufnahme des Abrüstungsdialogs ein.

1986	
Januar	Die Raumfähre »Challenger« explodiert kurz nach dem Start.
April	Reaktor-Katastrophe in Tschernobyl.
	»Vergeltungsangriff« der Luftwaffe auf Libyen wegen angeblicher Terrorakte Gaddafis.
Juli	Grandiose Feier zum 100. Geburtstag der Freiheitsstatue in New York.
Oktober	Gipfeltreffen in Reykjavík; eine große atomare Abrüstungsinitiative scheitert an Reagans Weigerung, Abstriche bei SDI zu machen.
1986/87	Der Iran-Contra-Skandal erschüttert die Reagan-Präsidentschaft.
1987	
Dezember	Gipfel in Washington; der Vertrag über die Abrüstung der Mittelstreckenraketen wird abgeschlossen (INF - Intermediate Nuclear Forces).
1988	
Mai/Juni	Gipfel in Moskau; INF-Vertrag in Kraft.
November	Wahl von George Bush zum 41. Präsidenten der USA gegen den Demokraten Michael Dukakis.
Dezember	Letztes Treffen Reagan-Gorbatschow im Beisein von George Bush in New York anläßlich UN-Generalversammlung.
1989	
Januar	Amtseinführung George Bush und Dan Quayle.
März	Der Tanker »Exxon Valdez« verursacht in Alaska Amerikas größte Erdölkatastrophe.
April	Niedrigste Arbeitslosenquote seit 1973 (4,9 %).
Juni	Erste freie Wahlen in Polen seit 40 Jahren.
November	Berliner Mauer fällt.
Dezember	Erster Gipfel Bush-Gorbatschow auf Malta.
	Invasion Panamas. Anfang Januar stellt sich General Manuel Noriega und wird nach Miami geschafft (wegen Drogenhandels).
1990	
Februar	Violeta Barrios de Chamorro gewinnt Wahlen in Nicaragua.
März	Aufhebung des Wirtschaftsembargos gegen Nicaragua.

1990	
März/Mai	Litauen, Lettland und Estland erklären ihre Unabhängigkeit.
Mai	Boris Jelzin zum Präsidenten der Russischen Sozialistischen Föderativen Sowjetrepublik gewählt.
Mai/Juni	Gipfel Bush-Gorbatschow in Washington (Themen: Deutschland, Abrüstung, Ende der Produktion chemischer Waffen)
Juni	Bush bricht seinen Wahlschwur »Keine neuen Steuern«.
August	Irak erobert Kuwait.
September	Bush und Gorbatschow treffen sich in Helsinki (Erwägung einer Befreiung Kuwaits).
	Bush erklärt vor dem Kongreß, daß er Truppen an den Golf schicken werde.
Oktober	Deutschland wiedervereinigt.
November	UNO stimmt für militärischen Einsatz zur Befreiung Kuwaits.
1991	
Januar	Der Kongreß stimmt mit knapper Mehrheit für den Truppeneinsatz.
	Luftkrieg gegen Irak beginnt.
Februar	Nach viertägigem Bodenkrieg erklärt George Bush den Waffenstillstand.
April	Irak akzeptiert UNO-Bedingungen.
Juli	Bush-Gorbatschow-Gipfel in Moskau. Unterzeichnung des atomaren Abrüstungsvertrages (START).
August	Fehlgeschlagener Putsch gegen Gorbatschow.
	Gorbatschow löst die Kommunistische Partei auf und tritt als Generalsekretär zurück.
September	Estland, Lettland und Litauen unabhängig.
Dezember	Der Journalist Terry Anderson wird als letzte amerikanische Geisel im Libanon befreit.
	Gorbatschow tritt zurück, die UdSSR hört auf zu existieren.
1992	
Januar	Die EG erkennt Kroatien und Slowenien als unabhängige Staaten an.
Februar	Kurztreffen Bush-Jelzin in den USA (Abrüstung, Rußlandhilfe).
	Der Milliardär Ross Perot kündigt seine Präsidentschafts-

1992	
Februar	kandidatur an, zieht sie im Juli zurück, erneuert sie im Oktober.
April	General Noriega verurteilt.
	Gewalttätige Unruhen in Los Angeles mit über 50 Toten nach dem Freispruch von weißen Polizisten, die einen Schwarzen mißhandelt hatten.
Juni	Erd-Gipfeltreffen in Rio de Janeiro.
	Erster offizieller amerikanisch-russischer Gipfel in Washington (Abrüstung).
September	Die UNO schließt mit Jugoslawien zum erstenmal einen Staat aus.
November	Bill Clinton zum 42. Präsidenten der USA gewählt.
1993	
Januar	George Bush besucht amerikanische Truppen in Somalia, unterzeichnet anschließend in Moskau den START-II-Vertrag mit Jelzin.
	Beginn der Raketenkrise im Irak.
	Angriff mit ferngesteuerten Raketen auf Bagdad.
	Amtseinführung von Bill Clinton und Al Gore.
Februar	Erster Bericht zur Lage der Nation von Bill Clinton vor dem Kongreß.
	Terroranschlag auf das World Trade Center in New York.
März	Antrittsbesuch Bundeskanzler Kohls beim neuen Präsidenten.
April	Gipfeltreffen Jelzin–Clinton in Vancouver (Abrüstung, Rußlandhilfe).
	Die Belagerung der Davidianer-Sekte in Waco, Texas, geht in einem Feuersturm zu Ende, in dem mehr als 80 Menschen verbrennen.
	Der Marsch der Homosexuellen in Washington wird zu einer der größten Bürgerrechtsdemonstrationen in Amerika.
Juni	Erneuter Raketenangriff auf Bagdad als Vergeltungsschlag für ein angeblich vom irakischen Geheimdienst geplantes Attentat auf den ehemaligen Präsidenten Bush.

BILDNACHWEIS

dpa, Frankfurt u. Düsseldorf: 1, 3, 4, 6, 9, 12, 23, 24
Herblock in »The Washington Post« © 1992, Washington: 20
Gerd Helbig, Washington: 5, 10, 11, 13, 16, 19, 26
Keystone, Hamburg: 25
Peter Kruse, Washington: Schutzumschlag Vorderseite (Gerd Helbig)
Karl Schumacher, McLean, Va., USA: 2, 8, 22
Tony Stone, München: Schutzumschlag Vorderseite (Weißes Haus)
The White House, Washington, D. C., USA: 7, 15, 17, 18, 21
The White House, David Valdez, Washington, D. C., USA: 14

REGISTER